公路景观学

张 阳 著

中国建材工业出版社

图书在版编目（CIP）数据

公路景观学/张阳编著. —北京：中国建材工业出版社，2004.9（2018.8 重印）

ISBN 978-7-80159-661-1

Ⅰ. 公… Ⅱ. 张… Ⅲ. 公路—景观—设计 Ⅳ. U412.36

中国版本图书馆 CIP 数据核字（2004）第 074146 号

内 容 简 介

本书着重阐述公路景观设计所应具备的理论基础及设计方法。内容包括：公路景观的含义、构成、特点，该研究领域涉及的学科与专业，研究的目的与意义，国内外研究现状，人对公路景观环境的认知，形式美的规律（原则）及色彩学基础，公路景观环境评价方法，公路景观规划设计理论，公路选线及线形的景观设计，公路沿线设施及构造物的景观设计，公路绿化景观设计，公路沿线景观保护、利用与设计，公路景观设计实例分析等内容。

全书共分三篇。第一篇为公路景观学的理论篇，第二篇为公路景观学的设计篇，第三篇为设计实例篇。

公路景观学

张　阳　著

出版发行：中国建材工业出版社
地　　址：北京市海淀区三里河路 1 号
邮　　编：100044
经　　销：全国各地新华书店
印　　刷：北京鑫正大印刷有限公司
开　　本：787mm×1092mm　1/16
印　　张：13.25
字　　数：303 千字
版　　次：2004 年 8 月第一版
印　　次：2018 年 8 月第三次
定　　价：40.00 元

网上书店：www.jccbs.com.cn
本书如出现印装质量问题，由我社发行部负责调换。联系电话：（010）88386906

自 序

近些年来，我国公路建设事业发展迅速。截止2002年，全国公路通车里程已超过143万公里，其中高速公路已近2万公里，居世界第3位。目前，我国公路建设呈以下特点：一是公路环境绿化、美化和景观设计得到重视，公路规划设计中较以往更多地融入景观学、生态学、美学、园林艺术学等学科知识，改善了以往公路建设只管修路，不问环境的旧观念；二是随着人们环境意识的增强，社会公众更加关注公路景观环境的美学欣赏价值及公路规划、设计建设中对周围生态环境、视觉环境的保护问题，一些高等级公路和大跨度桥梁已成为一些地方的旅游景点，促进了当地经济的发展，而严重破坏公路沿线生态环境、人文景观的现象，也不断受到舆论和大众的抨击；三是公路里程的增加和机动车数量的增长，使交通网络系统变得越来越复杂，只有应用先进、科学、有序的技术手段，大力建设环保型、生态型公路系统，才能实现公路建设的可持续发展。

基于上述因素以及曾经一花一石、一草一木都叫人激动万分的大自然的奥妙与神奇和作者对公路景观学的喜爱和执着，将自己多年来参与公路景观方面的教学、设计、科研工作的心得、体会，整理撰写成书，以期与同行、读者交流。目前我国对于公路景观的探讨、研究刚刚起步，国内还少有比较系统的适合我国公路特色的景观规划设计理论和方法等方面的专著，而许多公路建设的决策者、设计者、建设者、管理者又迫切需要这方面的相关资料，本书的出版，相信能起到抛砖引玉的作用，成为开展公路景观研究的开端。

全书共分三篇九章。其中第一篇为理论篇（共五章），主要论述公路景观的含义、构成、特点以及公路景观规划、设计、欣赏所需掌握的基本理论和方法。第二篇为设计篇（共四章），主要从景观设计方法和设计程序等方面论述公路选线及线型的景观设计、公路沿线设施及构造物的景观设计、公路绿化景观设计及公路沿线景观保护、利用与设计。第三篇为实例篇，收录40多幅已建成的公路各部分景观实例及景观设计实例，供读者参考借鉴。

本书的筹划和撰写工作历时四年多，得力于我工作的单位长安大学（原西安公路交通大学），为我提供了这方面的工作机会与经历，同时还要感谢中国建材工业出版社的支持和帮助。

全书内容经过作者撰写、汇编、校核及润色，疏漏不当之处，敬请指正。

作者：张 阳
2004年5月

目 录

第一篇 理 论 篇

第一章 概论 3
第一节 公路景观的含义 3
第二节 公路景观的构成 4
第三节 公路景观的特点 4
第四节 公路景观研究涉及的学科与专业 6
第五节 公路景观研究的目的与意义 6
第六节 国内外研究现状 7

第二章 人对公路景观环境的认知 9
第一节 公路景观环境认知及设计的三个层面 9
第二节 中国人的环境观与审美观 15

第三章 形式美的规律（原则）及色彩学基础 18
第一节 形式美的规律（原则） 18
第二节 色彩学基础 27

第四章 公路景观环境评价及管理 33
第一节 公路景观环境评价方法 33
第二节 公路景观环境质量管理 37

第五章 公路景观规划设计理论 43

第二篇 设 计 篇

第六章 公路选线及线形的景观设计 49
第一节 概述 49
第二节 公路选线及地形与景观 50
第三节 公路线型设计与景观 54

| 第四节 公路横剖面设计与景观 | 63 |

第七章 公路沿线设施的景观设计 70

第一节 公路挡土墙的景观设计	70
第二节 公路声屏障的景观设计	76
第三节 公路隧道洞口的景观设计	80
第四节 公路取、弃土场的景观设计	82
第五节 公路道牙、护栏(柱)的景观设计	84
第六节 公路停车场的景观设计	86
第七节 公路标识牌、指示牌的景观设计	89
第八节 公路照明设备的景观设计	91
第九节 公路雕塑的景观设计	93
第十节 公路桥梁设施的景观设计	96
第十一节 公路房建设施的景观设计	111

第八章 公路绿化景观设计 135

第一节 公路绿化设计的功能、形式与原则	135
第二节 公路"点"的绿化景观设计	145
第三节 公路"线"的绿化景观设计	160
第四节 公路绿化景观设计的其他问题	175

第九章 公路沿线景观保护、利用与设计 181

第一节 公路沿线景观保护、利用与设计	181
第二节 公路景观规划设计的协调与统一	186
参考文献	188

第三篇 实 例 篇

第一篇 理论篇

第一章　概　　论

　　人类进入 21 世纪后，我国政府制定了《中国 21 世纪议程纲要》，旨在从整体上解决人类社会面临的环境与发展的重大问题，其战略思想是实现可持续发展。

　　20 世纪 90 年代，国家和各地政府相继投入大量人力、物力、财力，将我国公路建设事业推向新的建设高潮。公路的兴建，促进了沿线经济的发展。今后，随着汽车拥有量的迅速增加，各类公路，特别是高速公路将会不断兴建。然而，修建公路占用土地、破坏植被、影响自然地貌、原始景观、通过区域内文物、遗迹、自然水系等。路体本身分割所在地动植物数代生存的空间，影响种群繁衍及动植物多样性等等。这些，将给公路通过区域生态环境、景观资源、视觉环境等造成很大影响，其中某些损失将是不可逆转的。

　　保护环境，实现可持续发展已成为全世界紧迫而艰巨的任务。目前，发达国家在公路建设上已将相当大的精力转移到提高道路使用功能、车流的安全性、舒适性以及道路对周围环境、人文景观的影响方面进行研究。于此情形下，作为公路建设的决策者、设计者、建设者，如何为我国 21 世纪公路通过地域的持续发展奉献一份可成为共识或可供参考的研究成果，十分重要和迫切。

　　本章主要论述了公路景观的涵义、构成、特点、公路景观研究涉及的学科与专业、公路景观研究的目的与意义及国内外研究现状等问题。

第一节　公路景观的含义

　　提起"景观"，人们对它有各种各样的解释。这些解释要么使"景观"扎根于"环境"和"空间环境"；要么强调"感觉"、"印象"……前者偏重于客观，往往把"景观"和"景物"混为一谈，后者偏重于主观，视"景观"和人的审美经验为一物。这两种解释都有它积极的一面，但把"景观"和"景物"或"美的印象"等同起来又显得非常局限。随着全球环境问题的日益严重，越来越多的人开始用生态的眼光关注生活的环境，在这种生态意识的影响下，人们对景观内涵的认识和理解也应随之拓展，不应再把它当作仅供人们欣赏的视觉关照对象和毫无生机的地表空间景物，而应认为它是由地貌过程和各种干扰作用（特别是人为作用）而形成的具有特定生态结构功能和动态特征的宏观系统。它体现了人对环境的影响以及环境对人的约束，是一种文化与自然的交流。景观的美不仅是形式的美，更是表现生态系统精美结构与功能的有生命力的美，它是建立在环境秩序与生态系统良性运转轨迹之上的。

　　鉴于上述认识，对公路景观的评价、规划、设计等方面的研究、探讨，皆应立足于生态原则的基础之上，将公路沿线一定范围内的自然——生物综合体作为具有特定结构功能和动态特征的宏观系统来研究，而不应仅停留在传统的追求空间视觉效果的形式层次。

第二节 公路景观的构成

对公路景观的不同研究方法与不同研究角度对应着不同的分类方法。概括起来有以下几种：

一、按公路景观客体的构成要素分类

按公路景观客体的构成要素分类方法见图 1-1。这种分类方法，包括了公路自身及沿线一定区域内的所有视觉信息。适用于对公路沿线一定范围的自然景观与人文景观的保护、利用、开发、创造等工作的研究。

二、按公路景观主体的活动方式分类

按公路景观主体的活动方式分类方法见图 1-2。这种分类方法适用于研究景观主体处于高速行驶或静止慢行状态下，对动景观及静景观的生理感受、心理感受、视觉观赏特征及与之相对应的动景观序列空间设计与静景观组景技法、手段的应用。

三、按公路景观的处理方式分类

按公路景观的处理方式分类见图 1-3。这种分类方法对于公路景观的规划、创造、建设者可明确哪些景观需在公路选线、规划、设计中予以保护、开发、利用和改造，哪些景观需在公路规划设计时进行设计与创造。

第三节 公路景观的特点

公路景观既不同于城市景观、乡村景观，也有别于自然山水、风景名胜。它有其自身的特点与性质，概括起来有以下几方面。

一、构成要素多元性

从上述公路景观客体的构成要素分类中，可见公路景观是由自然的与人工的、有机的与无机的、有形的与无形的各种复杂元素构成。在诸多元素中，公路景观决定了环境的性质。其他元素则处于陪衬、烘托的地位，它们可加强或削弱景观环境的氛围，影响环境的质量。

二、时空存在多维性

从公路景观空间来说，它是上接蓝天、下连地势；连续延绵、无尽无休；走向不定、起伏转折的连贯性带形空间。而从时间上来说，公路景观既有前后相随的空间序列变化，又有季相（一年四季）、时相（一天中的早、中、晚）、位相（人与景的相对位移）和人的心理时空运动所形成的时间轴。

三、景观评价的多主体性

任何一种景观环境，都无法取得异口同声的褒贬。公路景观更是如此。评价的主体不

同，评价主体所处的位置、活动方式不同，评价的原则和出发点必有显著的差别。如观赏者、旅行者多从个人的体验和情感出发；经营者、投资者多从维护管理、经济效益等方面甄别；沿线居住者多从出行是否便利、生活环境是否受到影响等方面考虑；而公路设计者、建设者考虑更多的则是行驶的技术要求及建设的可行性。

四、景观环境的多重性

公路景观不同于单纯的造型艺术、观赏景观，为满足运输通行功能，它有自身的体态性能，组织机构。同时，它又含纳一定的社会、文化、地域、民俗等涵义。可以说它既具有自然属性又具有社会属性，既具有功能性、实用性又具有观赏性、艺术性。

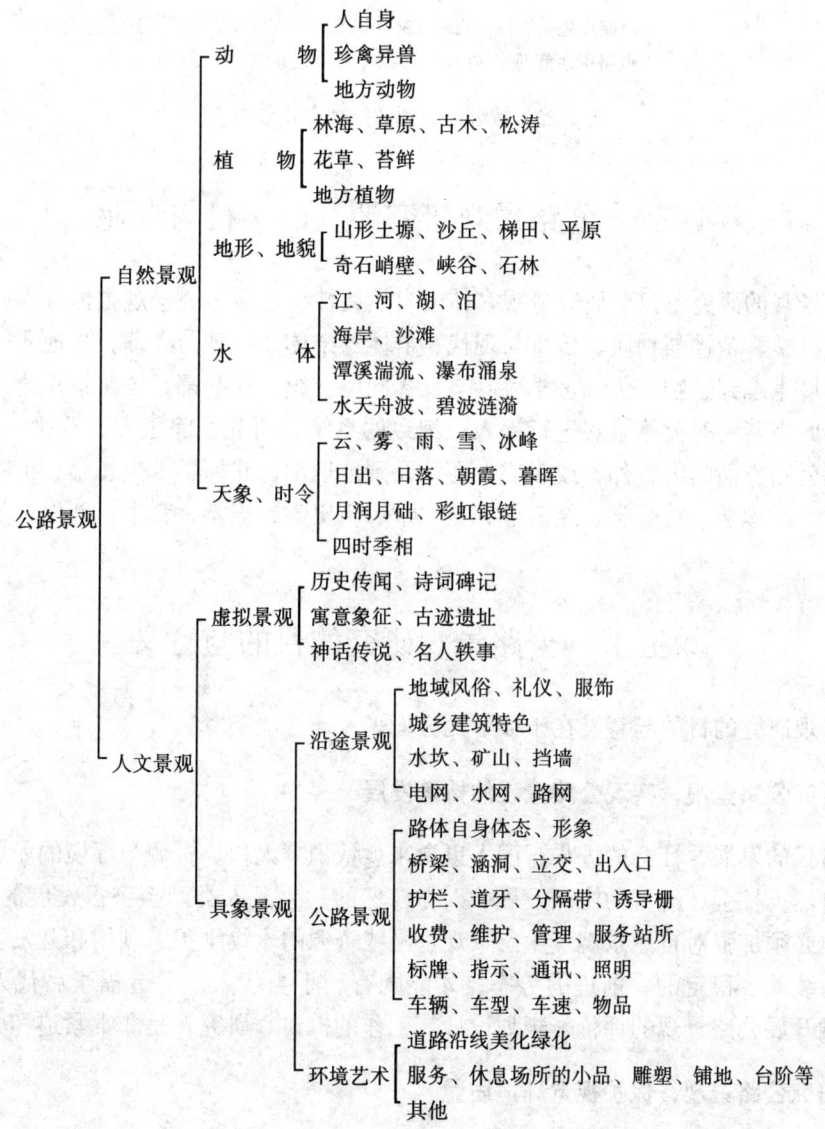

图 1-1 按公路景观客体的构成要素分类

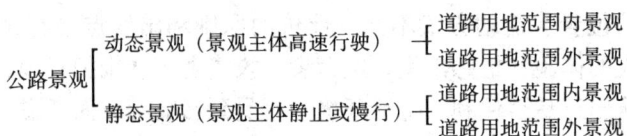

图1-2 按公路景观主体的活动方式分类

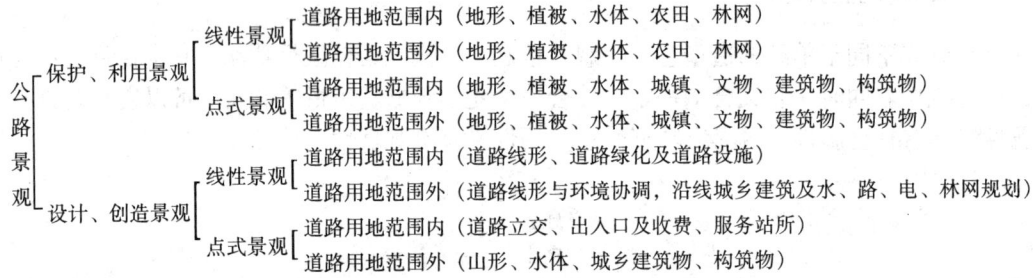

图1-3 按公路景观的处理方式分类

第四节 公路景观研究涉及的学科与专业

对公路景观的研究不仅要研究景观客体的自然属性，还应研究景观主体（人）的内在特征。艺术与科学、精神与物质、传统与现代、群体与个体、生理与心理，从地质构造到社会文化、从环境生态到景物审美，多学科参与、多问题交织，这些都是公路景观研究者所不能回避的。因此，若要对公路景观进行深入、细致的系统性研究，除土方、桥梁、路面工程、行驶力学等公路方面的内容外，或多或少还涉及到地理学、几何学、生态学、植物学、色彩学、生理学、心理学、社会学、经济学、文化学、历史学、美学、哲学、环保、规划等诸多学科。

第五节 公路景观研究的目的与意义

公路景观研究的目的与意义在于如下几方面。

一、研究公路景观，实现公路建设的持续发展

随着时代的发展，社会的进步，国人也愈来愈认识到人口、资源与环境的矛盾，也愈来愈认识到自然、社会、经济的协调发展、人与自然的共生是人类乃至宇宙发展的必由之路。公路建设也必须加强对自然景观及生态景观、沿线资源的永续维护、利用和开发。公路建设只有保持持续的、稳定的、前进的势态，才能既有利于当代人，又造福于后代人，由此可见，在我国开展公路景观的评价、规划设计等工作的探讨、研究，是非常紧迫和必要。

二、研究公路景观，保护视觉环境质量

社会的飞速发展，使视觉信息在人类生活中的比重不断加大。作为社会与环境质量的重要因素，视觉环境质量对于人类已日趋重要。从国土景观到风景区域，从城市到乡村，许多

国家已进行了一系列的视觉资源保护、改善、规划、管理的工程实践，视觉资源已被公认，并开始取得与其他资源同等重要的地位。

在我国视觉环境质量作为一项环境保护质量指标正逐步为人们所重视，但是在该领域所进行的研究、探讨却远远少于对环境质量其他领域的研究（如空气、水质、土地利用、噪声等）。以至于造成许多建设项目，特别是公路建设，任意削毁山头、填平沟壑、砍伐树林或是按照零星的国外观感印象去改变景观特性。随着公路建设项目的不断进行，这种趋势将会继续蔓延，大量具有良好景观的自然环境被侵占和破坏，不负责任信手拈来、散失个性、随波逐流的构筑物随处可见。鉴于此种情形有必要在我国开展公路景观的研究。

三、研究公路景观，延续历史文脉，弘扬民族文化

做为20世纪人类认识世界的重大成果之一的"可持续发展"理念的确定，是人类文明史上一个重要的里程碑。但我们对"可持续发展"理念的理解，不应仅仅体现在物质资源和自然资源的永续利用与可持续发展之上，还应体现在人类精神文明与文化知识的可持续发展之上，体现在如何保持、保护、弘扬民族精神与文化的可持续发展之上。人类在走向更高文明的过程中，文物古迹、自然风光、民风民俗等文化资源的保存、保护、永续利用与持续发展同物质资源和自然资源的持续发展同样重要。它是当代人留给后代人的最可珍贵的遗产。

世纪末具有灿烂文明史的中华民族，公路建设事业正以史无前例的规模发生着翻天覆地的变化，并日益与世界其他民族进行着更广泛的交流。然而，公路建设同其他建设一样，是我们这一代人创造的人文景观。因此，它既有形、声、色、光等使用方面的物质环境，同时，又有历史遗产、社会生活、视觉感受、场所特征、形象符号等精神方面的文化环境。它同建筑一样，是一部用石头写成的人类文明史。体现着人类文化与科学技术进步的历史。对此，我们的公路建设决策者、规划设计者、建设者可曾思考过：当我们看到一片片良田沃土、碧水青山，一座座地上、地下文物遗迹及极富地域传统风情的城市乡村，让路于毫无生气的钢筋混凝土时，我们可曾为这走向现代化中所必须忍痛付出的代价惋惜过。

我们生活在有着丰富历史文化遗产的国家，我们的土地已耕耘了五千年，依旧生机盎然、活力无穷，这是祖辈先人留下的恩泽。我们还能给后人留下另一个具有民族特色、民族文化、辉煌灿烂的五千年吗？这个问题能说与交通运输行业的人士无关吗？它需要我们每个国民来回答。

第六节 国内外研究现状

道路的历史就是人类的发展史，道路的发展反映着人类文化和社会的进步。任何一种道路，无论是乡间道路还是城市干道，是普通公路还是高速公路，都是独一无二的规划设计作品，都具有各自的地域特征、功能特征和时代特征。

20世纪20~30年代，德国开始大量修建高速公路，与此同时，美、英等国也不甘示弱，相继兴建高速公路。在大量的道路工程实践中，德国人最早提出道路景观设计的理念。早在1980年，联邦德国制订的新的道路设计规范较原规范增加了《道路景观设计规范》RAS—LG1980。在该规范指导下，联邦德国道路密切结合所穿过地区的地形，显示出通过区域自然风貌和城镇最佳景观，成为现代化道路设计的典范，取得了辉煌的成就。德国的道路设计者

认为:"道路设计中,景观是一大要素,景观设计应与道路的总体设计有机地协调,使其对周围原有环境的破坏降至最低程度"。道路设计的优劣,基本上取决于道路本身的线形与构造,换言之,公路的线形与构造对景观设计的成败起决定性的作用。在公路与周围景观环境的协调问题上,德国逐渐形成了系统的道路线形理论。

美国在道路工程实践中,提出公路美学理论。1965年在林登·贝恩斯·约翰逊（Lyndow Baines Johson）总统夫人的倡导下,美国国会通过了《道路美化条例》（Highway Beautifity Aet of 1965）。该条例严格管制州际公路旁的路牌与广告牌,取消路旁废物堆置场,政府每年以1.2亿美元资助州际道路建设沿途风景,使道路两旁景色宜人,促进了道路设计的艺术化。大多数美国人都拥有私人小汽车,他们习惯于在旅途中休息,透过车窗或作短时间的停留来欣赏自然风景,于是,美国道路选线尽其可能布置在风景美丽沟壑纵横的地段,顺着山坡、河湖沿岸而蜿蜒曲折,在风景优美的地方设置舒适的旅馆和野营场地。

于1976年制定了《公路绿化技术基准》的日本,吸收了欧、美等国公路景观设计的理念,制定了新的经营方针。其基本内容是:建成与大自然协调的高速公路网,提供更优质的服务;针对人们出行不再满足于位置转移的心态,在高速公路建设中融进景观,使顾客收到乘车于娱乐之中的效果。日本道路公团认为,从满足顾客需求出发,可将公路看作商品。为满足其需求采取如下措施:在硬件方面,竣工后的高速公路应具有安全性、可驶性、便利性及耐久性;在软件方面,交付使用的高速公路应具有舒适、意趣、优美及娱乐的特性。要求提供使用的高速公路,除本身应具备的功能外,还应犹如一件具有浓烈时代感的商品（一样）为顾客所拥有。

原苏联也于1975年制定了《公路建设和景观设计规范》。

我国公路景观研究工作起步较晚,从1978年开始,我国陕西省汉中地区公路管理总段,运用公路美学原理,对道路进行外观改善和景观设计,逐步使辖区道路线形流畅和周围景观协调,这些美化路段平整、清洁、标线清晰、路基砌有护肩带、边沟浆砌、边坡刷修顺适、行道树翠绿挺拔,行车中使人产生舒适优美的感觉。在总结这些经验的基础上,1983年,我国交通部制定颁发了《公路标准化美化标准》,称为GBM工程（GONGLU BIAOZHUNHOA MEIHOA）,要求道路畅通、整洁、绿化、美化,路景物交叉协调,构成流畅、安全、舒适、优美的道路环境。尽管我国公路景观的研究工作起步较晚,研究内容还不够全面与完善,但随着人的生活水平的改善,环境意识的提高,此方面的设计研究工作必将会逐渐开展与深入。

第二章 人对公路景观环境的认知

在公路景观环境创造中,一切的点、线、面、体、技法、技术……只是一种手段。是"流"而不是"源",是"标"而不是"本"。公路景观研究的真正目的是以人为中心,一切以人的需要,活动规律,生存环境为出发点。人在追求理想中生存,当基于生理性的需求得到满足后,总是向社会、心理、审美、自我实现的更高境界迈进,这是社会文明和历史的必然。因此,本章论述了人对公路景观环境的认知过程和中国人的环境观、审美观。

第一节 公路景观环境认知及设计的三个层面

无论从景观环境的设计角度,还是从人对景观环境的认知角度,都可以把景观环境分解为三个层面,即形式层面、意象层面和意义层面。

从图2-1和图2-2可以看出,这三种层面是相互渗透、相互结合,共处于环境的整体之中;但它们却以不同的层次进入人的认知世界,在环境设计时我们应给予全面的考虑,而不偏于一方。

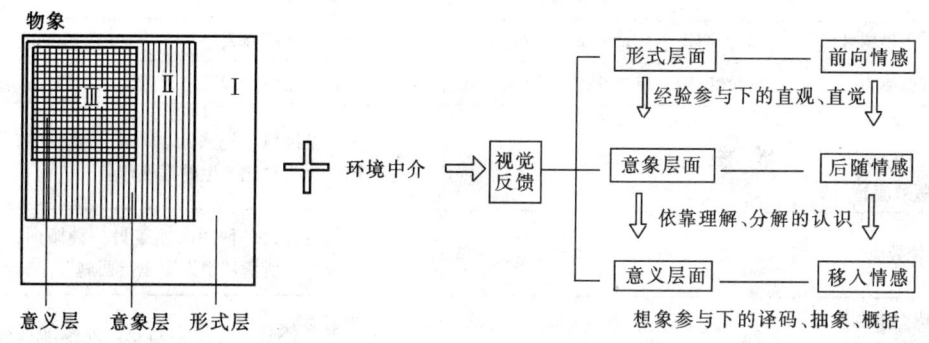

图2-1 人的认知结构

一、形式层面

形式层面,即指人可以通过直觉体验到的环境所具有外显体态、形状、尺度、色彩、肌理、位置、方位和表情。

形式层面比较直观,勿须经过理性的思考就可一目了然。它可以直接地形成刺激与反应,虽然它所反应的是环境表面属性,但对深层认知却是一种必经的门户和先导。对环境的气氛、情调、性格和欣赏动力发动均有最明显的暂时心理效应,特别在情绪的反应中有特殊的唤醒作用。

外形式所能引起的心理效应,列于表2-1,作为环境设计的参考。

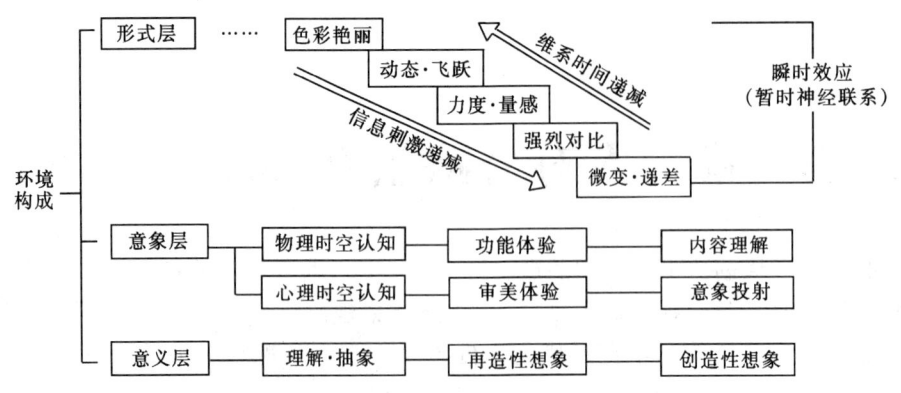

图 2-2 层面构成与认知图解

表 2-1 外形式的心理效应

效应分类		造型特征	心理特征
整体效应		群体的力度、动感、节奏、和谐、空间场、质感组织、结构、深度、意义、量感	对复合刺激的综合反应,联想、直觉与理解、联觉、统觉、整合、建构、蒙太奇思维展现(片断的集合、编辑、综合)
量感效应(物理量)	实感效应	接近于实物之物理量的 1.05~1.15 倍,实物物理量受空间透视缩减,使静态物的内聚浓缩和色彩单一	外景物的心理量往往小于物理量,加上环境对比,小于实物
	轻感效应	空间参照物大,实物小,心理量变小,感觉轻渺	置身于沙漠荒野有渺小感,看比实物小的物有轻渺感,鸟瞰时亦然
	畏感效应	空间参照物小,对象呈特写镜头	心理量被夸大
好奇驱力		异质性原则,超常性,逆反性,创新性	好奇之心人皆有之,人追求新鲜,喜新争奇
初始效应(首因效应,刻版效应)		第一景,起景、序景	一见钟情,先入为主,注意力投射,同时对比,视听对比产生的强烈印象
晕轮效应		以局部掩盖整体,个体突出	包容性,一种倾向掩盖另一种倾向,印象高于理智,所谓"情人眼里出西施"
同步效应(耦合性,心理距离,主客体合一)		客体与主体同一性	主客体合一,进入角色,如喊加油挥拳头,看拔河咬牙用力,写字用力,气急跺脚
动感效应		"从一个姿势到另一个姿势的转变"—(罗丹),力的趋向性,真动与似动、动态、姿态、动作的过程联想,连贯性的动作分解	心理张力、趋向、心理指向一定的方向,不平衡
视觉效应	错觉	环境对比,形象对比,图形对比,色彩对比	小中见大,弯曲变形等
	同伦效应	几何形与拓扑变化	异形同质同构
	连贯性	连续的,趋向某种常态的图形	恒常性,心理定势
	深部知觉	欲盖弥彰,半显半露,意义含糊……	求全、求最、求深部知觉
不定性效应		两可图、联想、期待、过渡隐喻	模糊思维,注意分配转化,选择性
钝化效应		永动相当于不动,风车转动,钟摆运动,树欲静而风不止	感觉麻木,适应,停止注意反映,永动之物暂停时反而会引起注意

续表 2-1

效应分类		造型特征	心理特征
物理效应	光感效应	明适应 暗适应 光洁度	稳定性，避眩光性
	温度效应	红暖、紫冷	冷、暖
	距离效应	明进、暗退	视扁度，向量衰减
	质感效应	不同表面形态	软、硬、精、粗
	轻感效应	明暗、虚实	
拟人化、物我同律、人格化		四君子：兰、竹、梅、菊 岁寒三友：松、竹、梅 莲：清白、纯洁 牡丹：富贵	见物主义：如乌鸦：忌讳物 　　　　　　喜鹊：报喜物
社会心理效应	尊卑感	上：垂直向上 中：水平的向度 下：从水平面下沉	崇高、向上、尊贵 平和、近人 卑下、向下、伦落
	神秘感	迷离、迷宫、幽深、虚飘	莫测、虚幻
	渺小感	荒漠、被俯瞰、仰视	被淹没、失去轻重
完形压强		偏位、不完形、超常残缺	向完形弥补、归位、归类、再造
量感效应（生长、生命、有机、内聚）		单纯、内部生长性、有机性、内聚性、健美、肌理、生命运动	力、劲、生机勃勃、发育健壮、有机秩序
生理效应	压抑感	低、闭、闷、窄、暗	不流通、不自由
	压迫感	人与物尺度对比悬殊、形态率、视张角、视面太大，直视生冷的实体，偏重	人被物欺压
	拥塞感	杂乱、繁多、拥挤	堵塞
	冗长感	单调、狭长、无变化的线型空间	单调乏味
情感效应或同格效应		物理力场与脑力场的同格、同构	物理世界与心理世界所引起的喜、怒、哀、乐

不同的造型特征可以产生不同的形式心理反应，为简化文字的叙述，现将相关因素列于表 2-2 中。

表 2-2 形式心理与造型特征

形式心理	造型特征
紧张感	不稳定形；分裂组合；杂乱；不合逻辑的复杂性；眼睛无休息之点（地方）；坚硬；眩目的光刺激；刺耳的噪声；多样的价值；色彩混杂；视觉上不平衡的线或点；粗糙、生疏、颤抖的光线；不适之温
轻松感	无限的、适度的、熟悉的事物与建材构成空间大小；流畅的曲线与空间结构稳定感强；舒适的温度、保持水平、质地调和、形式愉快、光线柔和、声音优雅、色彩宁静（白、灰、蓝、绿）；想象的思考

续表 2-2

形式心理	造 型 特 征
恐惧、被拘禁感	一种压迫的负重；明显的陷阱；缺少定向点；无法判断位置与比例；隐秘的地区与空间；惊骇的可能性；倾斜面；扭曲面；残缺面；不合逻辑和不稳定的形；滑溜危险的平面；高而险；无保护之缝洞；陌生的；易使人激动、惊骇、战栗、奇异；暗示恐惧、痛苦、怪诞、酷刑、黑暗、朦胧、灰白与震颤；相反的眩目丽光、冷蓝、寒绿
欢乐、自由	柔、流、圈动、颤动、旋转、情绪激活的色彩、无约束、虚饰也可接受的奇巧、光亮、飘动、悦耳之声、飞腾、强烈的原色（深红、鲜红、橘黄）
感受的爱	隐密、注意方位、天花板低、水平的面. 流水般的曲线、圆柔的形、棱角与曲线成双、精巧的编织，面弯曲而柔软、从柔的玫瑰红到金色的光，配以音乐
崇高、敬畏	尺度宏伟、气氛庄重、凌驾常人之经验，恰似置身其中而宏大；高低体形对比，垂直向的情绪上升，秩序对称、向高潮发展的序列、高贵的材料及永久性的暗示、纯白色或蓝绿、绿、青紫色、投光配乐
烦恼	失败，或暗示失败；地方与空间非预想之用；障碍；过剩；不适的摩擦；不适感；恼人的质地；不合逻辑；虚假、不安全、沉闷、喧嚣、呆板、紊乱、冲突；用材不当、不调和的音响；难忍的温、湿度；不快的光；丑恶的
雄奇	急骤的动感和强力度来体现，节奏稀疏，和谐中对立因素占优势，趋于对等平衡
粗犷	强力度；急骤的运动感；稀疏节奏；对立因素占优势；呈均势平衡
深朴	动感中度，力度趋于中强，节奏是稀疏的；和谐中对立因素占优势，趋于对等平衡
秀雅	动感缓慢，力度较弱，节奏稀疏，和谐
精致	强力度，动感缓慢，节奏密集，和谐中统一因素占优势，对等平衡
华丽	是由外形中跳跃的动感集团和强力度来体现，韵律变化是一种细密的节奏，和谐的结构中统一因素胜过对立因素，组织秩序趋于对等平衡

应该着重指出，公路景观的形式层面虽然可以引起一系列心理效应，但它在人的认知、记忆、意象贮存中，维系的时间比较暂短，激动得快，平复和消逝的也快，故稳定的、长期的效应较差。所以，在环境设计中不应仅止于此，而应向更深层次发展。

二、意象层面

意象层面是形式层面所包容和涵纳的结构要素，是通过空间的结构框架、功能使用和具有典型特征的景观符号表现出来的内涵。它可以表述环境的性质、用途、场所特征、与人的相关性以及视觉上的可识别性、可记忆性、可理解性等内容。它与形式层面相比，是要经过理性的辨认才能引起知觉反应，而且是偏于功利性和具体涵义方面的内容反应。

意象层面，已经涉及内容与形式的统一和神形兼备等问题。象可以理解成形式，外形；意则是指反映、构思、建构。意象是指人们在头脑中所形成的外界反映，在心理学的术语中把意象看做是过去的体验留存在大脑中的记忆贮存，一旦经过现实的刺激立即在头脑中浮现出来的心理图象。

欲加强环境的意象刺激，要从环境的形态、结构和涵义三个方面所具有的典型性、异质性、需求耦合性、易理解性等方面来考虑。实践表明：人们的意象，首先表现于易读、易记、易理解的方面，看不懂、记不住、不理解也就没有深刻的印象；其次是与需要的相关性，从认知的选择性来考虑，人们总是对与自己兴趣相投、实践相关、需要耦合的事务倍加关注；再次是一切有意义的事物，能够进入深层认知结构，值得永远怀念；第四是初始印象，即第一印象容易形成先入为主的铭刻性印记；第五是异质性的、超常的、特别的，容易从一般中剥离出来进入特写的镜头；第六是最典型事物，能够构成模式语言的图象，容易留下深刻印象；第七是最差、最丑、最不高兴见到的东西，可以引起强烈的刺激，形成副效应。所以在环境设计时不排斥使用一些离谱的、夸张的、丑化的、诙谐的、幽默的，甚至是荒诞的景物来增加环境的刺激强度。图2-3所示为引人注目、诱人前往的环境特征。

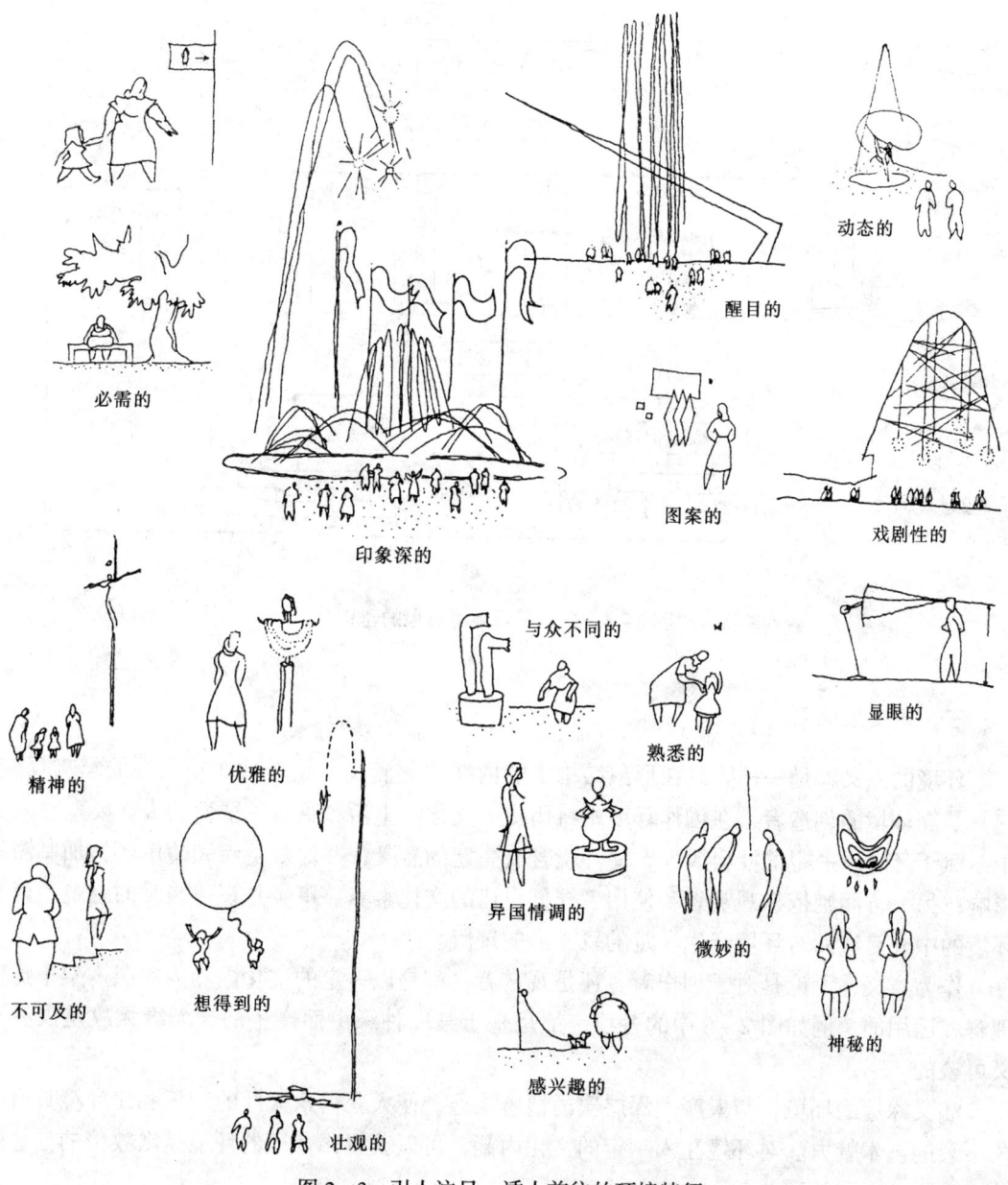

图2-3 引人注目、诱人前往的环境特征

美国规划学家凯温·林奇曾对数以千计的社会公众作过问答卷测验,证明作为景观环境最容易使人留下较深意象的形象,要属范域、道路、边界、节点和标志这五种要素最为突出。

从公路环境创作的角度看,公路景观规划设计者在日常生活中要加强生活体验,注意意象集累,力争做到意在笔先,使自己的构思框架和创作冲动能以生活为源泉,赋予环境以生命的活力。公路景观环境的意象建构过程如图2-4所示。

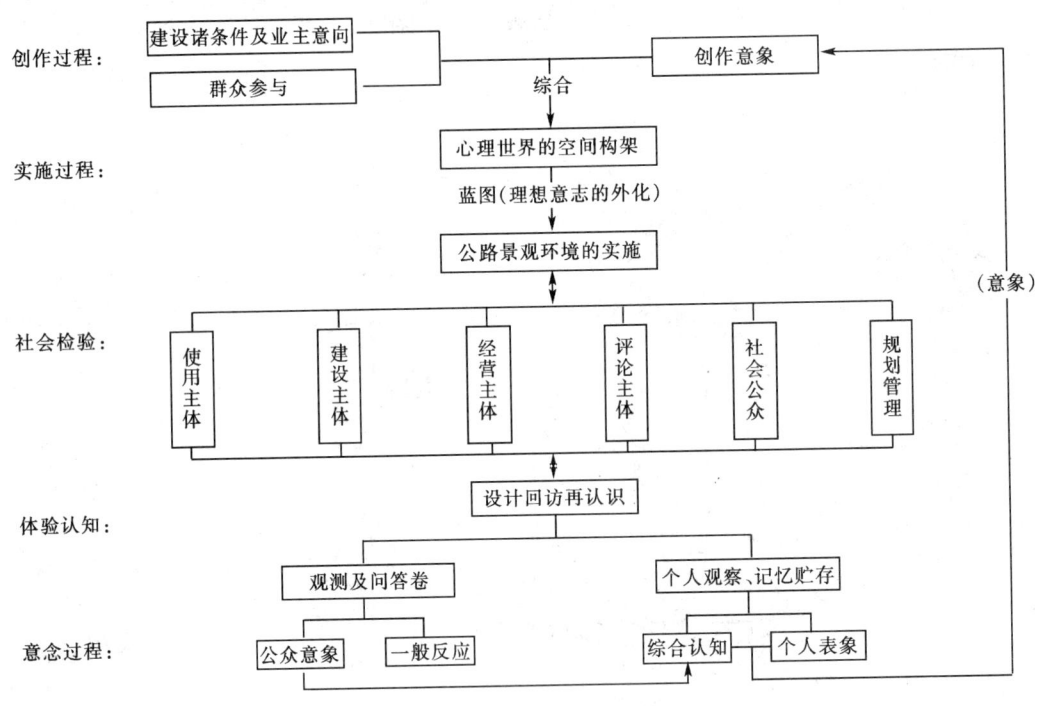

图2-4 公路景观环境意象的建构

三、意义层面

环境的意义,是一种隐藏在形象结构中的内在文化涵义,是一种非功利性的精神反应。它一是靠环境的创造者,在创作环境中将历史、文化、生活和具有象征性的人文要素注入其中,赋予环境以一定的社会属性,使环境含有一定的意义,并对观赏者和使用者施加刺激和影响;另一方面则依靠观赏者和使用者根据自己的文化素养、审美意识、当时的心境,以及环境的中介启迪而对环境产生一定的意义上的理解。

作为意义,无论是对于创作者,还是观赏者,都是以一定的文化内涵为参照构架来加以理解和运用的。例如图2-5中的各项,都是基于某一种缘由而产生的,无缘无故是没有意义可谈的。

涵义深邃的环境,与人产生深层次的情感沟通,使人获得永久性的印记和使环境具有经久不衰的艺术魅力。对环境注入一定的文化内涵,可以获得比普通的环境高出数倍的社会效益。

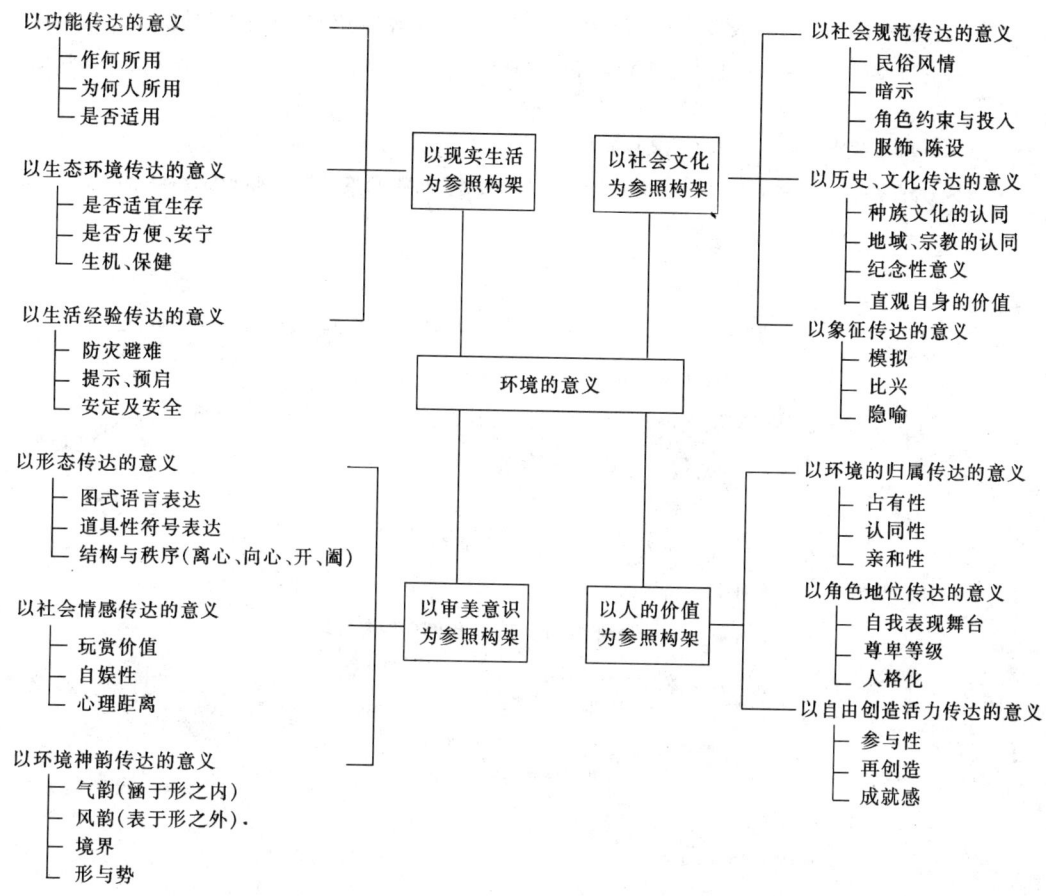

图 2-5 公路景观环境的意义图解

第二节 中国人的环境观与审美观

一切观念都产生于一定的社会历史文化，并受传统文化的影响，中华民族的文化心态是在长期的历史文化濡染中形成的，在环境观与审美观方面也有自己的民族特色。近年，虽受西方文化的冲击，一些现代的生活观念正在发生变化，但植根于民族文化的土壤，民族的文化特征仍然是根深蒂固的，并是生活的主流。

一、环境观

中国人的环境观是建立在对物理世界中的天、地、自然、社会和人的认识基础之上，以东方的文化、哲学和价值体系为参照构架，形成一套独特的环境观念，并以此为准则支配自己的衣食住行。

从哲学意义上讲，环境观、自然观涉及很深的哲理，是一个很大的命题，无法用简单的笔墨能说得清楚的。把它列成图 2-6 的图解，做为读者的参考。

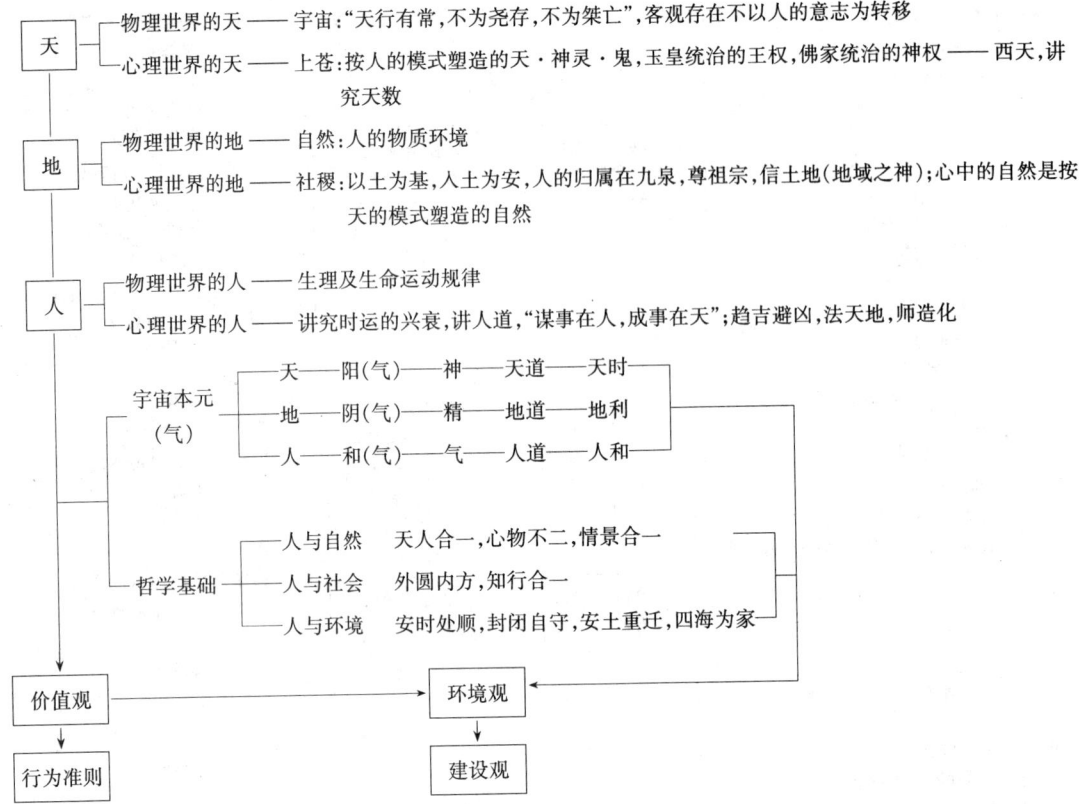

图 2-6 传统环境观理论构架图解

如果用通俗的意义来理解环境观，可以简单地概括为以下几个方面：

1. 在现在的生活中，仍保留着许多按宇宙图式行事的习惯。如"万物负阴而抱阳"，讲究经纬、平直、方正、天圆地方、面南为尊、偏正有别、左祖右社、上应与天、下对地府……等等。

2. 强调人与环境相和谐。中国人强调入乡随俗，讲究天时、地利、人和、主张识大局、顾大体、审时度势、顺应自然，有整体环境的意识，讲究"体宜"、"序列"、群体和谐，在行为上的"吾从众"和随大流。

3. 强调人与自然相和谐。人心目中的理想世界是"仙境"、"天堂"、"世外桃园"，法天地、师造化，模仿自然中的一切，力求再现自然，追求人与自然的融合，即所谓的天人合一。

4. 有极强的领域性。喜欢用大小围墙来划分领域，内外有别，封闭自守，自强化自完善。讲究门第对应和圈里圈外，居必择邻、行必择友。

5. 在生活领域中保留了许多迷信的色彩。信天命，讲风水，趋吉避凶，取谐音和象征以自慰。由于泛神论的影响，神灵无处不在，无处不有，也使环境蒙上一层神秘的色彩。

二、审美观

中国人的审美观是建立在传统文化心态与文化薰陶的基础之上，带有东方文化的特色及审美意识，深受儒、道、释的美学思想影响。一般地讲，中国人对美的认识，除来自形式所产生的自然美，艺术美的直接感受外，更注重直接感官之外的深层内涵，强调伦理美、臆想美、意象美和韵味美；追求象外之象，意与象混。对美增加了许多角注，如气韵、神韵、风韵、韵味、弦外之音、镜中之缘、景外之景。喜欢索而得之，慢慢品味。讲究含蓄、朦胧、模糊、虚、空、静、深。在欣赏中往往是超脱生活中的原我，从意象、精神、超然之境去领悟外界的形象，既所谓的"心由境生"和"境由心生"，以及"有我之境"和"无我之境"等相当玄秘的审美意识。在此心境下观赏环境，一切景物也都脱离了自然原形，进入人格化和生命体的层次由人来品味。

当然，以上所说的审美意识，只是针对传统文化心态支配下的审美观而言。对于今天受传统教育较少和文化程度较低的社会公众，其审美观是基于日常的生活体验，首先是与生活真实相对照，用象什么、是什么、不象或不是来评价。对抽象的，含不确定成分较多的作品一般是人云亦云，莫衷一是，谈不上什么固定的审美观，只是依靠生活原型作为参照构架。所以，现代环境更注重雅俗共赏，喜闻乐见。以基本群众的欣赏水平为基调，再向纵深方向提高与升华。同时，人们的美育也靠宣传教育和传媒介质的诱导，完全立足于当前，其时效是暂短的，不能适应未来的发展。另一方面，东西方的文化差异，随着开放的深入，已经存在渗透和融合，有必要扬长避短、互通有无。

第三章 形式美的规律（原则）及色彩学基础

人们要创造出美的空间环境，就必须遵循美的法则来构思设想，直至把它变为现实。然而，究竟有没有一种美的法则呢？这个问题如果用辩证唯物主义的观点来看，本来应当是勿庸置疑的，但在实践中，人们还是不可避免地存在着种种疑问和模糊认识。这一方面固然是由于美学本身的抽象性和复杂性所造成的，另外，更为主要的则是把形式美的规律和人的审美观念的差异、变化和发展混为一谈。应当指出：形式美的规律和审美观念是两种不同的范畴，前者应当是带有普遍性、必然性和永恒性的法则；后者则是随着民族、地区和时代的不同而变化发展的，较为具体的标准和尺度。前者是绝对的、后者是相对的，绝对寓于相对之中，形式美的规律应当体现在一切具体的艺术形式之中，尽管这些艺术形式中由于审美观念的差异而千差万别。

公路景观构成的基本要素千差万别，但这些要素均由点、线、面、体、质感、色彩构成。如何组织设计这些要素，创造优美宜人的公路景观环境，就需要掌握形式美的一般原则及色彩学基础知识。因些，本章着重介绍公路景观环境创造及欣赏的基础知识——形式美的基本原则及色彩学基础。

第一节 形式美的规律（原则）

公路景观的创造，同人类改造自然的其他建设活动一样，在具备功能性、实用性的同时，也产生了观赏性、艺术性。而如何创造优美的视觉环境，就需要掌握下述几项基本原则。

一、统一与变化

统一与变化是形式美的主要关系。统一意味着部分与部分及整体之间的和谐关系；变化则表明其间的差异。统一应该是整体的统一，变化应该是在统一的前提下的有秩序的变化，变化是局部的见图 3-1、图 3-2、图 3-3）。过于统一易使整体单调乏味、缺乏表情，变化过多则易使整体杂乱无章、无法把握。

二、对比和相似

相似是由同质部分组合产生的，这种格调是温和的、统一的（图 3-4），但往往变化不足，显得单调。对比是异质部分组合时由于视觉强弱的结果产生的，其特点与相似相反。形体、色彩、质感等构成要素之间的差异是设计个性表达的基础，能产生强烈的形态感情，主要表现在量（多少、大小、长短、宽窄、厚薄）、方向（纵横、高低、左右）、形（曲直、钝锐、线面体）、材料（光滑与粗糙、软硬、轻重、疏密）、色彩（黑白、明暗、冷暖）等方面。同质部分成分多，相似关系占主导；异质成分多，对比关系占主导。相似关系占主导时，形体、色彩、质感等方面产生的微小差异称为微差。当微差积累到一定程度后，相似关系便转化为对比关系，见图3-5。

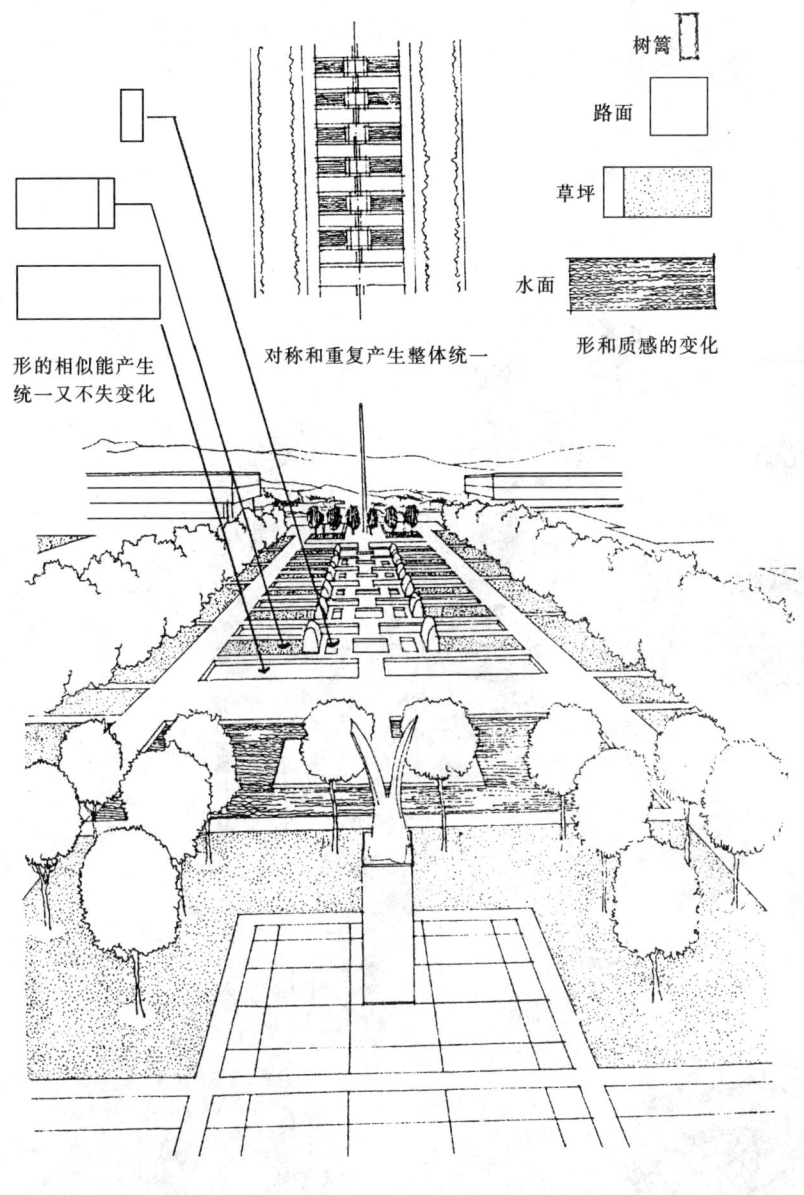

图3-1 统一与变化

三、均衡

均衡是部分与部分或整体之间所取得的视觉力的平衡，有对称和不对称平衡两种形式。前者是简单的、静态的；后者则随着构成因素的增多而变得复杂、具有动态感（图3-6）。

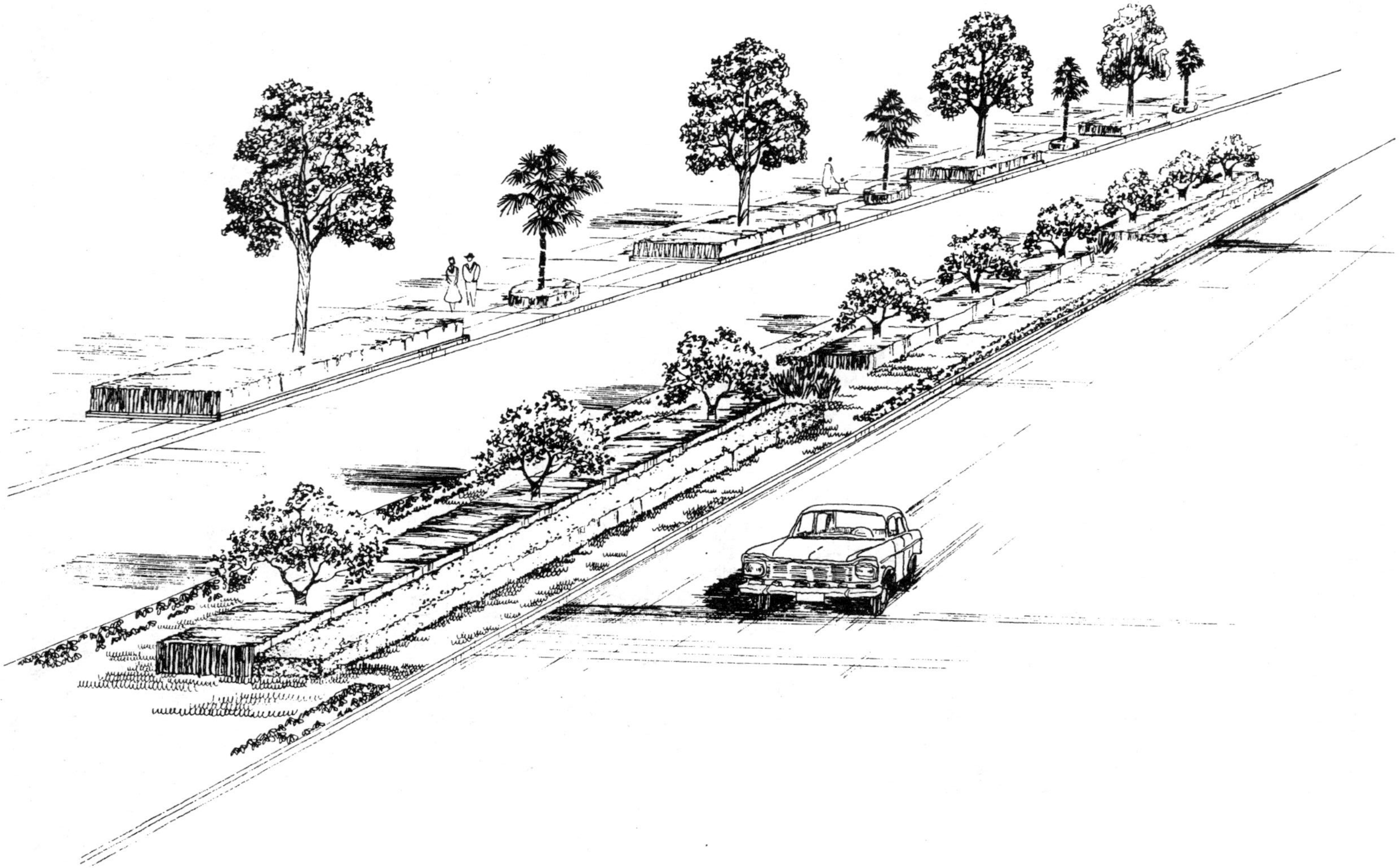

图3-2 道路两侧交替种植的乔木在和谐的统一中产生变化

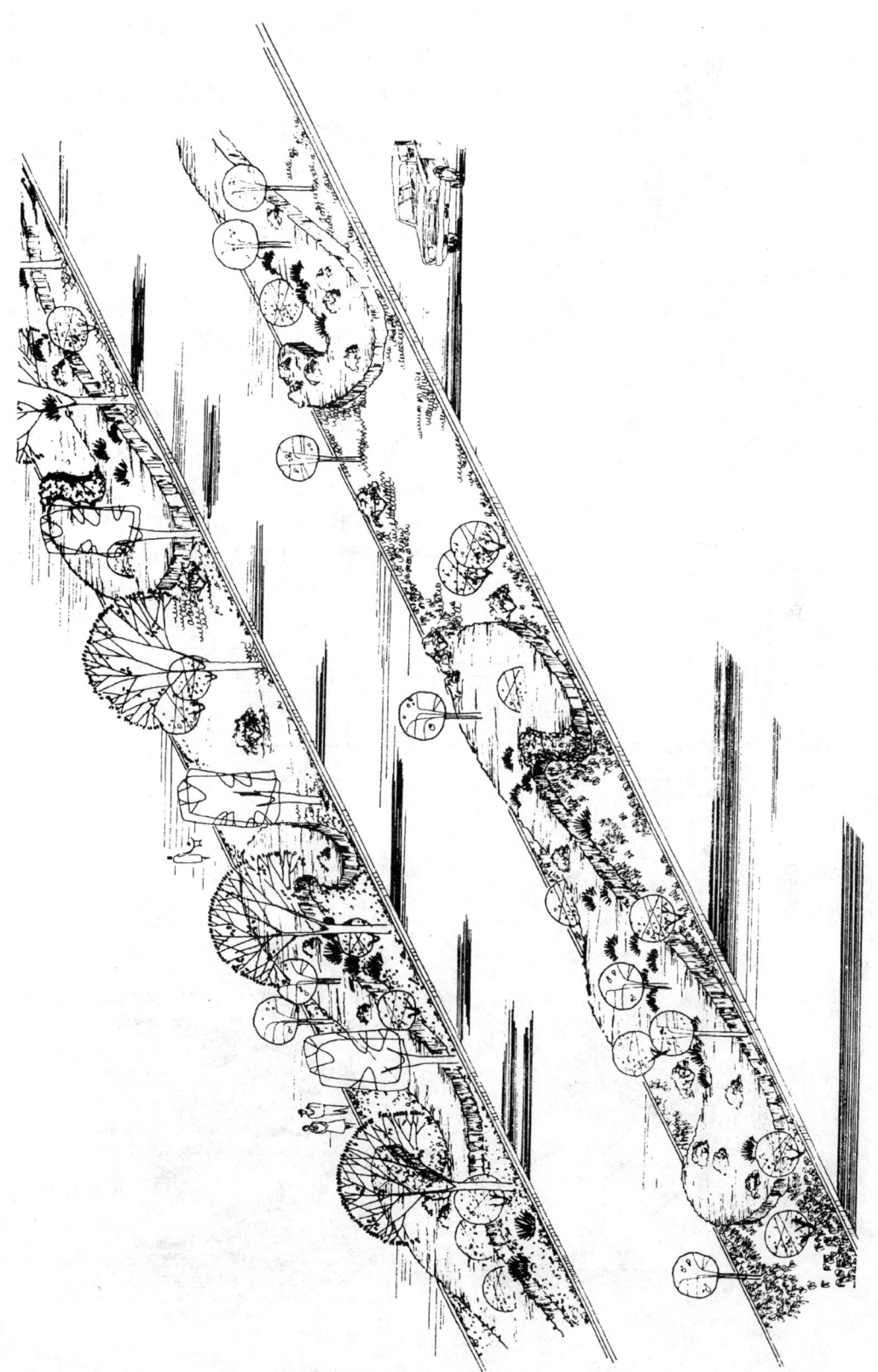

图 3-3 道路两侧绿化种植变化过多,有些零乱

对称平衡是最规整的构成形式，对称本身就存在着明显的秩序性，通过对称达到统一是常用的手法。对称具有规整、庄严、宁静、单纯等特点。但过分强调对称会产生呆板、压抑、牵强、造作的感觉。对称有三种形式：①以一根轴为对称轴，两侧左右对称的称为轴对称，多用于形体的立面处理上；②以多根轴及其交点为对称的称为中心轴对称；（3）旋转一定角度后的对称称为旋转对称，其中旋转180°的对称为反对称。这些对称形式都是平面构图和设计中常用的基本形式。见图3-7。

不对称平衡没有明显的对称轴和对称中心，但具有相对稳定的构图重心。不对称平衡形式自由、多样、构图活泼、富于变化，具有动态感。对称平衡较工整，不对称平衡较自然。图3-8为动态平衡举例。

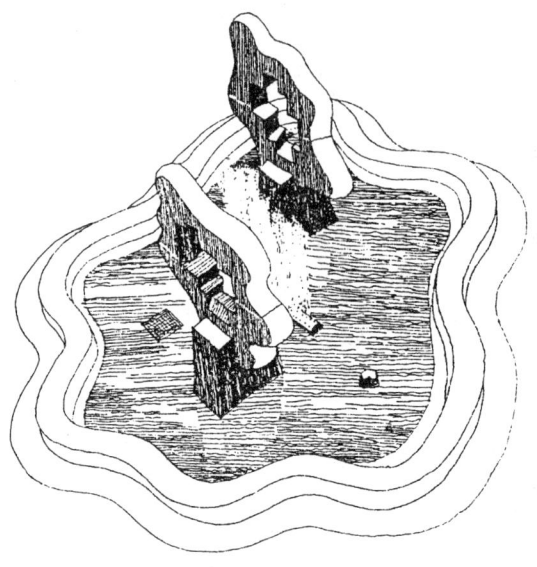

图3-4 相似产生的统一

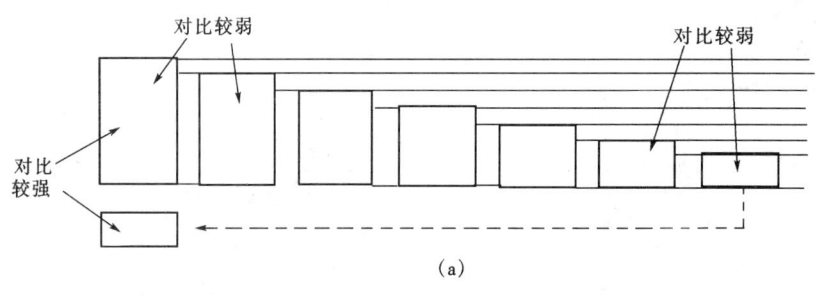

(a)

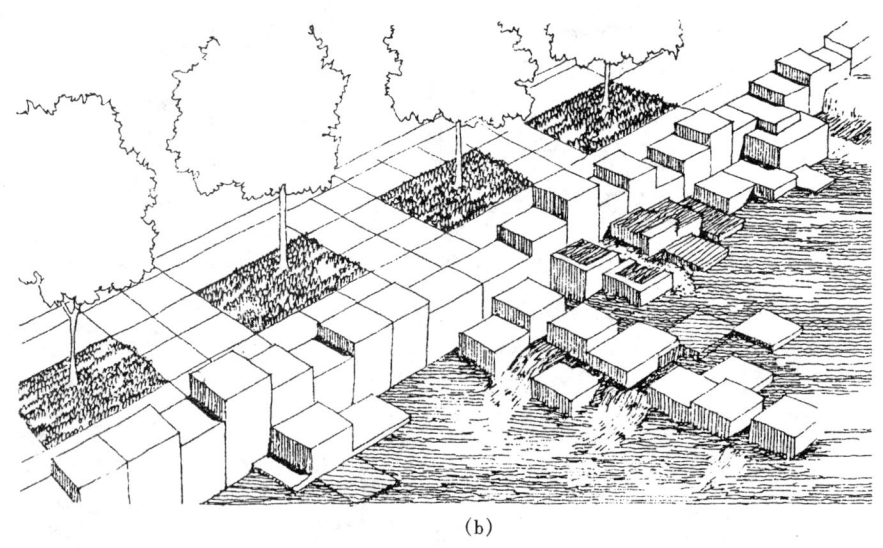

(b)

图3-5 对比和微差
(a) 微差的积累；(b) 利用对比和微差达到构图的统一

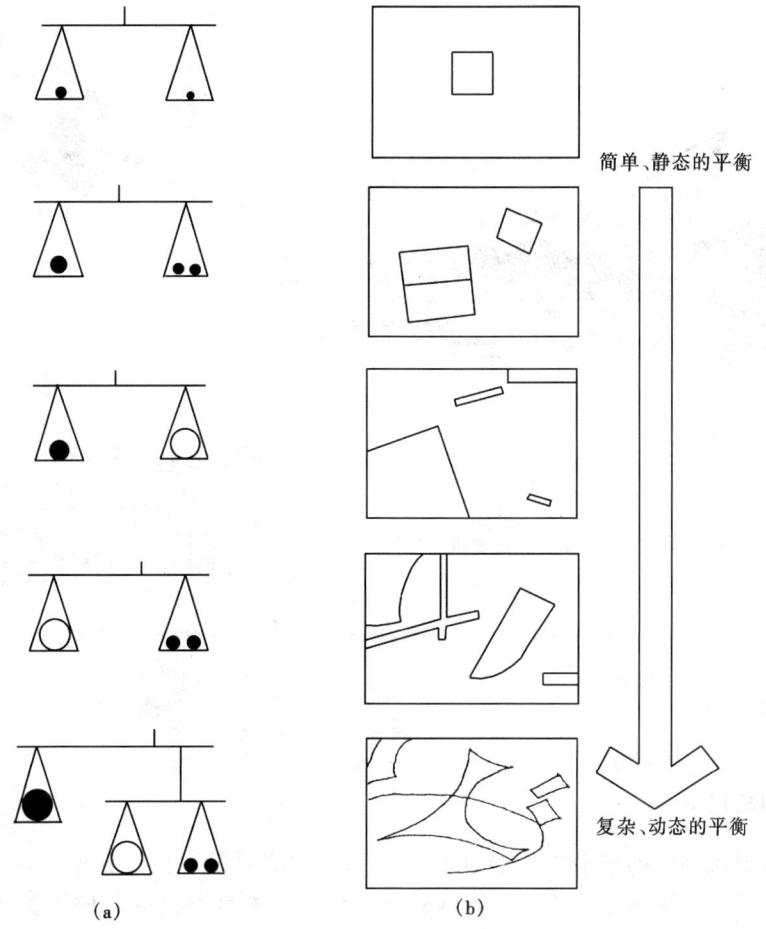

图 3-6 平衡的概念
(a) 机械的平衡；(b) 视觉的平衡

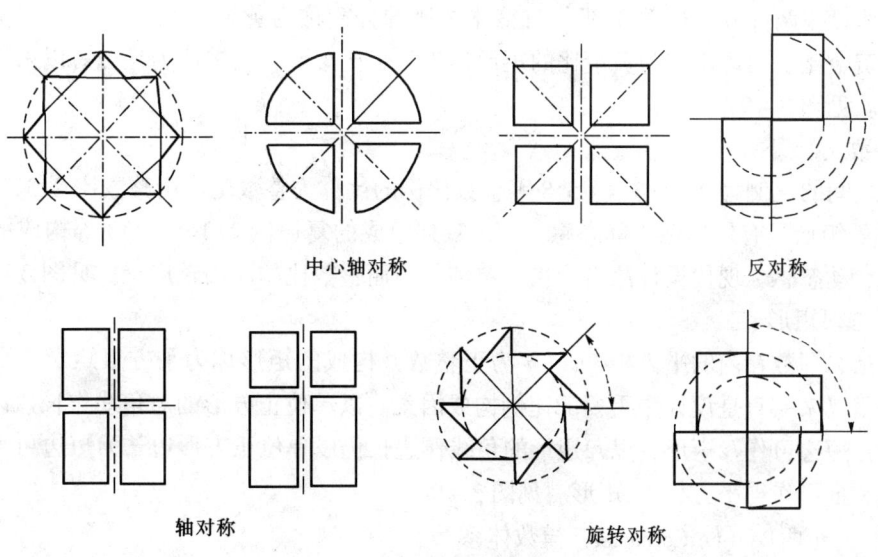

图 3-7 对称平衡的几种形式

由伍重所设计的澳大利亚悉尼歌剧院。该建筑伸向水中，为与环境取得有机联系，采用了三组方向相反的薄壳作为屋顶结构，即保持了均衡，又有强烈的动态感。

朝鲜千里马纪念碑，微向前倾的碑身表现出一种活力，与雕塑相配合，动平衡感极强。

图 3-8 动态平衡

四、比例与尺度

比例是使得构图中的部分与部分或整体之间产生联系的手段。比例与功能有一定的关系，在自然界或人工环境中，大凡具有良好功能的东西都具有良好的比例关系。例如人体、动物、树木、桥梁和建筑物等。不同比例的形体具有不同的形态情感。

1. 黄金分割比

分割线段使两部分之比等于部分与整体之比的分割称为黄金分割，其比值（$\varphi = 1.618\cdots$）称为黄金比。两边之比为黄金比的矩形称为黄金比矩形，它被认为是自古以来最均衡优美的矩形。见图 3-9a。

2. 整数比

线段之间的比例为 2:3、3:4、5:8 等整数比例的比称为整数比。由整数比 2:3、3:4 和 5:8 等构成的矩形具有匀称感、静态感，而由数列组成的复比例 2:3:5:8:13 等构成的平面具有秩序感、动态感。现代设计注重明快、单纯，因而整数比的应用较广泛。见图 3-9b。

3. 平方根矩形

由包括无理数在内的平方根 $\sqrt{n}$（n 为正整数）构成的矩形称为平方根矩形。平方根矩形自古希腊以来一直是设计中重要的比例构成因素。以单位正方形的对角线作长边以单位正方形边长作短边可作 $\sqrt{2}$ 矩形，以 $\sqrt{2}$ 矩形的角线作边长仍以单位正方形边长为短边可得到 $\sqrt{3}$ 矩形，依此类推可作得平方根 $\sqrt{n}$ 矩形。见图 3-9c。

4. 勒·柯布西埃（Le Corbusier）模数体系

勒·柯布西埃的模数体系是以人体基本尺度为标准建立起来的，它由整数比、黄金比和费波纳齐级数组成。柯布西埃进行这一研究的目的就是为了更好地理解人体尺度，为建立有秩序的、舒适的设计环境提供一定的理论依据，这对内、外部空间的设计都很有参考价值。该模数体系将地面到脐部的高度 1130mm 定为单位 A，身高为 A 的 φ 倍（$A \times \varphi \approx 1130 \times 1.618 \approx 1829$mm），向上举手后指尖到地面的距离为 $2A$。将以 A 为单位形成的 φ 倍费波纳齐数列作为红组，由这一数列的倍数形成的数组作为蓝组，这两组数列构成的数字体系可作为设计模数见图 3-10。

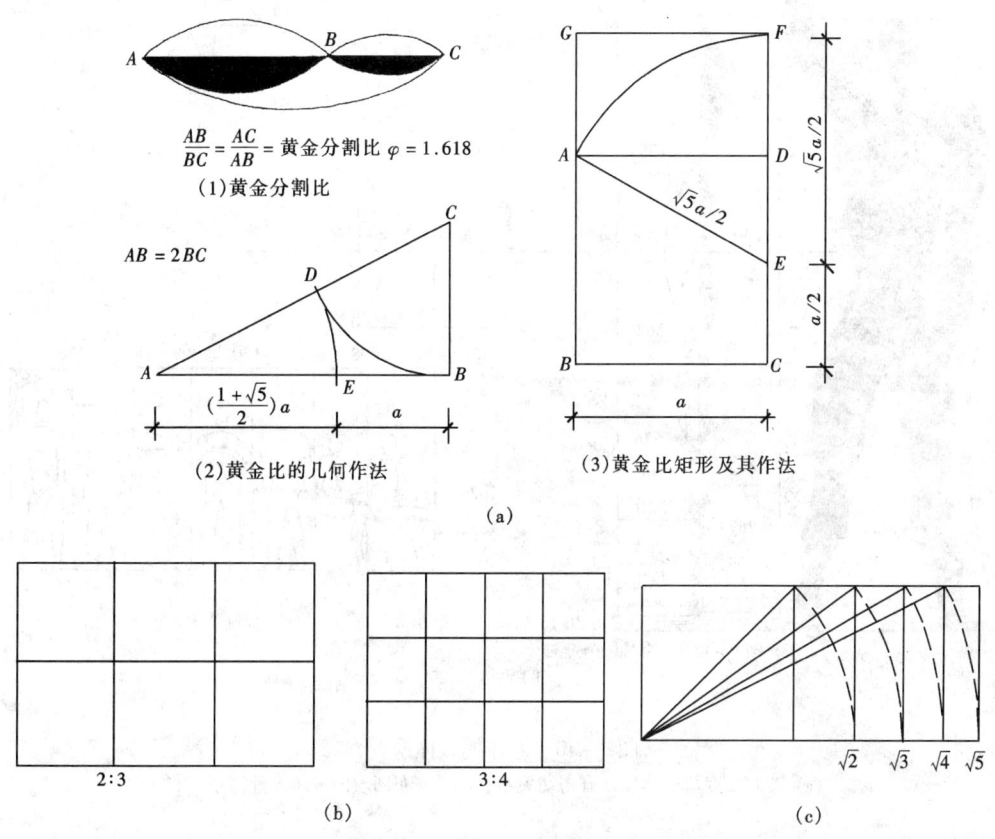

图 3-9 几种常用比例的构成方法
(a) 黄金比及黄金比矩形；(b) 整数比矩形；(c) 平方根矩形

五、韵律与节奏

韵律是由构图中某些要素有规律地连续重复产生的，如拱桥中的圆拱、粉墙上的连续漏窗、道边等距栽植的树木都具有韵律节奏感。重复是获得节奏的重要手段，简单的重复单纯、平稳；复杂的、多层面的重复中各种节奏交织在一起，有起伏、动感，构图丰富，但应使各种节奏统一于整体节奏之中。

1. 简单韵律

简单韵律是由一种要素按一种或几种方式重复而产生的连续构图。简单韵律使用过多易使整个气氛单调乏味，有时可在简单重复基础上寻找一些变化，例如我国古典园林中墙面的开窗就是将形状不同、大小相似的镂空花窗等距排列，或将不同形状的花格拼成的、形状、和大小均相同的镂空花窗等距排列。如图 3-11。

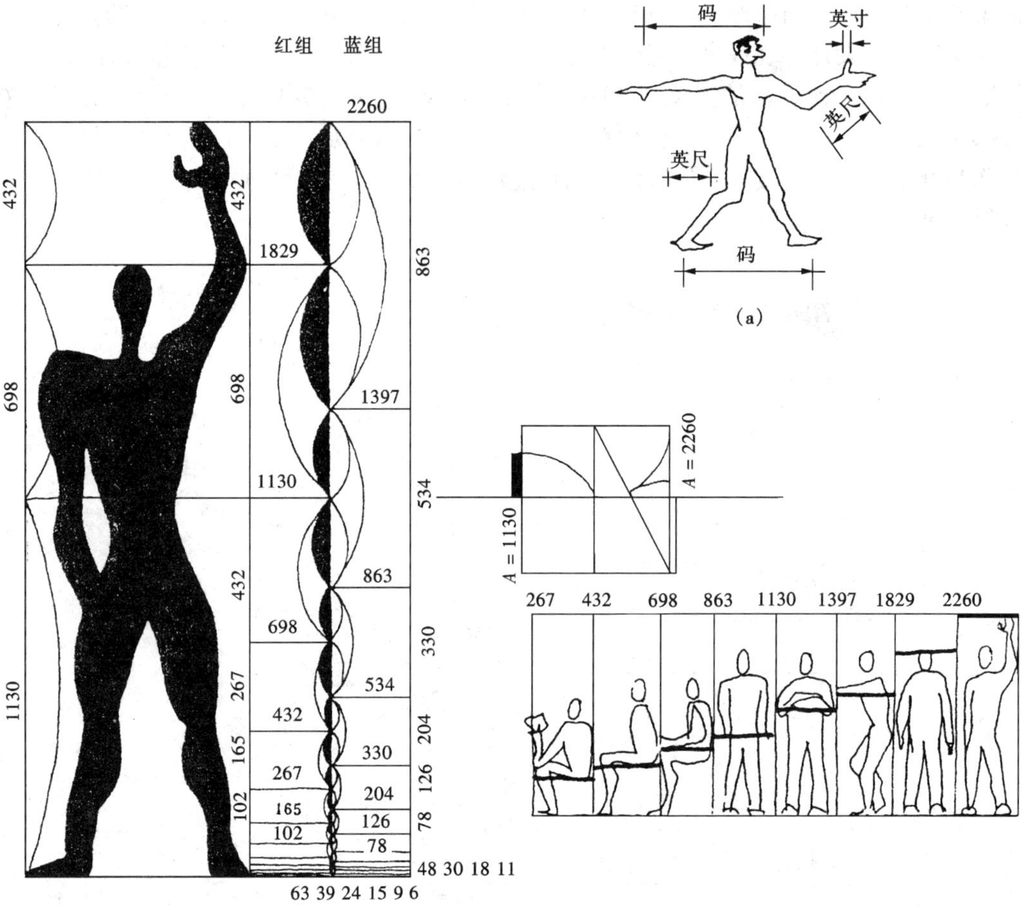

图 3-10 人体模数体系
(a) 英制长度与人体尺寸有密切关系；(b) 柯布西埃的人体模数体系

图 3-11 （一）
(a) 长达数千米的古罗马水道桥，共三层，分别以三种不同大小的半圆拱碹重复连续地排列，具有连续的韵律感
(b) 颐和园乐寿堂前灯窗，每隔一定距离整齐地排列着，具有连续韵律的特征

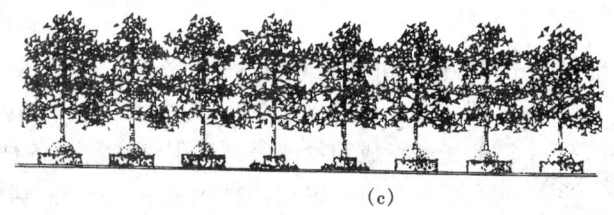

(c)

图 3-11（二）

(c) 道路边栽植的行道树，具有连续韵律感

2. 渐变韵律

渐变韵律是由连续重复的因素按一定规律有秩序地变化形成的，如长度或宽度依次增减，或角度有规律地变化。如图 3-12。

以半圆拱形成的桥体，取对称形式，拱形相同，但大小却递增（或减），从而形成一种渐变的韵律

图 3-12

停车场地面铺装连续重复的网络相互交织，形成交错的韵律感

图 3-13

3. 交错韵律

交错韵律是一种或几种要素相互交织、穿插所形成的。如图 3-13。

第二节 色彩学基础

色彩可为景观环境增添无穷的魅力与光彩，公路景观若仅有单调、乏味的水泥灰，只能给人一种毫无生气之感。而沿途色彩丰富的景象，可使人感到舒适、愉悦。在现实生活中，色彩对于人的意义不亚于空气和水，色彩对于人的生理、心理及环境美学都有一定影响。一个从生物学角度设计的色彩环境有利于人生理机能的协调；一个从心理学角度设计的色彩环境能融合人与环境之间的关系；一个从美学角度设计的色彩环境能扩展人的精神境界。

一、色彩的属性

色彩具有三个基本特征：色相、纯度和明度。在色度学上，称为色彩的三要素或色彩感觉的三属性。熟悉和掌握色彩的三个基本特征，对于认识和表现色彩都是极为重要的。

1. 色相

色相是色彩彼此互相区分的特性，可见光谱中不同波长的辐射在视觉感上表现为各种色相，如红、橙、黄、绿、青、蓝、紫。物体的色相决定于光源的光谱组成和物体表面反射（透射）各种波长辐射的比例对人眼所产生的感觉。24色相环见图3-14。

2. 纯度

纯度是指色彩的纯洁性，它表示颜色中所含有色成分的比例。比例愈大，则色彩愈纯；反之，比例愈低，纯度愈低，可见光谱的各种单色光是最纯的颜色；当一种颜色掺入黑、白或其他色彩时，纯度就发生变化；当掺入的色彩达到很大比例时，颜色就失去本来的光彩，而变为掺和的颜色了。物体色的纯度决定于物体表面反射光谱辐射的选择度，如果物体表面粗糙，光线的漫反射作用将使色彩的纯度降低，如果表面光滑、色彩的纯度就高。

图3-14 24色相环图

3. 明度

明度是指色彩的明亮程度，各种有色物体由于它们反射光量的差别，就产生颜色的明暗强弱。色彩的明度有两种情况，其一是同一色相不同明度；其二是各种颜色的不同明度，同一颜色在强光照射下显得明亮，在弱光照射下显得较灰暗模糊，每一种纯色都有其相应的明度，黄色最为明亮、蓝紫色明度最低，红、绿为中间明度。色彩的明度变化往往会影响到色彩的纯度，如红色加入白色以后，明度提高了，但纯度却降低了；红色加入黑色后，明度降低了，而纯度也同时降低了。

二、色彩的心理效应

1. 色彩的冷暖

由于人们在自然现象中得到的印象而引起的联想作用，使人从色彩现象中产生了温度感觉：如红彤彤的太阳使人感到温暖，淡蓝色的冰雪使人感到寒冷。如果我们将温度计放到透过三棱镜所成的七种色光下去测量，在暖色中温度将上升，而在冷色中温度会下降，这也说明色彩是有温度差别的。通常，以蓝绿色和红橙色作为冷暖色的两个极端，凡是带有红、橙、黄的色调都有暖感；凡是带有蓝、青色调的都有冷感，凡带有绿和紫色调的都是不冷不热的中性色。色彩的冷暖与明度和纯度有关，高明度的色一般具有冷感，而低明度的色具有暖感；高纯度的色具有暖感，而低纯度的色具有冷感；无彩色系的白色是冷色，黑色是暖色，灰色为中性。

2. 色彩的轻重

一个物体由于表面颜色不同，看上去会使人感到轻重有别。白色的物体之所以使人觉得轻，只是由于我们看到白色时联想到白云、棉花等轻物质，而看到黑色就联想到煤、钢铁等重物，故黑色物体使人觉得重。色彩的轻重感主要取决于明度，明色感觉轻，暗色显重。

3. 色彩的软硬

软硬是物质质感的一种表现，色彩的软硬与色彩的轻重相似，质地轻盈的软，质地坚固而细腻的硬。色彩的软硬主要取决于明度和纯度，明度较高的含灰系列具有软感，明度较低的含灰系列具有硬感，纯度愈高愈具有硬感，纯度愈低愈具有软感，强烈对比的色调具有硬感，微弱对比的色调具有软感。

4．色彩的强弱

色彩的强弱是指色彩在人的知觉上引起反应的强弱程度感，由此感觉而引起对色彩的兴奋与沉静感、明快与忧郁感以及华丽与朴实感。色彩的强弱感与知觉度有关，一般说来，暖色和明度高的颜色知觉感强，容易引起兴奋；冷色与暗色的知觉感弱，具有沉静和忧郁的感觉。高纯度色具有华丽的感觉，明度较低的冷色具有朴素而雅致的感觉。

5．色彩的胀缩

色彩的胀缩是指色彩在对比过程中，某些色彩的轮廓给人胀大或缩小的感觉。产生这种现象的主要原因是人在观察形体的色彩时，有一种生理上光渗现象，浅色物体在人眼视网膜上所形成的物象总有一圈光包围着，好像把深色背景下的浅色物体在视网膜上所形成的物象扩大了，所以，看起来原物体色彩的面积有所胀大。例如，法国国旗上的红白蓝三色条纹，最初的设计为相同宽度的三色条纹，当这种旗帜升到空中后，人们感到三色条纹不相等了，经研究才发现这个现象与色彩的胀缩有关，后来将三条色纹的宽度比例调整为红35、白33、蓝37时，三色条纹看起来才感到宽度相等。在色彩的对比关系中，暖色和亮色的感觉是胀，而冷色及暗色的感觉是收缩。

6．色彩的进退

色彩的进退是指色彩在对比的过程中给人的视觉心理反应，某些颜色好象前进，而一些颜色好象后退了。这是色彩对比过程中隐或显的反映。从生理学上讲，人眼的晶体调节体对于距离的变化是很灵敏的，但它总是有限度的，对于波长微小的差异是无法正确调节，这就是造成波长长的为暖色，波长短的为冷色的缘故。如红色在视网膜上形成内侧映像，蓝色在视网膜上形成外侧映像，从而产生暖色好象前进，冷色好象后退的感觉。

7．色彩的质感

质是物体固有的性质，性、色、质是物质的统一表现。色依附于光而存在，因而色和光是材料质地特性的表现，而质又是色光的表现条件，色与质相互依存。由于人们在生活实践中，对某些物质的色质效果形成了固有概念和联想，例如金色、银白色表现了黄金、白银的质地富贵、富丽、辉煌，色彩的质地感觉与色相、纯度和明度密切相关。一般明色、轻色及弱色给人细润、圆滑、丰满的感觉，而暗色、重色及强色给人以粗糙、淳朴、坚实的感觉。

三、色彩的心理感觉

色彩不仅使人产生各种感觉，而且还引起人的情感变化。有些试验证实了肉体对色彩的反应，发现在彩色灯光的照射下，肌肉的弹力能够加大、血液循环加快，其增加的程度以蓝色为最小，依次按照绿色、黄色、橘黄色、红色的排列次序逐渐增大。一个因患大脑疾病而失去平衡感觉的病人，让他穿上一件红色的衣服时，就会变得头晕目眩，甚至有跌倒的危险；而给他换上绿色的衣服时，这种症状就消失了。有些颜色会使人情感冲动，另一些颜色却使人忧郁、懊丧；有些颜色会使人感觉轻松愉快、情绪稳定；另一些颜色则使人情绪紧张、甚至引起疲劳。实验表明，悦目的色彩，通过人的视觉器官传入色素细胞之后，对神经系统是个良好的刺激，对心血管系统、消化系统也有一定作用，适当地运用色彩，在工作上能够减轻疲劳，提高工作效率。钟表厂的装配车间将深色地板换成明快的颜色之后，生产率提高了 7.5%，这是因为白色工作台与地板之间的明显对比度减少的缘故。在工作场地使用功能色彩，劳动生产率提高了 10%，红、绿、黄、白色能够唤起人们的注意力，提高视觉辨认能力，用于交通信号、标志等可以避免发生交通事故。在货物箱子上粉刷浅色可以减轻人们的心理重量负担；住宅采用明快的颜色给人以宽敞、舒适的感觉；娱乐场所采用华丽、兴奋的色彩能增强欢乐、愉快的气氛；在学校、医院采用明洁的颜色能为学生和病人创造安静、清洁、卫生、幽静的环境；在医学上，淡蓝色能使发烧的病人退烧，高血压病人降压；赭色能够使低血压病人提高血压、增强新陈代谢；蓝色有利于外伤病人克制冲动和烦燥；绿色有利于病人的休息；红色、橙色可以增进病人的食欲；紫色可以使孕妇感到安定、减轻分娩的痛苦等。

在人对色彩的心理反应背后，更多的是辐射能量中特定波长的基本生理反应，人在和煦的天气条件下感到愉快，而在雨天中会感到忧郁；反过来，人对色彩的心理态状也会影响到生理上的反应。

色彩给人引起的情感是复杂的。根据实验心理学的研究，人类随着年龄的增长，生理结构相应发生变化，而色彩所产生的心理影响也随之变化。据统计，婴儿偏好红色和黄色，4~9 岁的儿童喜欢红色，9 岁以上的儿童喜欢绿色。如果说儿童对色彩的偏好是由于生理作用引起的，那么，生活在乡村的儿童偏好青绿色，部分原因就是儿童对生活环境中青绿色植物的联想；到成年和老年时，由于生活经验的丰富，色彩的偏好来自于联想的就更多。生活在南半球的人容易接受自然的变化，大多喜欢强烈的鲜明色彩，而生活在北半球的人对自然的变化感觉比较迟钝，大多喜欢柔和暗淡的色调。对欧洲各地区的日光的研究结果发现，北欧的阳光接近于发蓝的日光灯色，南欧的日光偏于黄光的灯光色，由于人们长期在一种光源下生活，就产生习惯性的适应与喜好，因此，北欧人喜欢青绿色，南欧人喜欢黄红色。在美国，以纽约为中心的大西洋沿岸地区的人则喜欢鲜明色。在不同国家和民族里，由于人们生活环境（包括政治、经济、文化、科学、艺术、教育及传统）的不同，也表现出对色彩喜好的差异，红色在中国和东方民族被视为喜庆、热烈、幸福的象征，是传统的节日色彩；绿色在信奉伊斯兰教的国家和地区最受欢迎，而在西方一些国家里却含有嫉妒之意；黄色在中国和古罗马曾作为帝王的颜色而受到尊重，但在信奉基督教的国家里却被认为是叛徒犹大的衣服颜色，有卑劣可耻之意，而在伊斯兰教中，黄色还被视为死亡的象征。

我国是一个多民族的国家，对色彩的喜爱和忌讳在各民族中有很大的差别。因此，在公路景观环境色彩的运用中应考虑这一因素。

汉族一般喜欢红、黄、绿色。红色表示幸福和喜庆，多用于喜事。黄色具有神圣、权势、光明、伟大的含义，多为帝王所用。绿色象征繁荣和青春。黑色多用于丧事。

蒙古族一般喜爱橘黄色、蓝色、绿色、紫红色。

回族喜欢黑、白、蓝、红、绿等色，白用于丧事。

藏族喜爱黑、红、橘黄、紫、深褐等色，忌讳淡黄、绿色，白色是尊贵的颜色。

维吾尔族喜爱红、绿、粉红、玫瑰红、紫红、青、白色，忌黄色。

苗族喜爱青、深蓝、墨绿、黑、褐等色，忌黄、白、朱红色。

朝鲜族喜欢白、粉红、粉绿、淡黄等色。

壮族喜爱天蓝色。彝族喜爱红、黄、蓝、黑色。满族喜爱黄、紫、红、蓝色，忌白色。傣族喜爱白、棕色。黎族喜爱红、褐、深蓝、黑色等。

对色彩的喜好不仅因年龄、性别、种族、地区而有差异，就是同一年龄、性别、种族和地区的人也会因性格、气质和境遇不同而有差异。

四、色彩对比

当各种不同色彩配合在一起时，会产生色相、纯度和明度之间的差异。这种差异愈大，对比的效果就愈明显，缩小或减弱这种差异，对比效果就趋于缓和。

色相对比是色相差别而形成的对比。色相对比的强弱可以用色相环上的距离来表示，若选定一色彩，与此色相邻之色为邻近色，与此相间隔2~3色为类似色；与此色相隔4~7色为中差色；与此色相间隔8~9色为对比色；与此色相隔10~12色为互补色；邻近色、类似色为色相弱对比，中差色为色相中对比，对比色为色相强对比，互补色为色相最强对比。对比可划分为高、中、低基调；以及长、中、短调。运用高、中、低基调和长、中、短调等六个因素可以组合成许多色彩对比的调子。

同种色相配色，可有深浅之争，不存在色相对比。邻近色相的差别很少，色彩对比非常微弱，这种配色易于单调，必须借助于色彩纯度、明度的对比变化来弥补色感不足。类似色相对比是24色相环上间隔60度左右的色相对比，类似色相含有共同的色素，它具有单纯、统一柔和、主色调明确等特点，而且耐看。当然，不注意纯度和明度的变化也容易产生单调；中差色相对比是24色环上间隔90度左右的色组对比，色彩对比效果比较明快；对比色相对比是24色相环上间隔120度左右的三色对比，色彩对比效果鲜明、强烈，具有饱满、华丽、欢乐和活跃的情感特点，容易使人兴奋、激动；互补色对比是24色相环上间隔180度左右的色相对比，是最强烈的色相对比，它能使色彩对比达到最大的鲜明程度，具有强烈的刺激感效果。

明度对比是色彩明暗程度的对比。色彩的层次与空间关系主要依靠色彩的明度对比来表现，只有色相的对比而无明度的对比，图案的轮廓形状就难以辨别；只有纯度的区别而无明度的相比，图案的轮廓形状就更难以辨别了。如果我们用黑色和白色按等差比例相混，建立一个9个等级的明度色标，并据此划为三个明度基调：①由1~3级暗色组成的低明基调，具有沉静、厚重、迟顿、忧郁的感觉；②由4~6级中明色组成的中明基调，具有柔和、甜美、稳定的感觉；③由7~9级亮级色组成的高明基调，具有优雅、明亮、寒冷、软弱的感觉。明度对比的强弱决定于色彩明度差别的大小。

纯度对比是指鲜色与含有各种比例的黑、白、灰的色彩对比。与明度对比类似的，我们也可以建立一个9等级的纯度色标，并且划分为三个色度基调：①由1~3级低纯度色组成的低纯度基调，容易产生脏灰，含混无力等感觉；②由4~6级中纯度色组成的中纯度基调，具有温和、柔软、沉静的特点；③由7~9级高纯度色组成的高纯度基调，具有强烈、鲜明、色相感强的特点。纯度对比的强烈决定于纯度差：①纯度弱对比是纯度接近的色彩对比；②纯度中对比是纯度差间隔4~6级的对比；③纯度强对比是纯度差很大的对比。

各种色彩有构图中所占数量的大小构成色彩面积对比。色彩感觉与色彩面积关系很大，同一组色彩，面积大小不同，给人的感觉也就不一样；同一种色彩，面积小、可见度低，面积太小则易被他色同化，难以发现。面积大的色块，可见度高，容易感到刺激，大片的红色会使人难以忍受，大片的黑色会使人发闷，大片的白色将使人感到空虚。

五、色彩调和

色彩调和是就色彩的对比而言的，没有对比也无所谓调和，两者相辅相成，相得益彰。过分对比的配色需要加强共性来进行调和；过分暧昧的配色需要加强对比来进行调和，色彩的调和就是在各种色彩的统一与变化中表现出来的。一般来说，能使人产生愉快、舒适、好看的配色是调和的。奥斯瓦尔德认为：两种或两种以上的色彩要想互相谐调，它们的基本要素必须相等。他把色相的一致或同等的含白量、含黑量、含灰量作为色彩调和的基础。孟塞尔的和谐理论也是以这种共同要素原理为依据的，他把颜色系统的球体中心的直线看作是色彩的自然平衡点，认为任何通过这中心的直线都会把互相谐调的色彩联系起来，他还说明，位于球面上的各个不同的值，实质上是位于一条直线上。色彩学家约翰内斯·伊顿（Johannes Itten）认为：理想的色彩和谐就是要用选择正确对偶的方法来显示其最强效果。

色彩调和的方法，从色相上讲，由无彩色系的色构成的配色最容易调和；任何无彩色与彩色相配合都能调和，如果变化明度与强度，则能取得非常明快的调和；同种色相配合具有色相单纯、朴素、柔和的特性，但容易单调；邻近色相的配合不易取得视觉上的调和；类似色相调和具有丰富、统一调和的效果；中差色相配合，在色调一致的情况下能得到调和感，对比色相配合必须增加纯度与明度的共性，以色调的一致来促进调和；互补色相配合常常因为对比过分会造成色界不清，引起闪烁，产生分离，需要降低色彩的纯度才能增加调和感。

色彩调和的方法，从明度上讲，由同一明度的配色容易调和；邻近明度的配色具有统一的调和感；类似明度的配色比较含蓄、柔和，对比明度的配色比较明快，但难统一，通常是增强色相与纯度的共性来调和；强对比明度的配色非常明显，但过于生硬，要运用色相和纯度的同一性来调和。

色彩的调和方法，从纯度上讲，由同一纯度的配色容易调和；邻近纯度的配色也容易调和，但缺少变化，需要变化色相与明度；类似纯度的配色与邻近纯度的配色相同；对比纯度的配色可用色相的同一（或类似）、明度的同一（或类似）来增加调和感。

在色彩构成的色相、纯度、明度三个要素中，凡是两要素同一（或类似）就可得到调和的效果；凡一个要素同一（或类似），而其他两个要素具有不同程度的变化，则可产生具有一定变化的调和；如果三个要素都缺共性，那么，配色的效果是很难取得调和的。不同色相、纯度、明度配色形成的气氛或总趋向可以分成淡色调、亮色调、暗色调、鲜色调、冷色调、暖色调、黄色调、绿色调、红色调等。在多色配色中掌握各色彩的倾向性，按明确的主色调进行配色这也是色彩调和的一种有效方法。有些公共车辆色彩的图案零乱，显得杂乱无章，使人眼花缭乱，形成不好的色彩效果，这就是没有主色调的原因。为构成色彩的主色调，可采取不同的方法，例如在各色中混入同种色相的色彩，混入红、橙、黄色可以构成暖调；混入青、蓝、紫色可以构成冷调；在各色中混入无彩色的黑、白、灰，可构成暗调、明调、含灰调，由于在各色中混入同一种色素，使色彩之间发生内在联系，增加了共性，这样就产生了色彩调和。此外，色彩的构图按一定的比例，有秩序、有节奏地相互联结、相互依存、相互呼应都可构成和谐的色彩整体。

第四章　公路景观环境评价及管理

公路的兴建,促进了地区社会经济的发展。然而,修建公路对自然环境、视觉环境的影响与破坏,是不容忽视的,也是不可回避的问题。如何使公路建设与环境协调发展,如何对公路景观环境进行评价与管理,应是公路建设不可缺少的一个环节,也是本章所论述的内容。

第一节　公路景观环境评价方法

公路景观环境评价是环境影响评价中一个新的领域。公路项目的建设除了可能造成环境污染和生态破坏外,还可能带来包括景观及视觉影响在内的其他影响。在公路建设前,对其可能带来的景观影响进行分析与评价,及早发现问题,采取措施,不失为一种有效的办法。一些发达国家注意到这个问题并采取了相应措施,如欧共体明确规定在公路建设中要评价开发活动对景观的直接和间接影响。日本在这方面也做了许多工作。本章结合我国国情,提出了公路景观环境评价的过程、内容与方法。

一、公路景观环境评价程序

公路景观环境评价程序见图4-1。

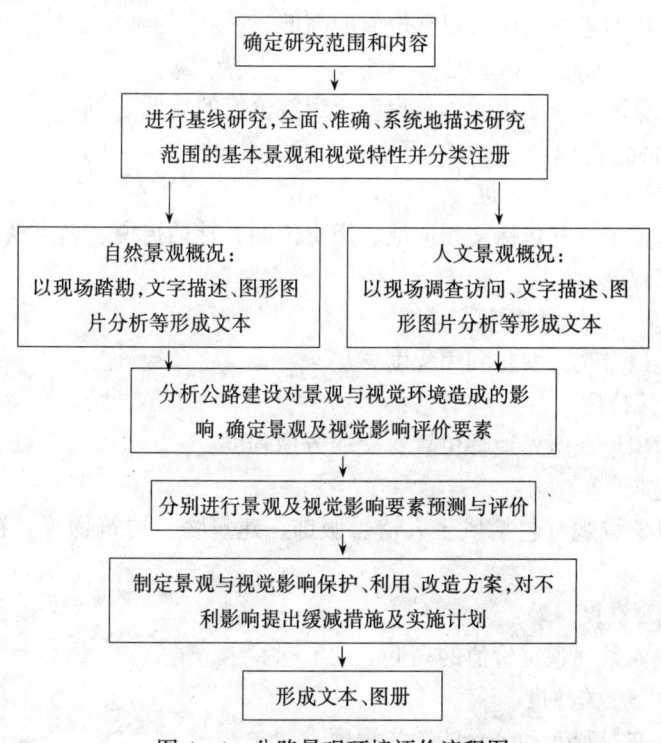

图4-1　公路景观环境评价流程图

二、公路景观环境评价因子

由前述公路景观客体的构成要素分类可见,任何一处公路景观均由多重要素组成,以群体出现,各自具有明显特征和可比性。因此,公路景观的影响评价应以群体景观作为评价要素,建立群体景观评价体系。选择的评价因子应注重群体效果与生态功能,力求反映评价要素的特征。在自然景观与人文景观方面,选择的评价因子如下:

1. 自然景观方面

(1) 生态环境破坏度

指生态环境由于人为活动而被破坏的程度。

(2) 动物珍稀度

指评价区域是否具有国家级或地方级保护动物或珍禽异兽。

(3) 动物丰富度

指评价区域动物物种的丰富程度。

(4) 植物珍稀度

指评价区域是否具有国家级或地方级保护植物或奇花异草。

(5) 植物丰富度

指评价区域植物物种的丰富程度。

(6) 地形、地貌自然度、稳定度

指地形、地貌原始自然形态、色彩及抵抗人为变动的能力和变动后恢复到原状态的能力。

(7) 水体丰富度、观赏度

指评价区域水体的丰富程度及观赏价值的高低。

(8) 天象、时令丰富度、观赏度

指评价区域天象、时令变化的丰富程度及观赏价值的高低。

2. 人文景观方面

(1) 虚拟景观丰富度、珍稀度

指评价区域虚拟景观(包括文物遗址、历史传闻、神话传说、名人轶事、诗词碑记、寓意象征等)的丰富程度。

(2) 虚拟景观开发度、利用度

指评价区域虚拟景观开发、利用程度。

(3) 虚拟景观区位度

指评价区域虚拟景观所处地理位置、交通方便程度。

(4) 具象景观典型度

指评价区域具象景观(包括风土人情、服饰、建筑物、构筑物等)在国内外的典型程度。

(5) 具象景观观赏度

指评价区域具象景观观赏价值的高低。

(6) 人文变动公众关注度

指评价区域人文景观变动公众的关注程度。

（7）人文变动破坏度

指评价区域人文景观变动致使景观环境破坏的程度。

（8）人文变动三效度

指评价区域人文变动产生的经济、社会、环境效益的高低。

三、公路景观环境评价方法

公路景观评价是多因子评价，为了更好地反映公路景观质量，采用景观综合评价指数法，即：

$$B = \sum X_i \cdot F_i$$

式中　B——表示某区域公路景观综合评价指数；

　　　X_i——表示某评价因子的权值；

　　　F_i——表示某景观在评价因子下的得分值；

　　　$X_i \cdot F_i$——表示某景观评价分指数。

景观综合评价指数是由分指数叠加得出，该法具有适宜研究多属性、多因子评价体系结构的特点。

1. 权值确定

权值是反映不同评价因子间重要性程度差异的数值，也是体现各评价因子在总指标中的地位与作用，以及对总指标的影响程度。由于公路景观多数评价因子较抽象、宏观，故采用专家打分定权，确定各评价因子的权值。具体权值分配如表4-1。

表4-1　公路景观评价因子和分级指标

	评价因子	权值 X_i	评		分			
自然景观	1. 生态环境破坏度	0.12	Ⅰ	7	Ⅱ	4	Ⅲ	1
	2. 动物珍稀度	0.05	少有	4	较少	2	一般	1
	3. 动物丰富度	0.04	极高	3	较高	2	一般	1
	4. 植物珍稀度	0.05	少有	4	较少	2	一般	1
	5. 植物丰富度	0.04	极高	3	较高	2	一般	1
	6. 地形、地貌自然度、稳定度	0.08	极自然、稳定	5	较自然、稳定	3	一般	1
	7. 水体丰富度、观赏度	0.03	极高	4	较高	2	一般	1
	8. 天象、时令丰富度、观赏度	0.03	极高	4	较高	2	一般	1
人文景观	1. 虚拟景观丰富度、珍稀度	0.04	Ⅰ	4	Ⅱ	2	Ⅲ	1
	2. 虚拟景观开发度、利用度	0.06	极高	5	较高	3	一般	1
	3. 虚拟景观区位度	0.06	距公路≤20m	5	距公路≤50m	3	距公路>50m	1
	4. 具象景观典型度	0.04	国内外著名	4	省内著名	2	一般	1
	5. 具象景观赏度	0.04	极高	4	较高	2	一般	1
	6. 人文变动公众关注度	0.08	极关注	5	较关注	3	一般	1
	7. 人文变动破坏度	0.12	无破坏	7	轻度破坏	4	严重破坏	1
	8. 人文变动三效度	0.12	极高	6	较高	3	一般	1

2. 评价因子分级指标

每项评价因子设三个级别,依其优劣程度赋值,分级指标数值越高表示景观质量越好,各评价因子分级指标如表4-1。

3. 计算方法

首先根据公路建设前后现场实地踏勘调查的资料,研究确定各景观类型在每一个评价因子下的级别F_i并按表4-1所属级别赋值乘以该因子的权重,得出这一因子下的景观评价分指数X_iF_i。各分指数相加得出景观综合评价指数B。B占理想景观评价指数B^*的百分比(注:理想景观评价指数为标准状态下的得分值,该值为5.16),即为景观质量分数M。

$$M = \frac{景观综合评价指数\ B}{理想景观评价指数\ B^*} \times 100\%$$

M作为景观分级的依据,并以差值百分比分级法划分为Ⅰ、Ⅱ、Ⅲ、Ⅳ级,如表4-2所示。

表4-2 公路景观分级标准

M	100~80	79~60	59~40	<40
公路景观质量等级	Ⅰ	Ⅱ	Ⅲ	Ⅳ

其中:Ⅰ级—公路建设与沿线景观协调;
Ⅱ级—公路建设与沿线景观较协调;
Ⅲ级—公路建设对沿线景观轻度破坏;
Ⅳ级—公路建设对沿线景观严重破坏。

公路建设前后,公路景观质量等级若为同级或建设后公路景观质量等级高于建设前景观质量等级,公路建设不需做景观改造及补偿设计;若公路建设后景观质量等级低于建设前景观质量等级,则公路建设项目需进行景观保护、再造等补偿措施研究。

生态环境破坏度评价因子和级分指标见表4-3,虚拟景观丰富度,珍稀度评价因子和级分指标见表4-4。

表4-3 生态环境破坏度评价因子和级分指标

	评价因子	
1	大面积完整的自然植被地区或珍稀的野生动物栖息地	30
2	大面积、完整的人工森林或具有珍稀野生动物贮备地	25
3	永久性草地	20
4	灌木、乔木构成的自然绿或绿篱	18
5	完整的水岸、林地	16
6	农林用地和非生产性果园	14
7	水生栖息地(池塘、溪流)	12
8	散布的自然植被	10
9	人为破坏严重地域	5

等级划分:Ⅰ—≥20分;Ⅱ—<20分,>10分;Ⅲ—<10分。

表4-4 虚拟景观丰富度、珍稀度评价因子和级分指标

			评价因子	级分
1	虚拟景观丰富度		评价区域未发现虚拟景观	0
			评价区域有一处虚拟景观	5
			评价区域有二处虚拟景观	8
			评价区有多于二处虚拟景观	10
2	虚拟景观	朝代	辽	10
			金	8
			元	6
			明	4
			清	2
3	珍稀度	级别	世界级	10
			国家级	7
			省市级	4
			区市级	1

等级划分：Ⅰ—（三项级分积）＞20分；

Ⅱ—（三项级分积）≤20分、≥15；

Ⅲ—（三项级分积）＜15。

第二节 公路景观环境质量管理

景观环境管理在欧美诸国于20世纪70年代就纳入了国家的环境法规。如美国于1969年通过了国家环境政策法（简称NEPA）。这一法令要求："联邦政府使用所有可实行的手段，来保证所有美国人能安全、富有创造性、健康和审美地享受周围愉悦宜人的环境……；保护我们国家的历史、文化、自然遗产，维持一个保证个人自由选择的丰富多彩的环境。"在公路规划设计过程中他们认真地考虑审美因素，例如联邦公路管理局的职能和主要目标之一，已集中于开发和保护自然资源中的审美主题，以期能在公路上提供给使用者一个赏心悦目的经历，并尽可能把构筑物的视觉冲击及对周围环境的影响减低到最小。在公路规划、建设中他们常常努力隐蔽或装饰某些工程设施，或通过有目的设计视觉吸引设施，来设计开发视觉（审美）资源。

在我国，景观环境质量作为一项人居环境质量指标，正逐步为人们所重视。但是在该领域，我国没有明确的管理法规、工程建设评估规范及审批要求。所以，出现了许多建设项目破坏景观资源的事件。在高速公路建设中常有任意切削山头、填平沟壑、砍伐树林、占用或分隔湿地，或是依照零星的国外观感印象，随意的"造景"，以至改变了原地域的景观特性。随着公路建设项目的不断进行，这种趋势将会继续蔓延，大量具有良好景观价值的自然环境将被侵占和破坏。因此，开展公路景观环境质量管理十分必要和迫切。

一、公路景观环境质量相关概念

1. 景观视觉环境阈值

景观视觉环境阈值是指景观环境遭受破坏后的自身恢复能力，也反映了景观环境抵抗视觉污染的能力。它是建筑、道路等工程建设决策的重要依据之一，也是合理保护、利用视觉资源，预测视觉污染的基本指标。景观视觉环境阈值取决于景观地质地貌、景观生态、景观

土地利用和景观视觉四类因素。

(1) 地质地貌方面。阈值主要受地形、坡度、坡向和土壤稳定的影响。
(2) 景观生态方面。阈值主要受物种、群落结构和气候等因素的影响。
(3) 景观土地利用方面。阈值主要受土地利用现状及其合理程度的影响。
(4) 景观视觉方面。阈值主要受视觉范围、相对高度和色彩对比影响。

按上述诸因素，表4-5给出了计算景观视觉环境阈值的标准。由表4-5对道路景域进行评价划分等级，就可以得到沿线景观视觉环境阈值的等级图。阈值等级划分为：I_R—30～27分；II_R—26～23分；III_R—22～19分；IV_R—18～15分；V_R—14～10分。

表4-5 景观视觉环境阈值计算表

因 素	状 态	分 级	记 分
坡 度	陡坡（>55%）	低	1
	缓坡（25%～55%）	中	2
	相对平坦（0%～25%）	高	3
坡 向	南向	低	1
	东向或西向	中	2
	北向	高	3
土壤稳定性	严重侵蚀极不稳定，且复原力较差	低	1
	土壤侵蚀稳定性和复原力居中	中	2
	土壤侵蚀较弱，相对稳定并具有良好复原力	高	3
植物丰富度	荒地、草地与灌木	低	1
	针叶林、乔木、田野	中	2
	多种植物	高	3
植被再生力	弱	低	1
	中	中	2
	强	高	3
土壤/植被色彩对比	裸土与相邻植被具有强烈视觉对比	低	1
	裸土与相邻植被（及荒地、田野）中度对比	中	2
	裸土与相邻植被的视觉对比较弱	高	3
土壤/岩石色彩对比	裸土与岩石强烈对比	低	1
	裸土与岩石中度对比	中	2
	裸土与岩石低度对比	高	3
地形起伏	小	低	1
	中	中	2
	大	高	3
视觉范围	大	低	1
	中	中	2
	小	高	3
相对高度	高	低	1
	中	中	2
	小	高	3

其中景观土地利用；景观地质、水文、地貌；景观生态；景观视觉等含义如下。

(1) 景观土地利用

作为人文的变更，景观土地利用是形成丰富的人文景观的根源。林区、牧区、田野、村落、乡镇、城市等，不同的土地利用形成了各具特色的景观环境。景观土地利用除受景观文化传统的影响外，更多的是受地理环境、人口因素和生产方式的制约，还与社会政治、经济、生产力发展有着紧密的联系。在各类景观土地利用中，景观视觉质量和景观生态环境质量是现代景观工程的两个基本内容。

(2) 景观地质、水文、地貌

自然景观是自然界的组成部分，景观环境受自然因素及人为因素的作用，具有其产生、发展和演变的规律。从自然因素来说，景观与地质、水文和地貌有着更为直接的关系，其中地质、水文是作用于景观的内因，地貌是作用于景观的外因。自然景观环境并非一成不变，自然景观区域有青年、壮年和老年各个发展时期。一般讲，青年期景色变化丰富迷人；壮年期发育趋于平稳，景色优美；老年期景色趋于衰退，以水量减少和植被衰落为特征。因此，在开发景观资源时必须遵循这个客观规律，研究景观的形成史、发展史，采取相应对策，保护好、利用好景观资源。

(3) 景观生态

生态环境是景观环境变化的控制因素。生态环境质量高的地域，所形成的景观环境一般具有较高的质量，同样在山青水秀的景区中，通常其生态价值亦较高。景观环境随生态系统的变化而变化，生态系统体现了环境内部构成因素和作用的结果，景观则是这种因素关系和结果的外部表象。生态系统中潜在的秩序是我们考虑景观动态的基本线索，正常的生态秩序使系统中各个群落之间有机地联系在一起，保持着一定的稳定性和多样性，形成明确的环境特征，如雨林、草原、沼泽、冰川、冻原等。只有在平衡、有序的生态环境中，才有可能形成和谐宜人、并具有特色的景观环境。

按生态学理论，影响景观的生态因素有气象、植被、土壤、水土流动、动物（包括人）及影响这些因素的地形因子，如范围（规模）、海拔高度、坡度、坡向、坡位等。

景观生态学是一门非常年轻的学科，随着人们对生态、环境、景观的重视，其发展极为迅速。在我国国土规划和大规模基本建设中，必须用景观生态学的原则维护持续发展的正常秩序。

景观生态环境质量评价的基本方法，是按不同的景观生态价值对景观环境划分区域，描述打分。我们借用 C.R.Tubbs 和 J.W.Blackwood 提出的生态评价法，首先将研究区域内的植被划分为自然植被（森林）、人工森林或农林地三大类型，然后按此三大类型对景观生态环境质量进行划分，记分见表4-6。划分等级为：I_E—22~19分；II_E—18~15分；III_E—14~11分；IV_E—10~6分；V_E—5~0分。

表4-6 景观生态环境质量评价表

植被类型	状况	记分
自然植被（森林）	大面积自然植被地区或珍奇的动物栖息地，具有重要科研价值	30
人工森林	大面积的人工森林通常具有野生动物贮备功能	25
农林地	永久性草地	20
	灌木、乔木构成的绿地或绿篱	18
	林地、水岸和道路边缘林带	16
	园林用地和非生产性果园	14
	水生动物栖息地（池塘、溪流等）	12
	散布的自然植被	10
	人为破坏地区	5

(4) 景观视觉

景观视觉是研究视觉化了的景观，是视觉主体（人）和视觉客体（景物）在一定条件下

（人—景）所构成的视觉关系。如果把景观视觉看作一个结构框架，那么构成这一框架的基本构件是视点（景物）、景观视觉界面、视觉空间和视觉空间序列；视觉随圆、分辨率、视距，观察点及其位置；视觉范围、视角、视频（景物在单位时间内被观看到的次数）；以及大气、光影等。这些是景观工程在视觉层次上所要考虑的基本因素。

2. 视觉环境景色

景色可理解为人们对景观视觉的总体印象，它取决于大范围的景观视觉元素，其中最基本的有地貌、植被、水体、天象，此外色彩、奇异景观（景物）及人文因素等也起一定作用。表4-7给出了景色质量评价中各元素的记分标准。景色等级划分为：Ⅰ$_s$—26～33分；Ⅱ$_s$—18～25分；Ⅲ$_s$—11～17分；Ⅳ$_s$—5～10分；Ⅴ$_s$—-4～4分。将计算结果在景域的景观环境图上标出，就可得景观视觉环境景色等级图。

表4-7 景观视觉环境景色质量评价表

因　素	评　价　判　据	记　分
地貌（地形）	高耸入云陡峭险峻的山峰，其中散布着奇峰怪石	5
	峡谷等地形起伏地带，其中细部景物尚能引人瞩目	3
	低矮平缓的丘陵或盆地，其中缺少吸引人的细部景物	1
植　被	形体、质感、类型三方面具有吸引人的多种多样的品种形式	5
	有一些植被变化，但品种较少	3
	植被极少	1
水　体	在景观视觉中具有极为突出的地位，如瀑布、水体清澈透明的湖泊	5
	洁净流畅，但在景观视觉中不具有突出地位	3
	几乎没有，或者无法观看	0
色　彩	色彩配置多样而生动，令人愉快的土壤/植被、湖泊/雪原的色彩对比	5
	色彩变化及土壤/岩石、植被对比在景观中所起作用不占主要地位	3
	色彩变化贫乏单调	1
奇异罕见景观	独树一帜，难以忘怀，在当地极为罕见的景观（包括稀有动植物）	6
	尽管多少与其他景色有点相同，但尚有自身特色	2
	在当地极为常见，但其布局尚有趣味	1
人文变动	人文变动对原有景观起到积极的作用	2
	景观质量被不谐调的人工因素损害	0
	变动大范围地损害了景色	-4
相邻地区景观	相邻地区景观对提高当地景观质量起着积极作用	5
	相邻地区景观对提高当地质量多少起着积极作用	3
	相邻地区景观对提高当地景观质量不起作用	0

3. 景观视觉环境敏感性

景观视觉环境敏感性是指景观环境被观赏者所注意的程度，它反映了该景观在景域内的重要性和受公众关注的程度。敏感性极高的景观，即使遭到微小的损害都会给人以强烈的视觉影响，降低景观视觉环境的质量。决定敏感性的基本因素有：

（1）视频。视频越高，敏感性就越高。

（2）视距。按近景带、中景带和远景带三个距离带划分，敏感性依次降低。

（3）相对坡度和坡向。一般垂直于视线的景观视觉界面其敏感性较高。随着视线与界面（法线）夹角的增大，界面可见面积减小，清晰度降低，敏感性也就减小。

（4）特殊性景区。大范围内的名山圣地，小范围内的风景点、名胜古迹等，是敏感性较高的景观地带。

(5) 公众关注程度。关注程度高的景观环境其敏感性较高。如公路旁的山体容易引起人们的关注，其中形态优美的山峰则具有更高的敏感性。

(6) 自然程度。由于环境污染、破坏日益加剧，自然程度较高的景观环境越来越受到重视。因此，原始自然的景观环境比人工性较强的景观环境具有更高的敏感性。

上述诸因素可按景色评价类似的方法加以记分。然后计算出 5 类敏感度区域：Ⅰ$_V$—高度敏感区；Ⅱ$_V$—次高敏感区；Ⅲ$_V$—中级敏感区；Ⅳ$_V$—较低敏感区；Ⅴ$_V$—低敏感区，并绘制成分区图。

4. 景观资源的价值

景观资源的价值表现在以下几方面：

1. 历史性

历史性主要用来评价景观资源的文化价值。年代越久远，文化内涵就越丰富，文化价值也就越高。我国的景观资源历史年代记分见表 4－8。

表 4－8　中国景观资源历史年代评分表

朝　代	持续时间（公元年）	记　分
夏、商、周	公元前 22/17 世纪～公元前 11 世纪/前 256 年	10
秦	公元前 221 年～公元前 206 年	10
汉、三国	公元前 206 年～公元 280 年	9
晋	公元 265～公元 420 年	8
南北朝、隋	公元 420～公元 618 年	7
唐、五代	公元 618～公元 960 年	6
宋、辽	公元 960～公元 1125 年	5
金、元	公元 1115～公元 1368 年	4
明	公元 1368～公元 1644 元	3
清	公元 1616～公元 1911 元	2
现代	公元 1912 年～	1

2. 实用性

实用性用来评价景观资源的物质财富（经济）价值，它反映景观地域中的土地利用、人口、工农业生产、自然物产及景色等。当土地利用合理、人口密度低、生产先进、物产丰富或景色优美，其经济价值就高。

3. 多样性

多样性用来评价景观资源的科学价值，多样性主要指景观资源中地质、水文、地貌变化的丰富度，多样的稀有生物，原始、古代建筑和民族乡土建筑等。

4. 自然性

自然性用来评价景观资源的环境生态价值。自然性强的景观环境表现为生态系统运行秩序正常，污染少，物种丰富，景观视觉末受污染（破坏）和景观环境保持自然状态。

5. 优美性

优美性用来评价景观资源的观赏价值。根据视觉感受的理论，优美性表现在景色的复杂性和统一性，这是两个基本要素。丰富多采的景色胜于单调乏味的，自然和谐的景色胜于支离破碎的，这就是丰富而和谐。

6. 稀有性

稀有性（程度）可以反映景观资源的上述 5 种价值。表 4－9 给出了景观资源稀有程度的评价记分。

表 4-9 景观资源稀有度评分表

级 别	世界	国家	省（市）	专区（市）	县（市）
评 分	10	8	6	4	2

二、公路景观环境质量管理程序

对公路景观环境实行有序管理，是景观环境保护最基本、最有效的措施之一。参照国内外的管理模式，图 4-2 给出了公路景观环境质量管理程序。为了能尽早有效地保护好我国的景观环境及景观资源，公路管理部门及建设部门，应将景观环境纳入环境管理的主要工作，并尽早制定相应的法规。

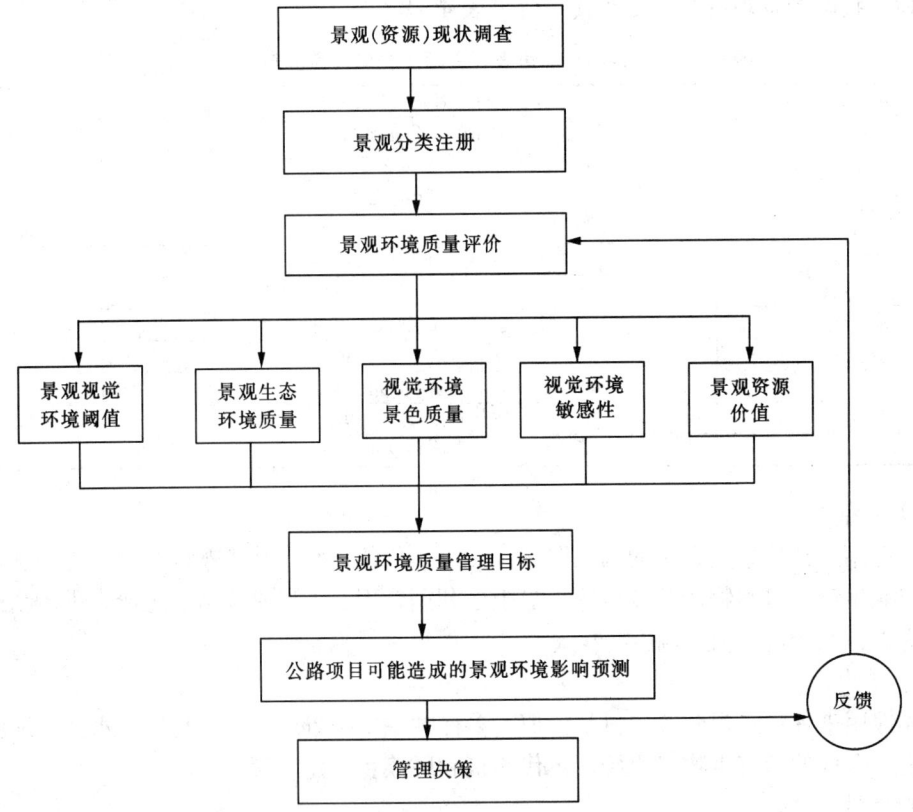

图 4-2 公路景观环境质量管理程序图

第五章　公路景观规划设计理论

公路景观设计起源于20世纪30~40年代的德国，其代表人物为汉斯·洛沦茨。随后，日本、美国等国家在这方面也进行了大量的理论研究与工程实践。中国由于大规模的公路建设起步较晚，在公路景观的评价及规划、设计等方面，尚无成熟的理论体系与技术手段、规程规范也不配套等。但是，随着国人环境意识的加强，文明程度的提高，出行机会的增多，人们已不再仅仅从工程技术的观点出发来看待交通设施。对公路的要求也从单一的运输通行功能转移到要求其提供舒适的乘坐条件和良好的道路景观上。公路景观的规划设计越来越受到人们的关注。

一、公路景观规划设计内容

公路景观规划设计内容即是对公路用地范围内及公路用地范围外一定宽度的带状走廊里的自然景观与人文景观的保护、利用、开发、创造、设计与完善。其中对人文景观的保护、利用、开发、创造、设计与完善包括路体线形、公路构筑物（挡墙、护坡、排水、桥涵、声障墙、取土弃土场、隧道出入口、停车场等）、建筑物、公路绿化美化、公路设施（通讯、照明、防护栏网、路缘石等）、标牌指示等风格形式、质感色彩、比例尺度、协调统一等方面内容。对自然景观方面，则侧重保护、利用与开发。在不同路段、不同工程项目的景观保护、利用、规划、设计中，不同的景观内容，处理手段、轻重与深度当不尽相同。

二、公路景观规划设计原则

公路景观的规划、设计，涉及到对原有景观的保护、利用、改造及对新景观的开发、创造，它不仅与景观资源的审美情趣及视觉环境质量有着密不可分的联系。它的规划、设计还对生态环境、自然资源及文化资源的持续发展和永续利用有着非常重要的意义。因此，在公路景观的规划、设计中，笔者认为应强调如下几项原则。

1. 可持续发展原则

随着时代的发展、社会的进步，人们愈来愈认识到自然、社会、经济的协调发展、人与自然的共生是人类乃至宇宙发展的必由之路。因此，公路景观建设必须注意对沿线生态资源、自然景观及人文景观的持续维护和利用。从时间和空间上规划人类的生活和生存空间，使沿线景观资源的建设保持持续的、稳定的、前进的势态。只有这样，才不至于以牺牲环境和自然资源的代价来获取眼前的利益。只有这样，才能保证公路建设既有利于当代人，又造福于后代人。

2. 动态性原则

时代是发展的，人类是进步的，反映人类文明的公路景观也应存在着一个不断更新演替的过程。这就要求我们在公路景观的塑造过程中，坚持动态性原则。力争在时代的不断发展进程中，赋予公路景观以新的内容和新的意义。

3. 地区性原则

我国地大物博，不同地区有其独特的地理位置和地形地貌特征，气候气象特征，植被覆盖特征，……加之我国人民有着自己独特的审美观念，不同地区的人们又有不同的文化传统和风俗习惯。所有这些，都应在公路景观中得到体现，形成不同地区特有的公路景观。

4. 整体性原则

一条公路，少则几公里，多则连绵数十、数百公里，不管路途长短，在公路景观规划设计中，均应将道路宽度、纵坡、平竖曲线、道路交叉点、道路连贯性及其构筑物、沿线设施、道路绿化等与沿途地形、地貌、生态特征、景观资源等作为有机整体统一规划与设计，使公路这一人工系统与沿线自然系统协调和谐。

5. 经济性原则

从前述公路沿线自然景观与人文景观构成图中可见，公路景观构成要素包罗万象。在我国目前情况下，我们大可不必将精力放在那些耗费大量人力、物力、财力的观赏景观塑造上，而应倾心于对公路沿线原有景观资源的保护、利用与开发及路体本身和其沿线设施、构筑物等作为人文景观与原有地形、地貌、自然环境的相容性研究。这样，既经济，又实用，既保护了沿线生态环境、自然景观，又满足了交通运输功能且能创造出美的世界、新的景观。

三、公路景观规划设计方法

公路的快速通行运输功能决定了公路景观结构体系具有绳（线性景观）结（点式景观）模式。这一特定景观结构模式的设计涉及动态的与静态的、自然的与人工的、视觉上的与情感上的问题，其规划设计思路与方法大致如下：

(1) 保证道路畅通、安全是前提。保证运输畅通与行驶安全，避免对司乘人员造成心理上的压抑感、恐惧感、威胁感及视觉上的遮挡、不可预见、弦光等视觉障碍，是高速公路景观设计的基础与前提。

(2) 公路景观生态规划是根本。公路的建设，旨在推动经济的发展。但经济的发展不能以生态系统的破坏，环境质量的下降以及子孙后代的生存与发展受到威胁为代价。因此，在公路规划、设计、建设中，应贯彻景观生态学的思想，合理优化利用公路沿线的土地资源、生态环境及景观环境，使公路建设走可持续发展之路。

(3) 线性景观设计重在"势"。早在汉晋之际，中国古代环境设计理论中出现的"形势"说，千尺为势，百尺为形，恰可用于高速公路景观设计。"形势"说中关于形和势的概念如下："形"，有形式、形状、形象、近景等意义，"势"则指姿态、态势、趋势、远观等意义。形与势相比较，形还具有个体、局部、细节、近切的含义，势则具有群体、总体、宏观、远大的意义。

线性景观的观赏者多处于高速行驶状态下，在这一状态下景观主体对景观客体的认识只能是整体轮廓。因此，线性景观的设计应力求做到形体连续、流畅、自然且通视效果好，与其他环境要素相容协调。在诸多线性景观要素中，设计的关键是公路自身的线形与体态。

(4) 点式景观设计重在"形"。高速公路通过村、镇、城乡段及高速公路立交、收费、加油、服务站所等处的景观（即绳结模式的结点处）其观赏者除一部分处于高速行驶状态外，还有很大部分处于静止，步行或慢速行驶状态。因此，这些部位景观的设计重点应放在

"形"的刻画与处理上。如公路本身形体、形象设计；绿化植物选择搭配；交通建筑与地方建筑协调；场所的可识别性、可记忆性；高速公路景观与区域原有景观的协调及周围人文景观与自然景观的保护、利用、改造与完善。必要时对道路边坡、线角及休息、服务场所铺地、台阶、植物等均应仔细推敲、精心设计。

四、公路景观规划设计流程

作为协调公路工程设计与环保设计，统盘考虑公路建设与沿线一定区域环境景观协调相容、以生态原则为基础、坚持可持续发展原则的公路景观规划设计，应贯穿于公路规划设计之始终，其景观规划设计流程见图5-1。

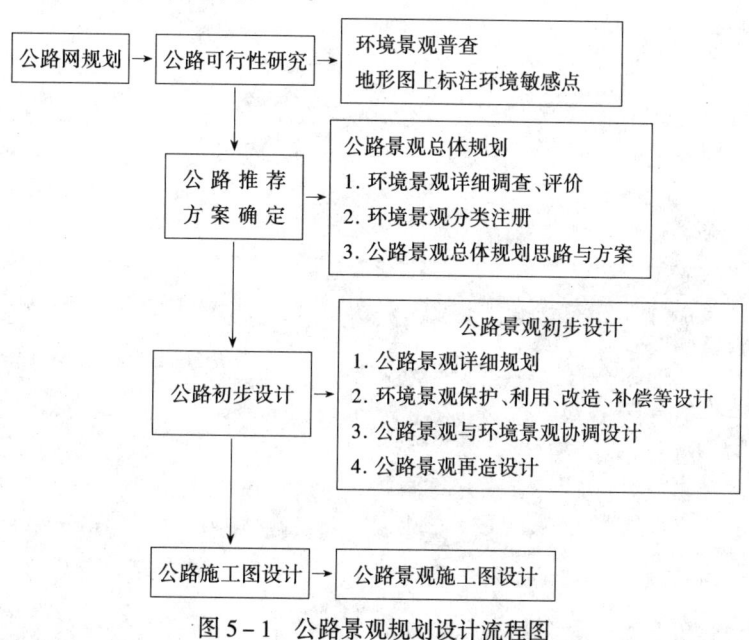

图5-1 公路景观规划设计流程图

第二篇 设计篇

第六章　公路选线及线形的景观设计

公路不仅仅是人们乘车从环境的一处到另一处所经过的通道,也不仅仅是为行车而建造的沥青或水泥带,公路可以被设想为一连串的场所。沿着一条以极好的视野延伸的公路旅行,我们总是以公路哪些段有趣,哪些段沉闷而留下记忆。有些公路是被开凿出来,因而它被包含在路堑的两侧,有些公路从平地隆起,给人的印象是天空和宽广的远景。如何使公路给人们留下美好的印象,是本章将要论述的内容。

第一节　概　　述

一、道路的发展历史

道路的历史就是人类的发展史,道路的发展反映着人类文化和社会的进步。人类自古以来就通过利用和改造自然而生存下来,当地球上有人类生存的时候也就出现了道路。最原始的道路,就是人类为了生存在觅食找水活动中,为排除通行中的障碍,折断树枝或搬开石块等并经常往复行走而在大地上留下的足迹,这种道路既无特定形式,又无固定位置,原始的道路至今仍在许多深山老林里随处可见。大约 5000 年前,生活在美索不达米亚的苏米尔人(Sumer Man)发明了车轮,它利用一个表面在另一表面上滚动来代替滑动,从而使荷载与地面之间的摩擦减到最小,于是,轮子被用以驱使车辆循道路行驶,产生修筑道路的需求,伴随人们生活水平的提高,对改良旅行设施的需要与日俱增。因此,人们想方设法改善所应用的车辆,修筑更适合这些车辆行驶的道路,而且道路设施也越来越完善。

二、道路的设计要求

道路的首要功能是把各个场所连系起来,道路设计要考虑行车的快速、舒适和安全;从审美的角度出发,道路首先要适应自然地貌,其次应满足人们的审美情趣和舒适的生理需求;第三应为道路使用者提供休息、食宿、加油、维修等设施,并且使这些设施与周围环境相协调。

三、道路的视觉问题

道路设计应尽可能的让驾驶员清晰地看到由平面与纵断线形所构成的道路线形详细部分,驾驶员需要通过上述要素了解行驶前方的情况。例如凸形竖曲线的前方情况怎样,车是否驶近被岩石、森林掩蔽而看不见的场所,上坡或下坡是否峭陡,弯道是否急转等。还有在驶近车流的分流、合流、交叉等处思想上必须有所准备。从上述情况看,可以这样说,道路规划、设计人员仅仅适应地形情况设计道路,并不能说他完成了使命,必须充分考虑到驾驶员所看见的道路切实地能正常运行,而且舒适,这才能说尽了设计人员的职责。

四、动态视野与停车视距

动态视野与停车视距是道路安全运行及景观设计必须了解和掌握的基本知识。

视野是人眼所能看到物体的范围，它具有宽度和空间的深度。汽车停止时，驾驶员的视野是不变的；行驶时，随着道路前方情况的变化，视野的形状、内容以及深度也经常在变化，驾驶员根据视野的内容进行操作，换句话来讲，驾驶员根据行驶速度以及来自周围环境的各种刺激的反应转动方向盘。驾驶员以舒适情态观看物体的视场角度是180度，眼动观看物体的最大视场是30度，因为眼动达到极限值以后头部要转动，这样加上头部活动的视野为40~120度。车辆行驶中，随着车速的提高，驾驶员视野的深度与宽度处于不断变化之中，驾驶员的视点被引吸到车道上，视野变得狭窄起来，一般地，驾驶员视野是朝向前方的，采用标点和箭头来说明视野方向是最好的方法，当道路变换方向时，驾驶员视觉的焦点从道路两边来回变换，驾驶员长时间注视的是汽车挡风玻璃上10cm×16cm长方形内的道路情况，也就是视轴左右各9度，合计18度，和以连接道路标线收敛点±4度的范围。

车辆前面的能见度对道路安全和车辆的有效运行都是极为重要的，因为汽车在道路上的行驶速度和路线轨迹是由驾驶员控制的，所以，道路必须提供足够的视野来保证驾驶员有效地控制车辆，避免行驶中遇到意外障碍物而来不及采取相应措施。

停车视距通常足以容许具有适当通力和警觉的驾驶员在正常情况下进行紧急刹车，但当驾驶员要进行复杂的判断时，或信息难以感觉时，这一距离往往是不足的，而且停车视距也不可能为驾驶员提供足够的可见距离来配合前方的警告，从而进行必要的操作。判断视距是指驾驶员发现复杂环境中的危险情况，选择适当措施有效地安全行驶的距离。由于判断距离给驾驶员附加一个安全系数，并提供足够的距离按原速或减速操纵车辆，而不仅仅是刹车，故其值比停车视距大，下表是推荐的判断视距设计值。

表6-1 判 断 视 距

设计速度（km/h）	计算值（m）	设计值（m）	设计速度（km/h）	计算值（m）	设计值（m）
50	137~187	137~190	95	300~389	305~388
65	182~250	182~250	115	334~438	335~442
80	228~313	228~313	130	382~501	381~503

第二节 公路选线及地形与景观

在一个特定的道路设计中，有许多因素诸如：车辆的合适行驶路线，现有构筑物和已开发区域的位置，已有的道路交通网，最佳立体交叉地点，以及最适宜于架设桥梁的地点等等，都会影响道路路线的选择。虽然如此，还应尽一切力量做到使所选的路线和地形相谐调。

景观中相互谐调的一切自然面貌，其局部与整体之间的关系是由支配它们发展的规律所确定。每一局部的演变和它的面貌是受与之相关的其他各部分的条件所制约。所以，河流与峡谷谐调；岩石露于山丘之侧；全地区的植物与当地土壤类型和地形等相配合。同样，道路是在路线和景观之间的相互作用下形成；后者影响前者，它们应使人看去是理所当然的，并作为自然环境整体中的组成部分。

一、景观规划设计要点

1. 良好的道路布线应充分利用自然地形，与地形高低的变化相适应，与周围自然环境相协调。见图6-1。

图 6-1

2. 沿着等高线的路线最容易与景观协调且对车辆和行人使用来说最省力。见图6-2。

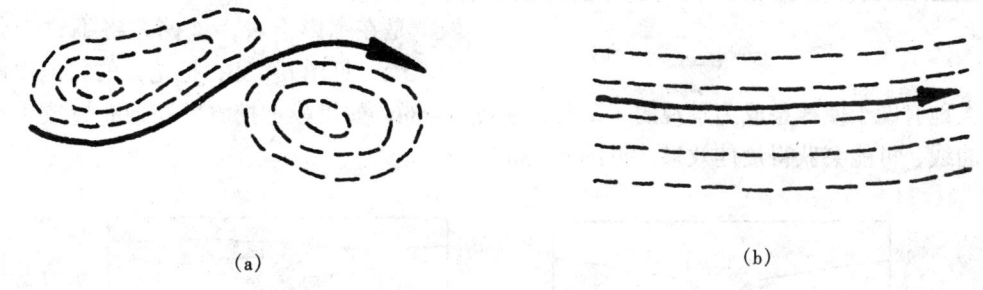

图 6-2

3. 道路布置要把自然景观的视觉特征，地形地貌结合在一起共同考虑。每当道路出现曲折时，应安排一定的视觉要素（如绿化），使驾车者的视点随之变化，视野内形成一个连续的道路空间。见图6-3。

4. 当道路穿越等高线时，应在道路线与等高线之间选一合适的角度及坡度，尽量避免道路垂直穿越等高线，见图6-4、图6-5、图6-6。

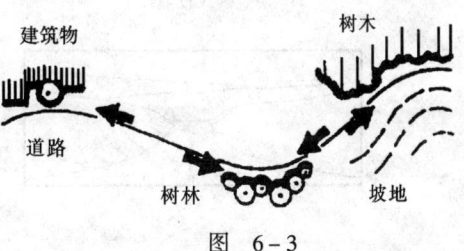

图 6-3

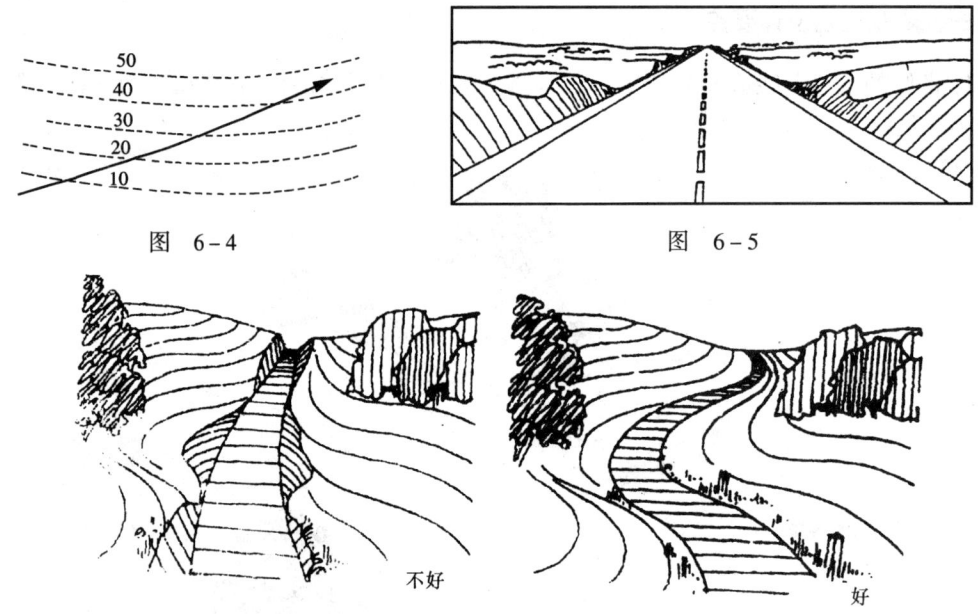

图 6-4　　　　　　　　　　　　图 6-5

图 6-6

5. 当道路穿越等高线形成挖、填方边坡时，会在地貌上留下与环境极不协调的切口。因此，路线选线设计时，应选择挖、填方量最小的路线并仔细考虑边坡的细部处理。见图 6-7。

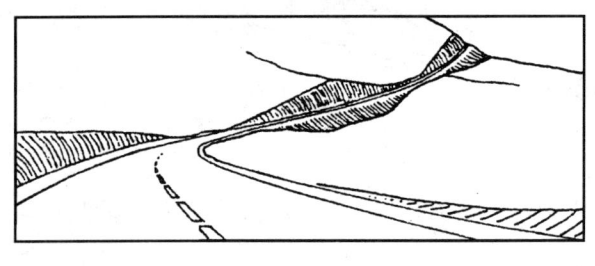

6. 直线挖方导致在地形上看去不自然，尤其是在天际线衬托下更甚，见图 6-8a；如果在一背景衬托下而不是在廊影下看，该挖方将不致十分惹厌，见图 6-8b；把挖方的斜侧面修整

图 6-7

会大大地有助于使线条成为景观的一部分，见图 6-8c；如果能把挖方的路线布置成水平方向的曲线，可能会获得最佳效果，见图 6-8d。

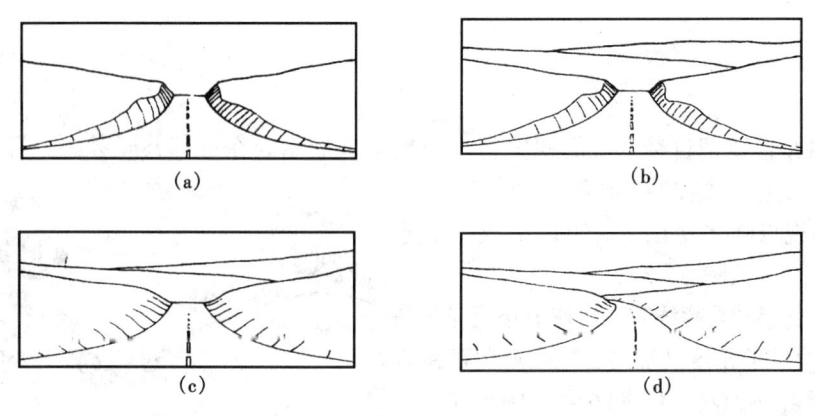

图 6-8

二、景观规划设计小结

1. 应当采用：

	✓	只要有可能，挖方应以水平方向弯道进入。
	✓	在挖方中，深度愈浅侧向坡度应愈平缓。
	✓	在填方中，高度愈低侧向坡度应愈平缓。
	✓	道路定线应利用地形。
	✓	同等高线平行的路线较易与景观融合。
	✓	选择一条与等高线成角度的路线时应特别小心。
	✗	2. 应当避免： 如果不小心，会在景观上产生断崖、生硬感。
		与等高线成直角的路线在视觉上会对景观产生大的影响；此时对路线挖方与填方边坡的设计处理应特别注意。
	✗	应尽量避免形成"逆纹理"开挖。
	✗	应避免在天空衬托下看直线挖方形成的黑影轮廓。

第三节 公路线型设计与景观

一条线型设计优良的道路，不仅能满足安全、舒适的行驶需要，还能使驾驶员及旅行者预见前方路况，得到视觉上的满足，轻松愉快地浏览旅途中的景色。反之，由于线型设计在视觉上造成的不连续性或不可预见性等缺陷或不足，会给驾驶员或乘客造成精神上的紧张感，甚至出现判断错误。

本节将分别论述道路在平面线型、纵剖面线型及立体线型（平、纵剖面线型结合）等方面的景观设计要点。

一、平面线型景观设计要点

1. 在平面线型布置中，应尽量避免过小的方向改变，因为很小的横向位移会在驾驶人员面前呈现错乱的景观。见图6-9。

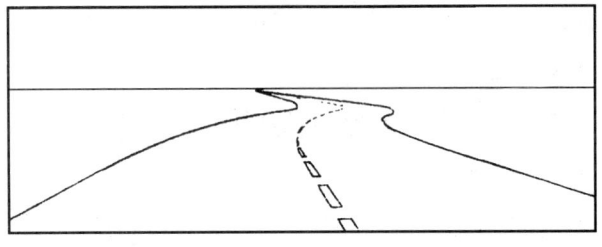

图 6-9

2. 当两条直线路段被连接在一起时，使用短的、水平方向的曲线会导致扭折状态，在这种情况下可以用较大半径的弯道连接，以改善上述况态。见图6-10。如果靠近的两条直线路段过长，即使加进一条大半径的弯道也可能无法避免因方向急剧变化而产生的生硬感。见图6-11。

3. 在两条方向相反的水平弯道间，若加进一段短距离的直线路段，在视觉上很可能导致扭曲状态，见图6-12。改善这一视觉效果的方法是使用一对缓和弯道替代直线路段，见图6-13。

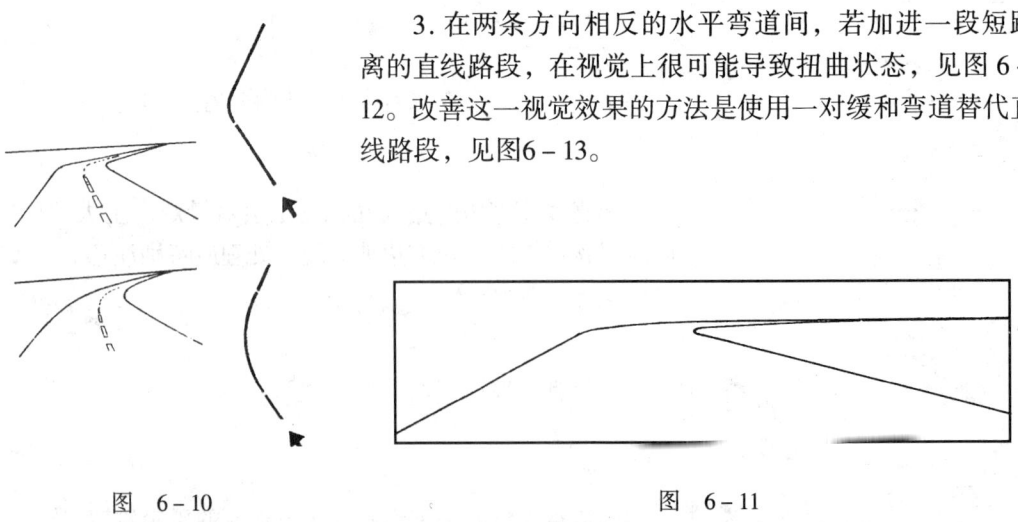

图 6-10　　　　　图 6-11

4. 在同一方向上具有两个紧随弯道情况下，若使用一条短矩离直线路段在视觉上有可能产生不舒适的生硬感，见图6-14。这时若用一条弧形弯道来代替直线路段或在两个半径间插入一条缓和弯道，将可改善上述状况。见图6-15、图6-16。

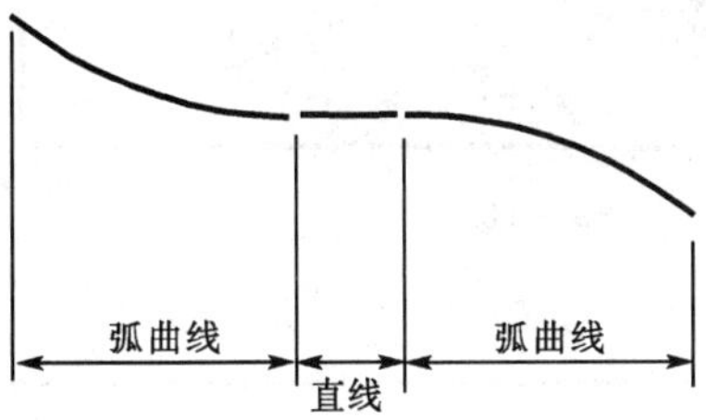

图 6-12

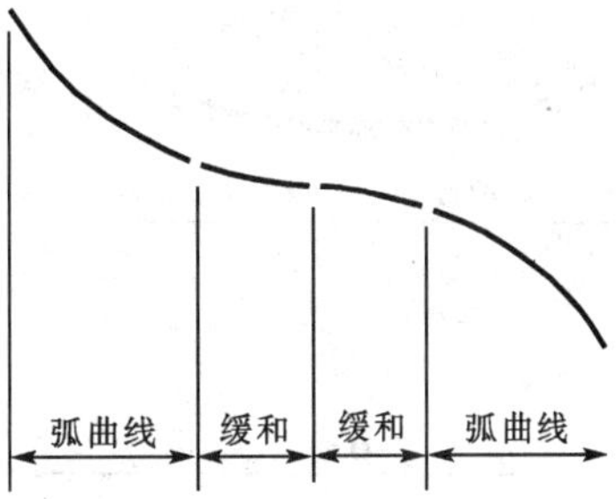

图 6-13

图 6-14

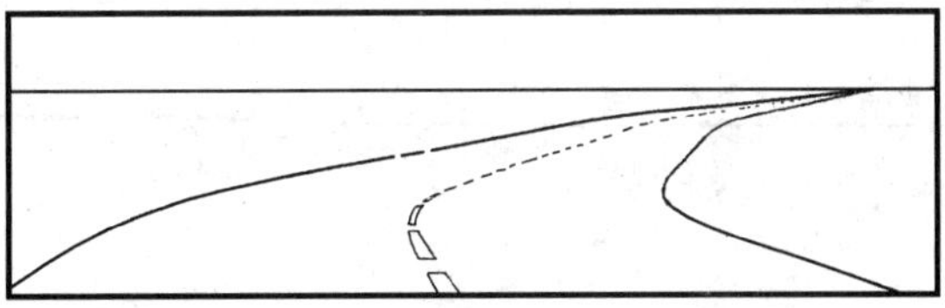

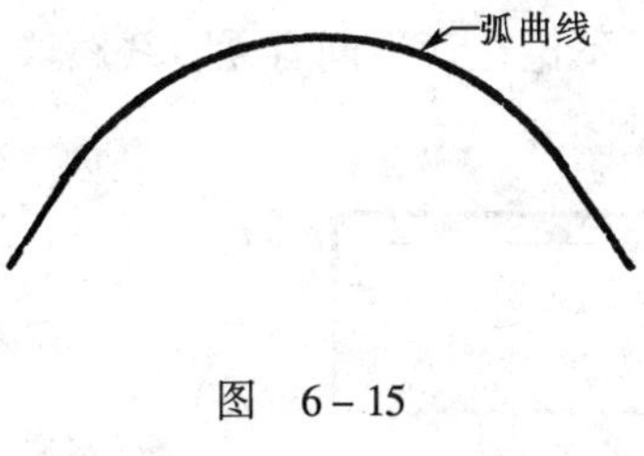

图 6-15

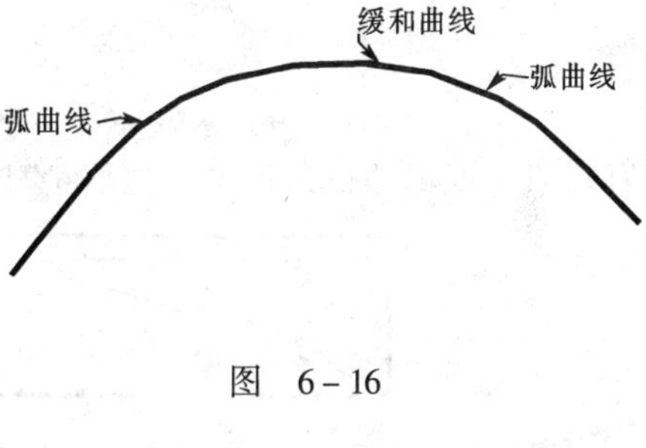

图 6-16

二、纵剖面线型景观设计要点

1. 如水平弯道和直线路段的情况一样，当一条峰谷弯道用来连接两段斜坡或者一段斜坡和一段水平道路时，其曲率半径应当足够大，以避免出现扭曲的情况。见图6-17。

2. 位于两条峰谷弯道之间的切线，特别是短切线，可能成为一条看起来很别扭的路段。见图6-18。

3. 一段水平道路或坡道若包括一条短而低的峰顶曲线弯道，在远距离路段观看可能导致视线的不连贯，因为从透视看，坡顶后边的路面变窄了。见图6-19。与此类似，若在纵向剖面中采用反向弯道，在地坪上会引起小的变化，由于路

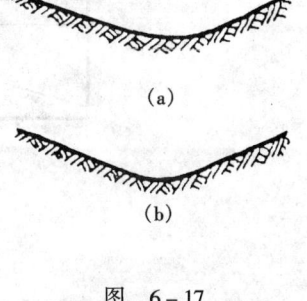

图 6-17

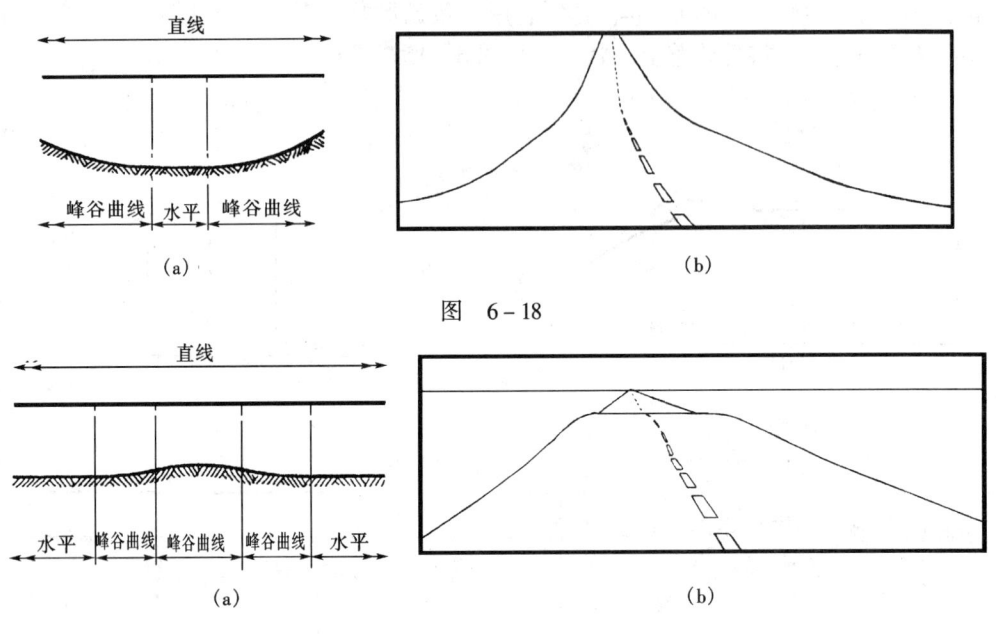

图 6-18

图 6-19

图 6-20

面从视野消失后又重新出现,导致视线的不连贯,见图 6-20、图 6-21。这类景象还可能发生在双反向弯道的情况,见图 6-22。此时,若加长峰谷弯道并缩短峰顶弯道,路线线型在视觉上的不舒适感将得到改善,见图 6-23。

4. 当一连串峰顶弯道和峰谷弯道形成一条阶梯时,不论在弯道间有无直线路段,如果同时可看到两个坡顶,将在视觉上形成不舒适的感觉。见图 6-24。

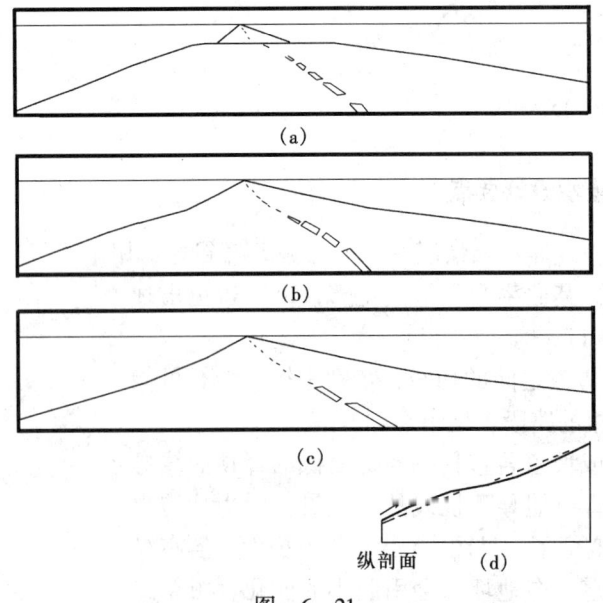

图 6-21

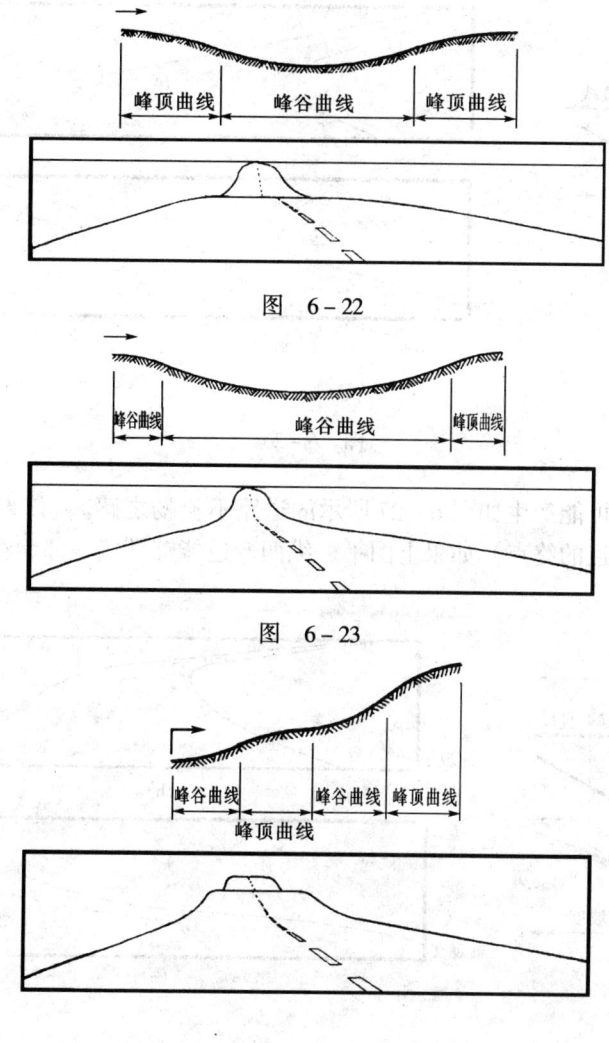

图 6-22

图 6-23

图 6-24

三、立体线型（平、纵剖面线型结合）景观设计要点

1. 平面线型和纵剖面线型相关要素在可能情况下尽量"同步"，见图6-25、图6-26。

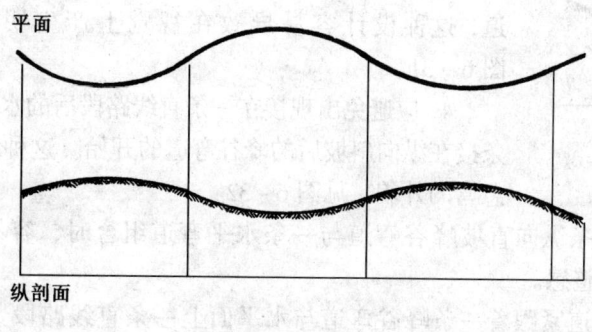

图 6-25

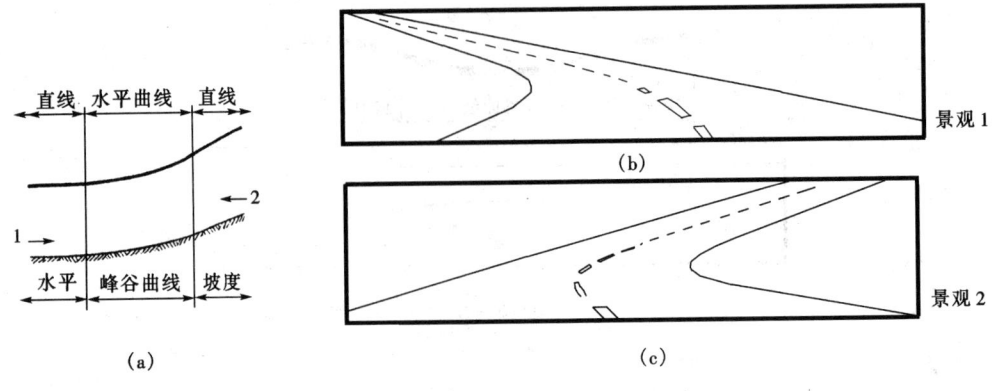

图 6-26

如果不能"同步"有可能产生如图6-27所示的道路不流畅之感。（该设计中平面弯道的起点恰好位于纵剖面弯道的终点）如果上图平、纵两弯道能够搭接一部，将会显著改善视觉效果，见图6-28。

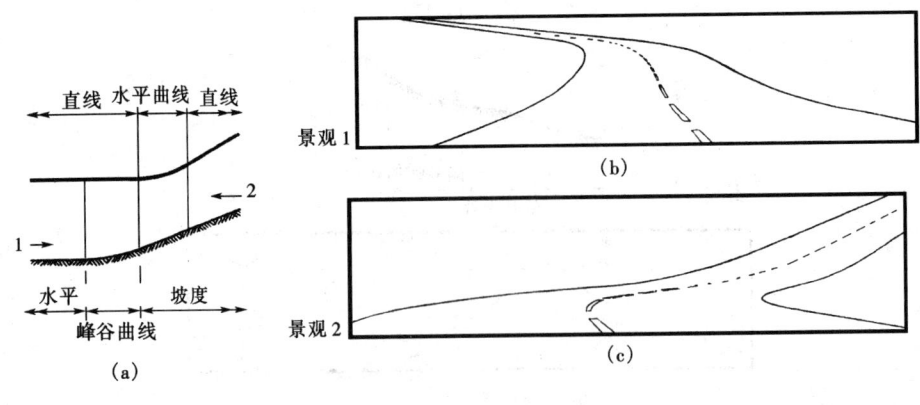

图 6-27

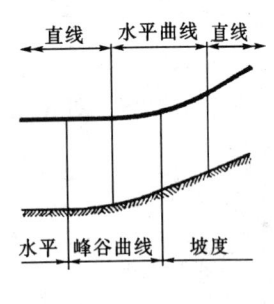

图 6-28

2. 应避免在一条水平弯道处出现一短截纵向峰谷弯道或峰顶弯道。因为此时道路给人视觉上的不连贯、不平整感较一条直线路段更为明显。见图6-29、图6-30。

3. 应避免在一条长水平弯道中出现连接纵向坡道的短弯道，这种设计容易导致在视觉上产生明显的扭曲错觉。见图6-31。

4. 应避免出现接在一条直线路段后的水平弯道，同时又是一条接在纵向斜坡后的峰谷弯道的开始。这种组合使水平弯道呈现急弯的外貌。见图6-32。

5. 用切线连接二条纵向直坡峰谷弯道与一条水平弯道组合时，容易产生如图6-33所示的道路扭曲，不平整感。

6. 当一条峰顶弯道紧跟着一条峰谷弯道与水平面上一条直线路段紧接着水平弯道组合

58

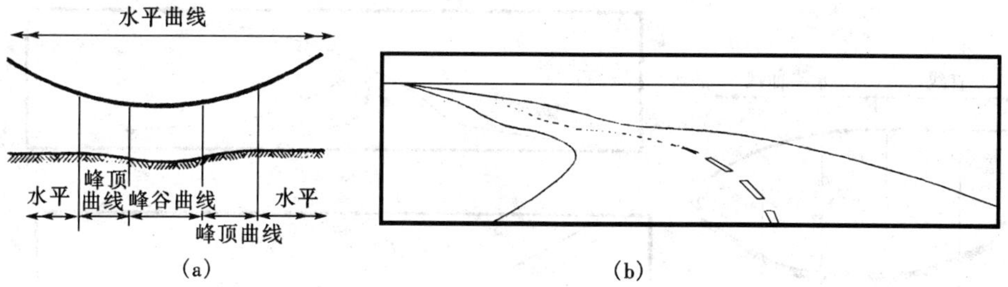

图 6-29

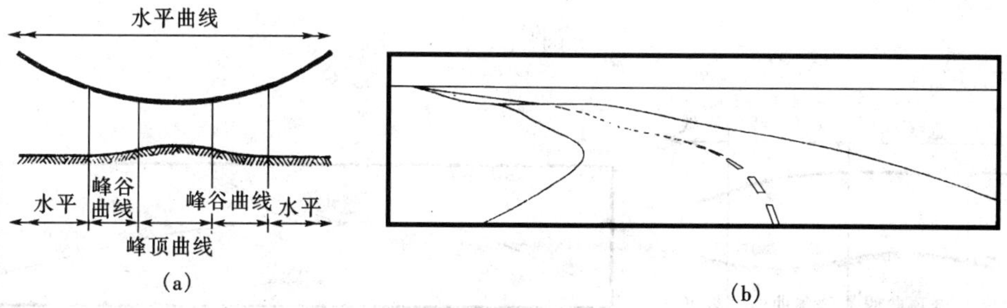

图 6-30

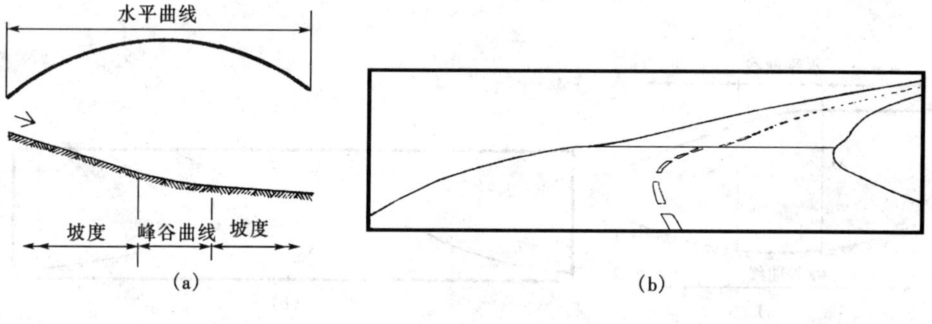

图 6-31

时，容易产生如图6-34所示的不连续效果。

7．一条长的纵向峰谷弯道与两条水平直线路段中的短水平曲线组合时，可能导致视觉上的扭曲感。见图6-35。

8．应避免出现一纵向短峰顶弯道与一短水平弯道的组合。此设计不仅在视觉上不连续，在行驶上也是很危险的。特别是一越过坡顶马上就是水平弯道的开始。如图6-36所示。同样，一条反向弯曲的水平弯道，其拐点恰好位于陡峭的峰顶弯道的顶点，也是很危险的，因为驾驶员无法预料到峰顶后弯曲的变化。见图6-37。

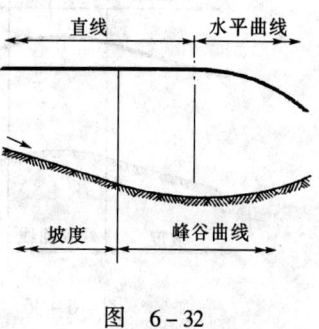

图 6-32

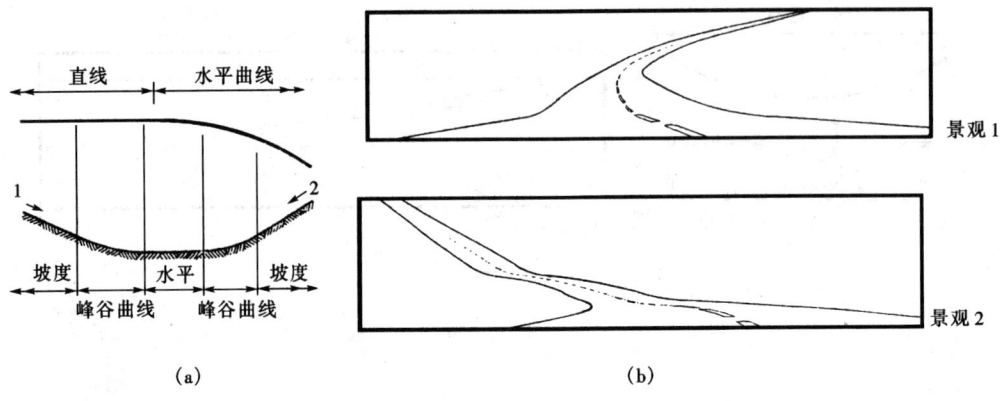

图 6-33

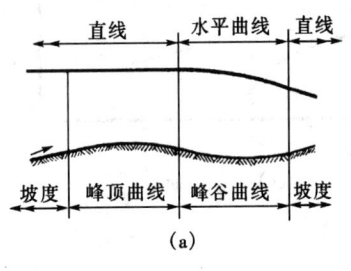
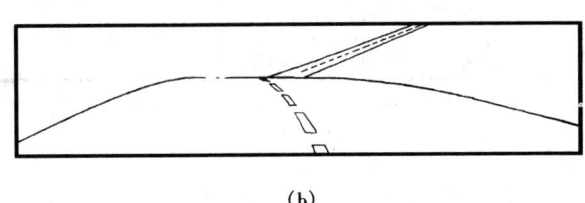

图 6-34

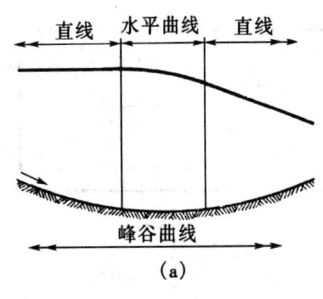
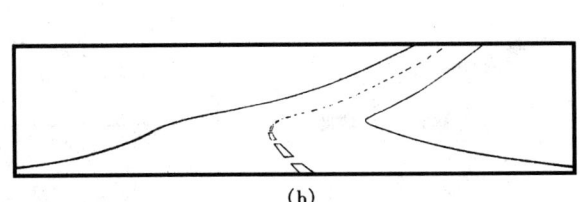

图 6-35

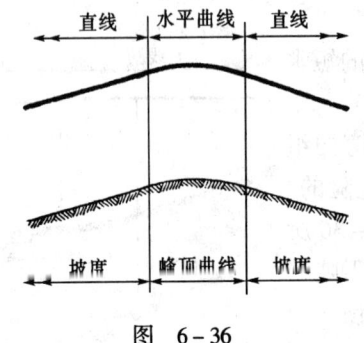
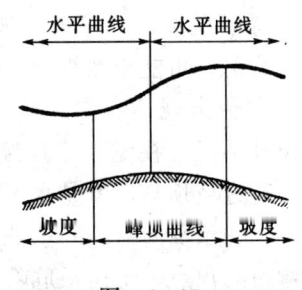

图 6-36　　　　　　　　　　　图 6-37

四、公路线型景观设计小结

（一）平面线型景观设计小结

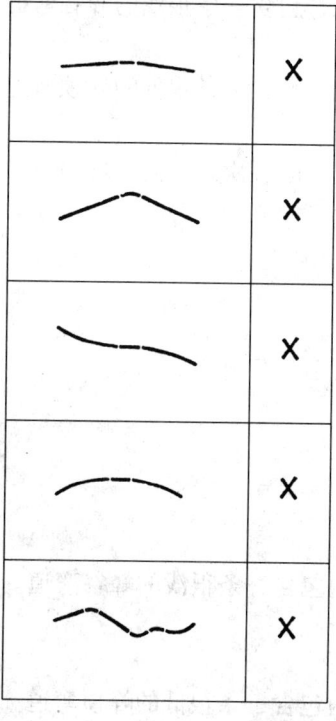

应当避免：
1. 方向上的小变化。

2. 直线路段间的短的水平弯道。

3. 相反方向的水平弯道间的短直线路段。

4. 相同方向的水平弯道间的短直线路段。

5. 不均衡的布线。

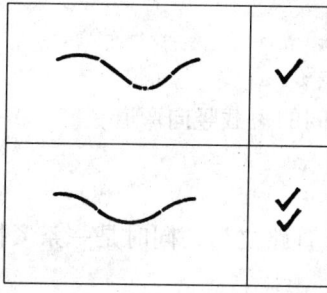

应当采用：
1. 均衡的布线。

2. 只要合理就用弯道代替直路。

（二）纵剖面线型景观设计小结

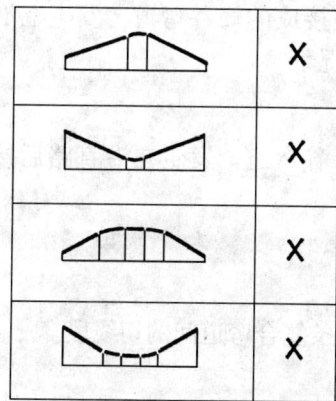

应当避免：
1. 坡道之间的短的峰顶弯道。

2. 坡道之间的短的峰谷弯道。

3. 峰顶弯道间的短切线。

4. 峰谷弯道间的短切线。

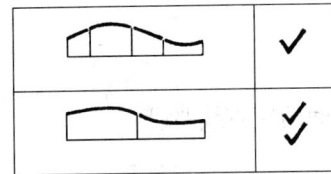	✗

5. 在水平路段或坡道上的反竖向弯道引起的地平小变化。

6. 一条水平路段或坡道，包含一条很浅的峰谷弯道。

7. 一条水平路段或坡道，包含一条很低的峰顶弯道。

8. 阶梯式道路、行驶其上时一次可见两个坡顶。

应当采用：
1. 均衡好的布线。

2. 只要有可能就采用弯道代替直路。

（三）立体线型设计小结

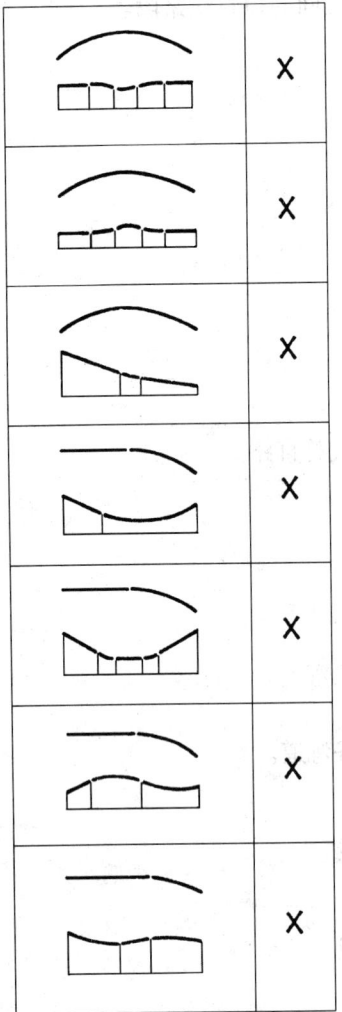

应当避免：
1. 水平弯道在其路段内包含一条很浅的峰谷弯道。

2. 水平弯道在其路段内包含一条很低的峰顶弯道。

3. 水平弯道中，在坡道间的短截竖向弯道。

4. 水平弯道紧接在一条直路之后，同时是一条紧接在坡道后的峰谷弯道的开始。

5. 由水平路段或坡道连接成的峰谷弯道，发生在沿直路后接一条水平弯道的情况下。

6. 峰顶弯道紧接一条峰谷弯道，发生在沿直路后接一条水平弯道的情况下。

7. 在一条竖向弯道和一条复合弯道间的切线段。

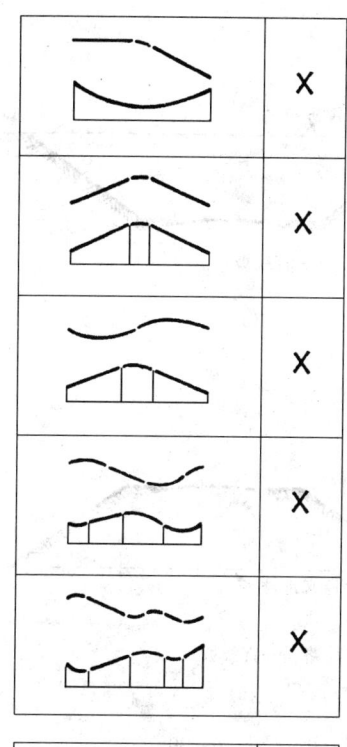

8. 在长峰谷弯道内的短截水平弯道。

9. 短截水平弯道,发生在一条短的峰顶弯道的情况下。

10. 反向弯曲的水平弯道,其拐点恰好位于陡峭的峰顶弯道的顶点。

11. 不同步的布线。

12. 均衡性很差的布线。

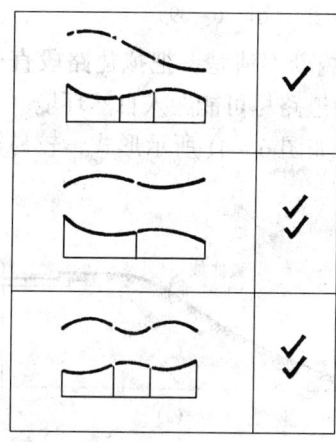

应当采用:
1. 水平和竖向同步的弯道(使水平布线要素稍微前导竖向布线要素,则视线的连贯性就能得到改善)。

2. 只要有可能就采用三维弯道而避免采用直路。

3. 采用均衡性好的三维布线。

第四节 公路横剖面设计与景观

公路横剖面设计中的景观问题主要集中在挖、填方边坡的处理方式及道路相关设施的布置上。

一、其景观设计要点如下

1. 不论处于挖方区、填方区还是坡地上的道路边坡均应加以修饰,使它们看上去尽可能自然顺畅,并应使其与周围的环境相协调。见图 6-38。

2. 石质边坡采用陡峭的侧坡和方正的肩部及底部会给人以挺拔、稳重、有力之感,见图 6-39。而土质边坡若采用上述形式,则给人呆板、生硬之感。

横截面

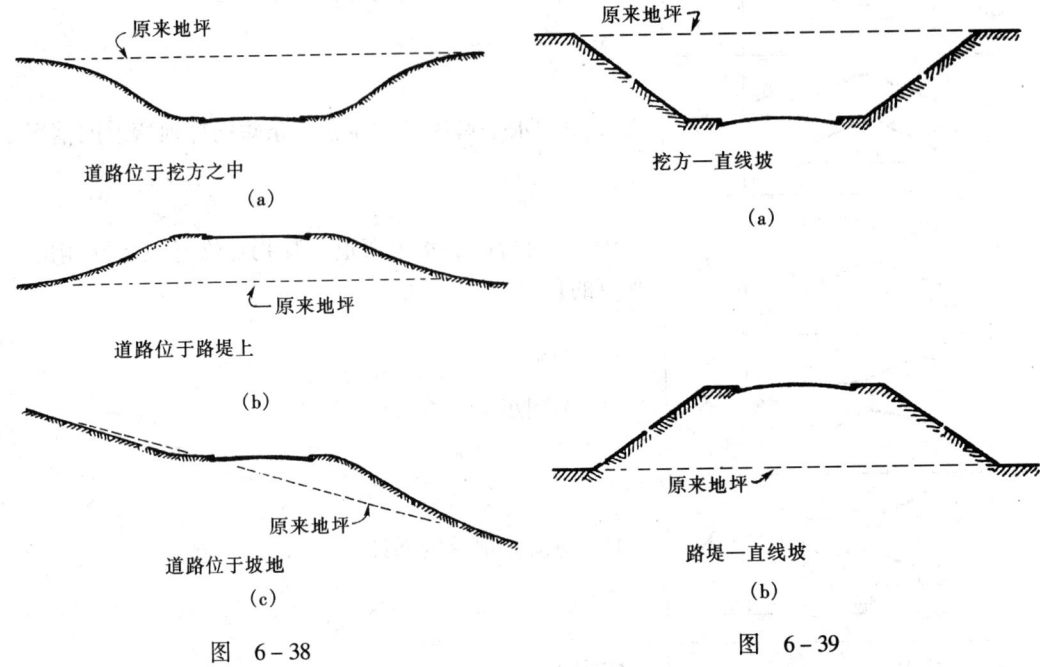

图 6-38

图 6-39

3. 在道路横剖面设计时，最好能把建设区域的地形地貌勘察清楚，把拟建路段直接邻近的地形也记录下来，然后作出相应的土方工程设计，以使道路尽可能融入自然环境。一般来说土质挖方边坡设计为如图 6-40 所示，填方边坡设计为如图 6-41 所示形式，较易与周围环境协调，也便于植被恢复生长。

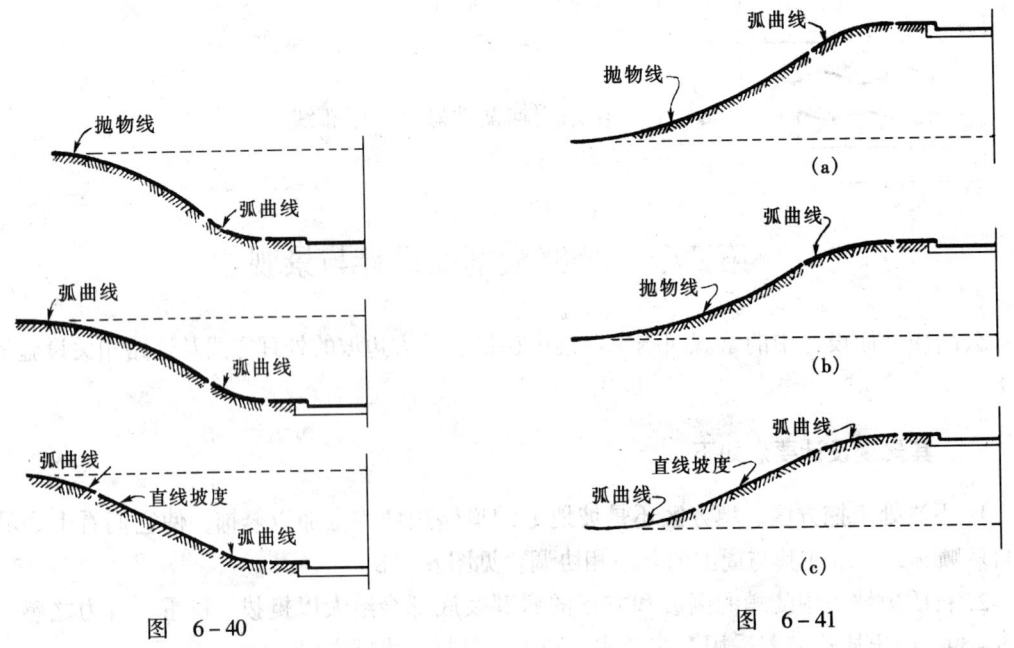

图 6-40

图 6-41

4. 当一条与等高线平行布设的道路在挖方的过程中有时会出现挖去必要数量的土方后仍有一小块突边留下，见图6-42所示。这时，在设计中应考虑把它除去，以免在地形中出现不雅的外貌。同样，在设计一个位于坡地上的路堤时，也应使道路与高地坪一侧的连接圆顺、平坦。而不要留下路堤凹坑。见图6-43。

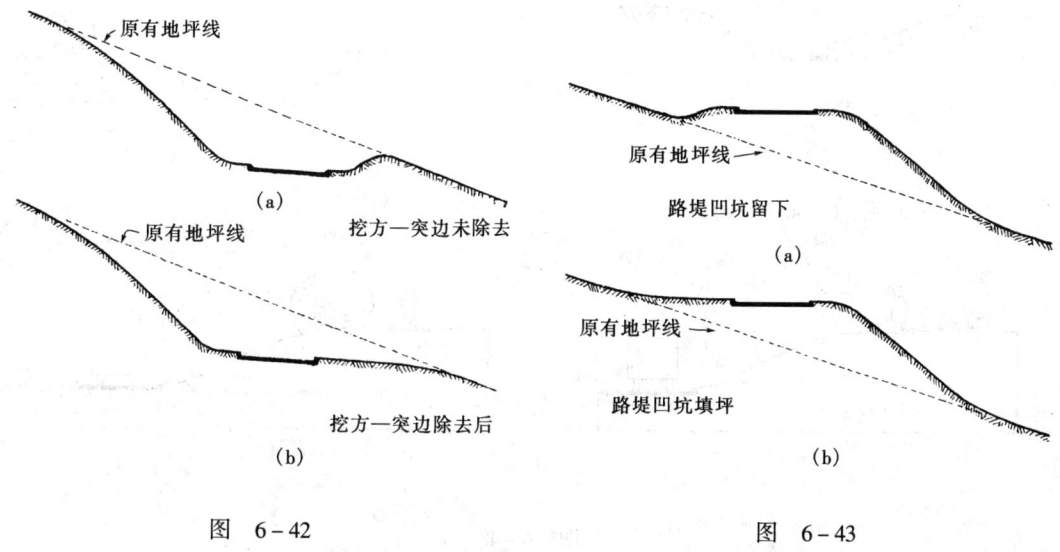

图 6-42   图 6-43

5. 横剖面上道路隔离栅的位置应精心考虑。在挖方边坡处最好不要把它们置于坡顶，因为在路上看隔离栅是以天空为背景的黑影轮廓。隔离栅最好设置于天际线之下不太明显处。同时，使隔离栅与挖方的坡顶线平行布置。这样，最能与地形及周围环境协调。见图6-44。同样，对于填方边坡，最好将道路隔离栅设在路人见不到的坡脚处。如果路堤底部的平缓侧坡被利用，视其情况将隔离栅向上提高一些。见图6-45。

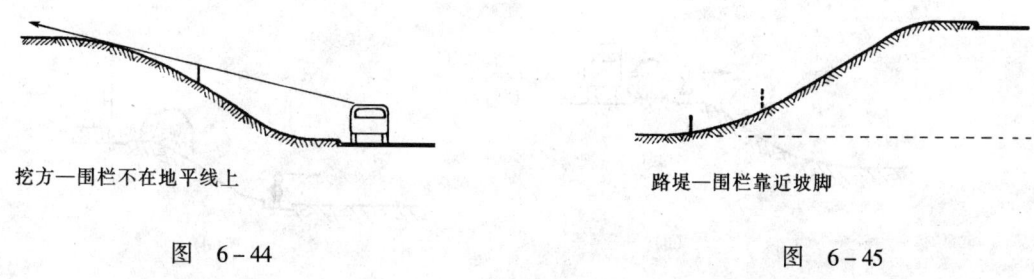

图 6-44   图 6-45

6. 道路路面标高低于原地坪标高能大大减少道路对周围环境的影响。见图6-46。这种设计不仅保护路外视点观景时不被遮挡，同时也是防止车流噪声外泄的一种极佳方法。有时，为了达到上述效果，并不一定要将路面设计得很低，而可以采用图6-47（b）所示方法，以减少道路修建时的土方量。

7. 如果人行道或非机动车道与道路平行布置于坡地时，将人行道或非机动车道布置于道路上方将会给行人以愉快、舒适、安全的感觉。见图6-48。图6-49为几种常见坡地上人行道或非机动车道与道路的布置方式。

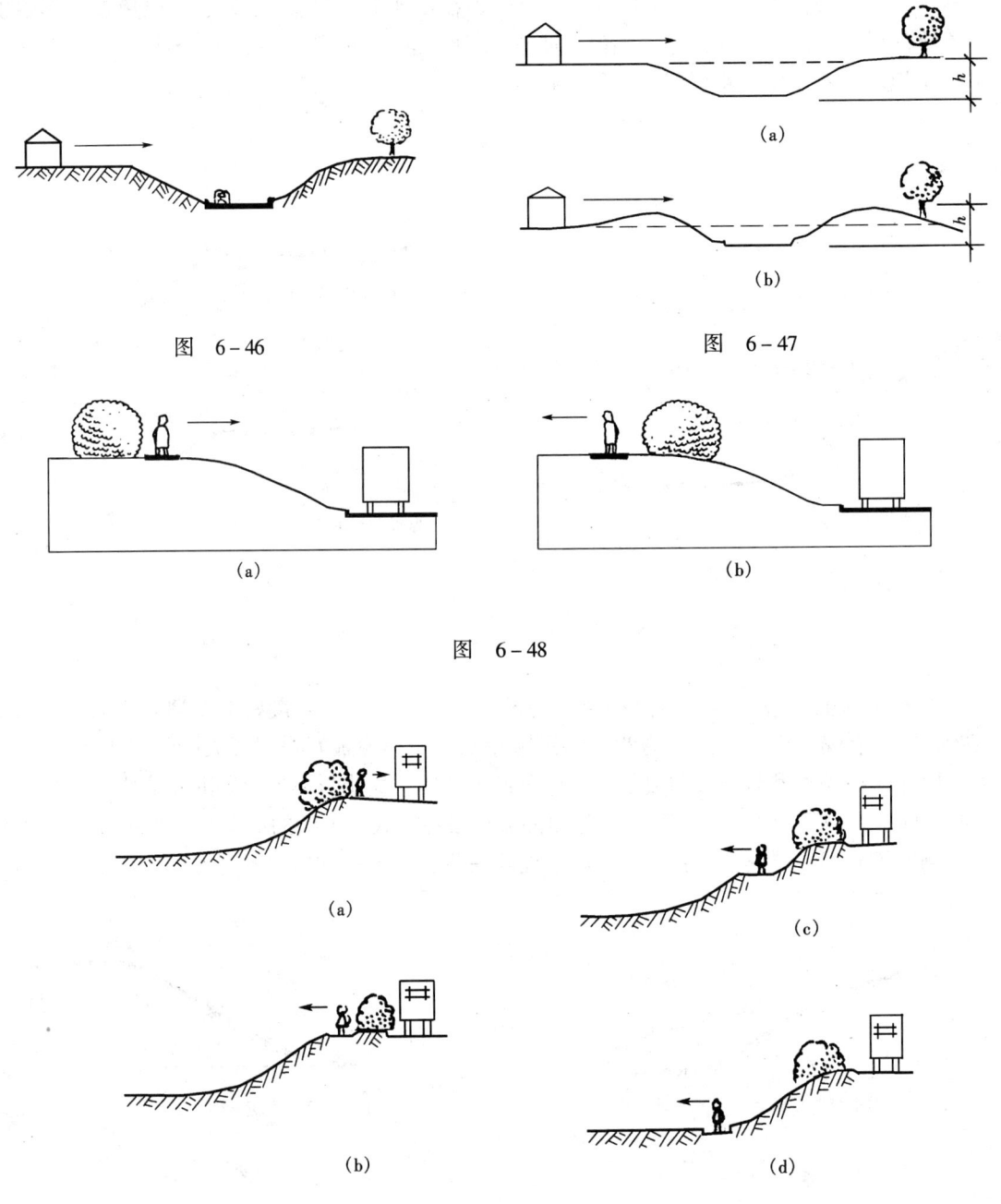

图 6-46

图 6-47

图 6-48

图 6-49

8. 路堤，特别是高路堤，给生活在其附近的人以封闭、压抑之感，且在天空衬托下形成黑影轮廓。如果此时，路堤能以一山坡或土塬为背景，或在路堤侧面种植成片高大乔灌木，见图 6-50，则有助于改善路堤景观。

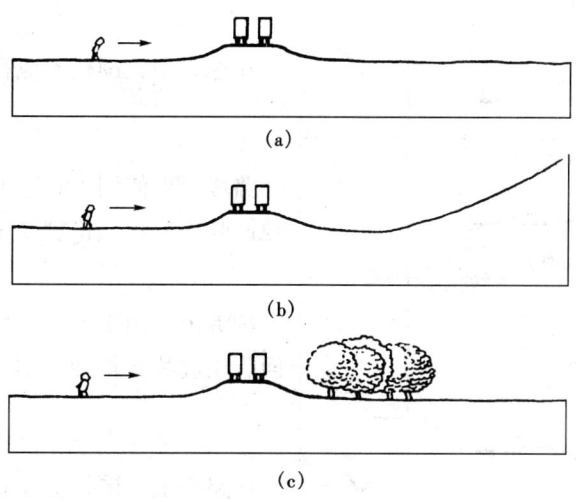

图 6-50

二、公路横剖面景观设计小结

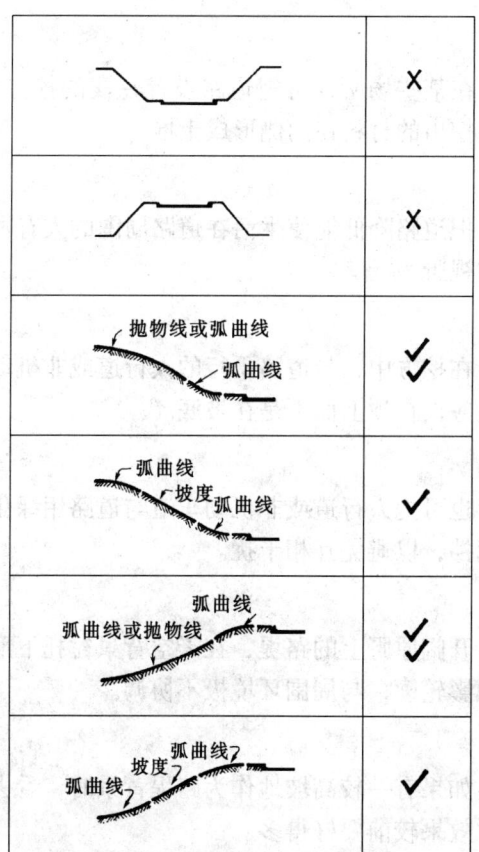

（陡峭挖方边坡）	×	对于土质挖方，不应使用陡峭的边坡，方肩和方底。
（陡峭路堤边坡）	×	同样，在土质路堤上也不应使用陡峭的边坡、方肩和方底。
抛物线或弧曲线／弧曲线	✓✓	挖方的侧面如做成内凹型边坡，往往看去景观较好。
弧曲线／坡度／弧曲线	✓	另一种可供选用的边坡是采用平缓的坡度。
弧曲线／弧曲线或抛物线	✓✓	对于路堤，内凹形边坡最易与景观融合。
弧曲线／坡度／弧曲线	✓	另一种方法是用平缓的坡度，有时能获得最佳形状。

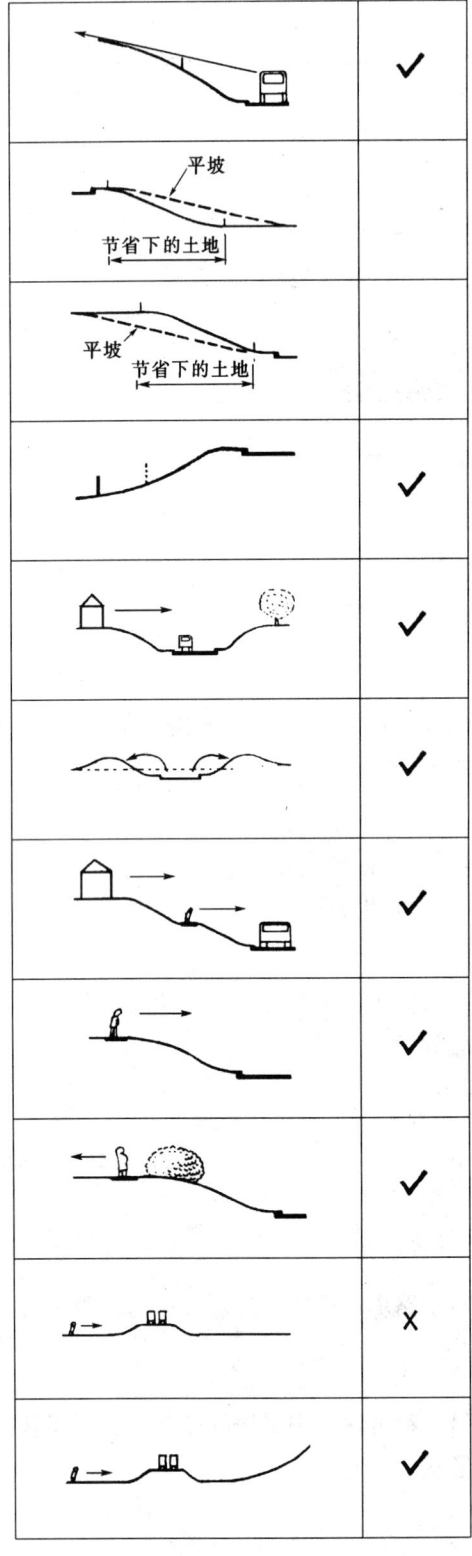

✓	在挖方中，围栏不应在天际线上看到。
	路堤上可使用1:6至1:7的平缓坡以便把土地回收供放牧或耕种之用。
	挖方中可用1:6至1:7的平缓坡以便把土地回收供放牧或耕种之用。
✓	在路堤上，围栏应设置在堤脚上或其附近。
✓	道路低于周围地坪，对景观影响较小。
✓	在某些场所，可把道路设置在浅的挖方中，用挖出的材料在两侧形成土堆。
✓	把道路降低能使生活在道路周围的人有宽阔的视野。
✓	在挖方中，与道路平行的人行道或非机动车道应设在顶上而不是在坡底。
✓	也可把人行道或非机动车道与道路用绿化等遮挡，以避免互相干扰。
✗	开阔原野上的路堤，在天空背景衬托下形成黑影轮廓，与周围环境极不协调。
✓	如果有一较高坡地作为路堤背景时，看去视觉效果较前要好得多。

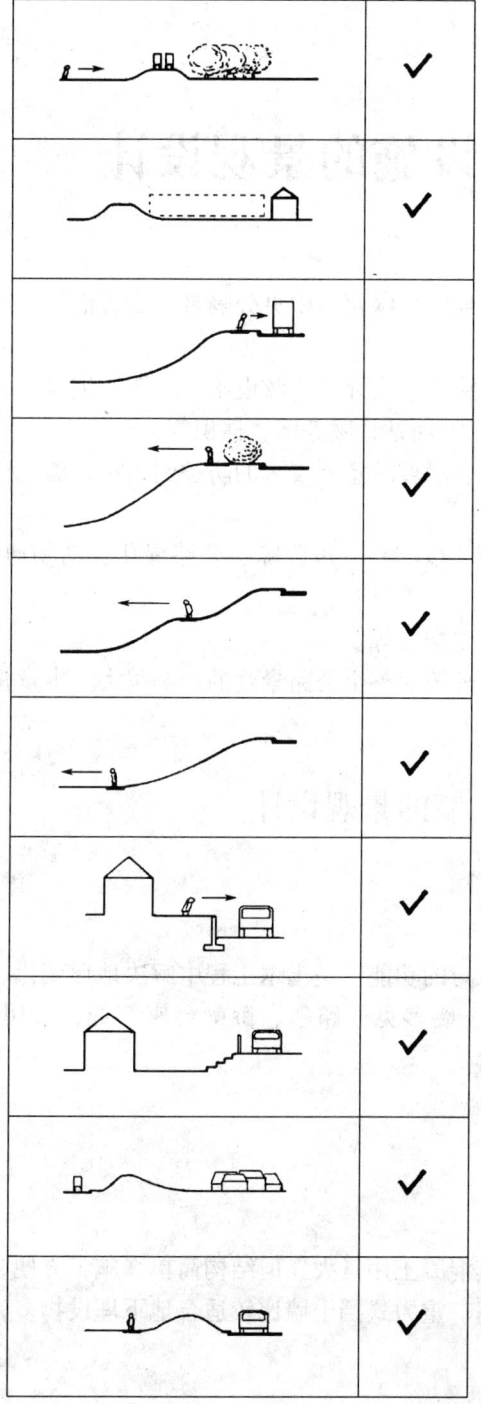

✓	也可以用绿化作为路堤背景，改善视觉环境。
✓	有时可把路堤作为邻接地区的围护部分。
	如果需要在路堤上设置与道路平行的人行道时，应考虑把人行道与道路隔离开来。
✓	把步行道设在路堤的顶部，但与行车道隔离屏蔽。
✓	另一种方法是把步行道设在路堤的一半高度处。
✓	又一种可能的办法是把步行道设于路堤的坡脚（此种方法影响行人观景）。
✓	在城市环境中，可通过用挡土墙达到变化地坪高度的目的。
✓	有时候可用把一个住宅区设在低于道路的地坪高度的方法来使行人区与车辆区分开。
✓	堆土的方法可把一个村镇与公路分开。
✓	堆土的方法可有助于把步行道与道路屏蔽。

第七章　公路沿线设施的景观设计

公路沿线设施从功能来分大致有下述几类：

一、交通管理设施：交通标志、路面标记、导向性绿化、中央分隔带、交通信号、紧急电话、公路管理站、所等；

二、交通安全设施：防护栅、护柱、护栏、路墩、道牙、防眩设施、照明设施等；

三、交通服务设施：汽车停车场（停车带）、加油站、服务区、标识等；

四、交通防护设施：防止雪崩、山崩、海浪、滑坡等意外侵害的防护网、栅、墙、壁等设施、排水边沟；

五、交通环保设施：环境测定显示板（噪声、CO 等）、声屏障、公路绿化、动物通道、公路取、弃土场等；

六、交通通行设施：隧道、桥梁、跨线桥、立交桥等。

这些公路沿线设施的形象、色彩、体量、肌理等对整个公路景观的影响很大。本章将就公路主要设施的景观设计分别论述。

第一节　公路挡土墙的景观设计

一、公路挡土墙的功能

公路挡土墙具有防止土坡坍塌，承受侧向压力的功能。是土木工程中解决地形变化、地平高差的重要手段。在公路及桥梁工程中，挡土墙多见于路堑、桥梁台座等处，常用砖、石、混凝土、钢筋混凝土等材料筑成。

二、公路挡土墙的分类

1. 按结构形式分类

(1) 重力式挡土墙

即靠墙身自重抵抗土体侧压力的挡土墙。其混凝土用量大，但结构简单、施工方便、工期短。该挡土墙墙体越高、基座越大、成本越高。重力式挡土墙比较适合地下埋设物多，或现状有需要保护物的地点。

(2) 半重力挡土墙

即在墙体中加入钢筋、缩小了墙体断面的重力式挡土墙。其特点与重力式挡土墙类似，但建筑材料中混凝土的比重减小。

(3) 悬臂式挡土墙

即凭靠立壁、基座的钢筋混凝土构件支承土体侧压力的挡土墙。根据其立壁与基座间构筑形式，悬臂式挡土墙又可分为倒 T 形、L 形和倒 L 形几种。是一种较为常用、较为经济的挡土墙。

(4) 扶臂式挡土墙，扶垛式挡土墙

在悬臂式挡土墙的土体侧加设扶壁即为扶壁式挡土墙，而在墙体一侧加设扶壁的即为扶垛式挡土墙，虽然这两种挡土墙的模板工程与辗实工程较为耗力费时，但因其高度高，适用于有用地限制的地点。

(5) 特殊挡土墙

除上述种类外，还有一些特殊结构的挡土墙，如箱式、框架式等，常用于前4种挡土墙无法设置的地点。设计、施工难度较大。

2. 按形态、材料分类

(1) 直墙式

1) 混凝土挡土墙（悬臂式，可进行各种饰面处理）

2) L型预制混凝土挡土墙（可进行各种饰面处理。有的还作石铺面、花砖铺面处理）

3) 预制混凝土砌块挡土墙

4) 砖砌挡土墙

(2) 坡面式

1) 混凝土挡土墙（重力式、表面可作各种处理）

2) 锥形预制混凝土砌块砌挡土墙（预制混凝土砌块，下脚砌块等）

3) 锥形石砌挡土墙

4) 下脚碎石砌挡土墙

5) 卵石砌挡土墙

6) 天然石砌挡土墙（有碎石砌和条石砌两种）

7) 嵌草皮混凝土砌块挡土墙

三、公路挡土墙的景观设计要点

从路桥工程中挡土墙的功能性、经济性及视觉效果等方面综合分析与归纳，其景观设计要点如下：

1. 化高为低

对于土质较好，高差不大的台地尽可能不设挡土墙而按斜坡台地处理，以绿化作为过渡；即使高差较大，放坡有困难的地方，也可以在其下部设置台阶式挡土墙，或于坡地上加做石砌连拱式拱券，既保证了土坡稳定，空隙地也便于绿化，以保持生态平衡，同时也降低了挡土墙高度，节省工程造价，设计手法与构造形式见图7-1。

2. 化整为零

高差较大的台地，挡土墙不宜一次砌成，以免造成过于庞大的整体圬工挡土墙，而宜化整为零，分成多阶的挡土墙修筑，中间跌落处设平台绿化，这样多层次设置的小墙与原先设置的大挡土墙相比，不仅解除了视觉上的庞大笨重、生硬呆板感，而且挡土墙的断面也大大减小，绿化有效地软化了墙面的硬质景观效果。此种设计，环境景观与工程经济得到统一见图7-2。

3. 化大为小

在一些景观上有特殊要求的路段或工程中，高差较大时，可将挡土墙化大为小，使其外观由大变小，具体做法是将挡土墙立面一分为二，下部宽度大，挡土墙更稳定，两者之间的联系部分作为绿化挡土墙的种植槽或种植穴见图7-3。

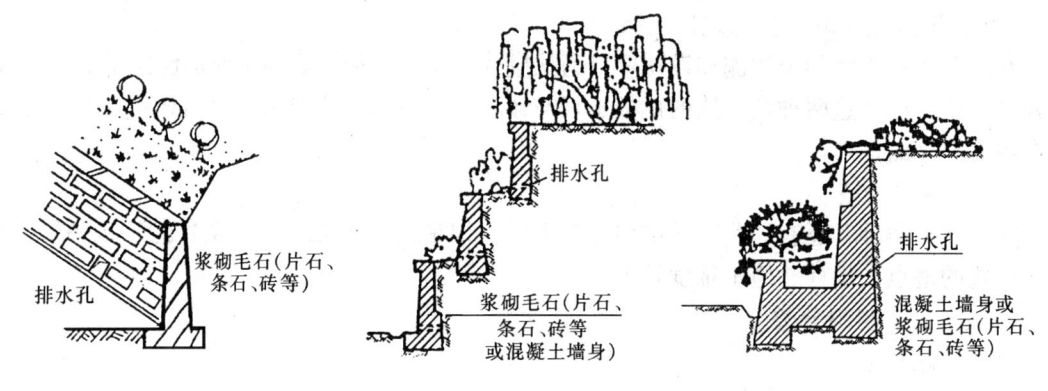

图 7-1 化高为低　　　图 7-2 化整为零　　　图 7-3 化大为小

4. 化陡为缓

由于人的视角所限，同样高度的挡土墙，对人产生的压抑感大小常常由于挡土墙界面到人眼的距离远近的不同而不同，如图 7-4 所示的挡土墙顶部绿化空间，在直立式挡土墙 AB 不能见时，在倾斜面挡土墙 MN 时则能见到，倾斜式挡土墙使空间在视觉上变化开敞，环境也显得明快，见图 7-4。

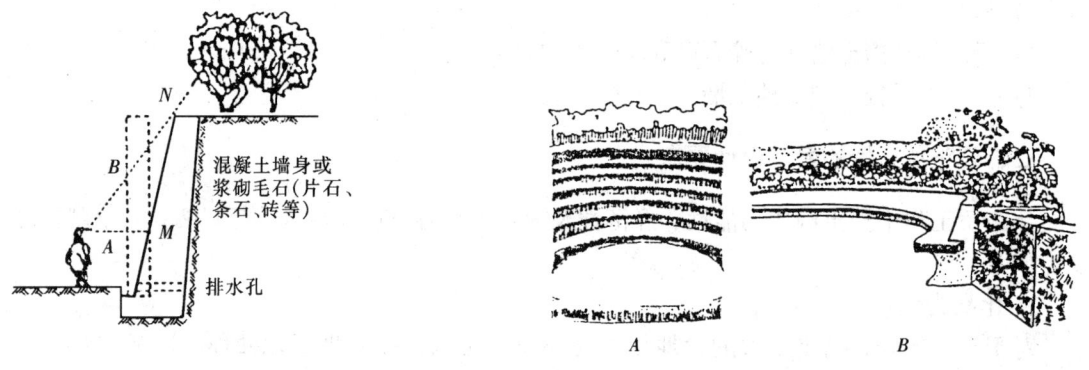

图 7-4 化陡为缓　　　　　　　　图 7-5 化直为曲

5. 化直为曲

曲线比直线更能吸引人的视线，给人以舒美的感觉，在路桥工程中的一些特殊场合，如服务休息区、停车场、立交桥、桥台等处，为解决地坪高差，可结合功能所需，将挡土墙设计为曲线或折线，以增强动感，创造景观，形成空间视觉中心，见图 7-5。

6. 化硬为软

砖、石、混凝土等砌块或饰面挡土墙，在视觉及心理上给人呆板、生硬、沉重、压抑之感。若在其立面上进行绿化处理，引入生物工程学方法或采用不同材质质感对比、浮雕图案设计等手法，则可改善其原有景观效果，化硬为软，化单调为丰富，见图 7-6。

7. 材料质感

材料质感是材料的表面属性，质感的对比与变化主要体现在粗细之间、坚柔之间以及纹理之间。质感处理一方面可以利用材料本身所固有的特点来谋求效果，另一方面也可用人工的方法来"创造"某种特殊的质感效果。一般来说，天然石材质感粗犷，人工斧凿后质感细腻，可塑材料质感则可"粗"可"细"。

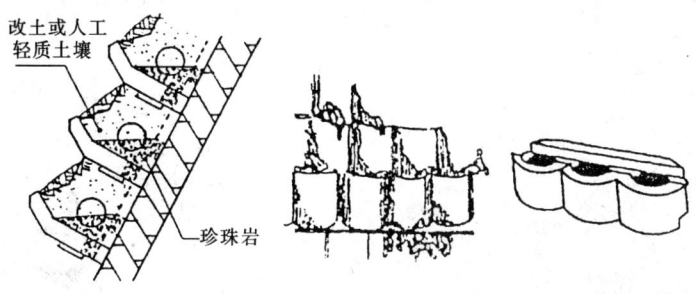

图 7-6 化硬为软

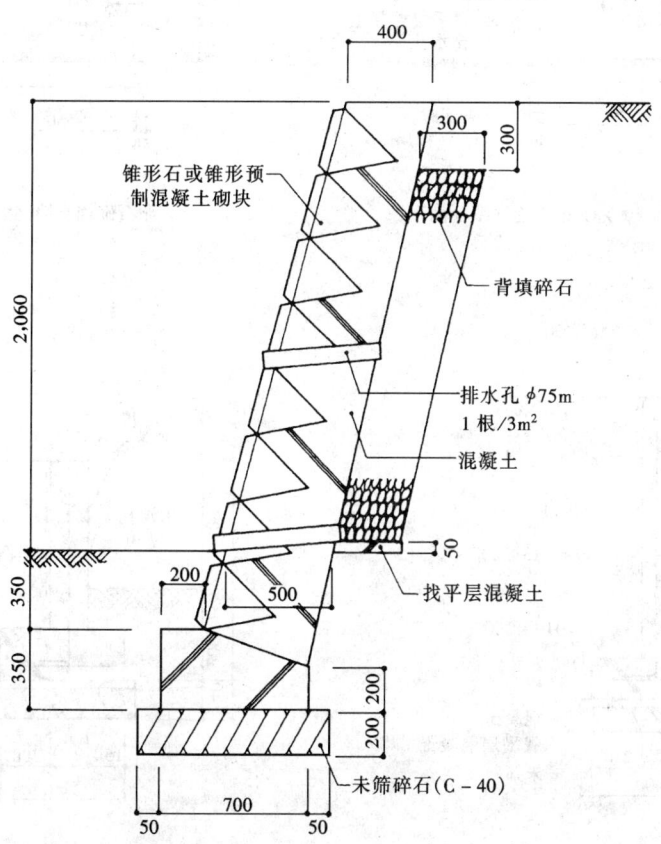

条件：1. 地承受力 7.5t/m² 以上
　　　2. 混凝土周边的抗压强度在 180kg/m² 以上
　　　3. 挖方，坡度在 70°~75°间。
锥形石砌挡土墙（挖方 2m）的剖面详图（例）

图 7-7

在路桥工程中,挡土墙所用材料及其质感效果除满足功能要求外,在景观处理上应视其所处环境及观赏者运动方式而定。通常,位于城镇或观赏者静止、慢行等路段的挡土墙,选用材料及工程做法、材料质感等相对来说应细腻、优美,而位于原野、丘陵、山地或快速车道等处,挡土墙选用材料及质感则以粗犷、奔放为主。常见材料挡土墙构造做法见图 7-7~图 7-16。

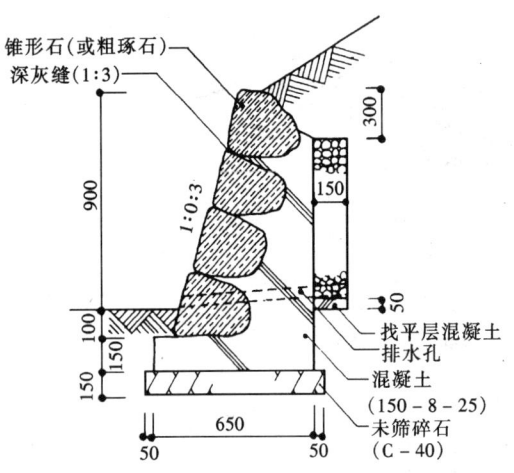

锥形石砌挡土墙（0.9m）的剖面详图（例）

图 7-8

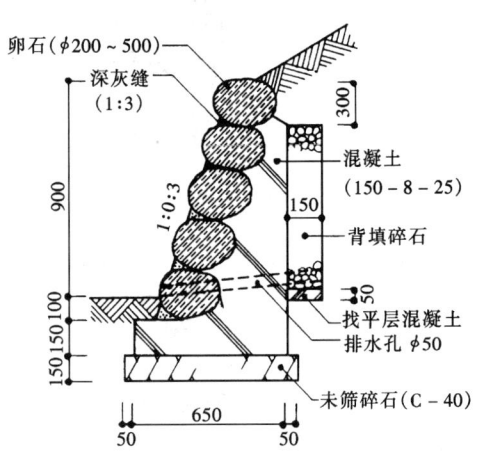

卵石砌挡土墙剖面详图（例）

图 7-9

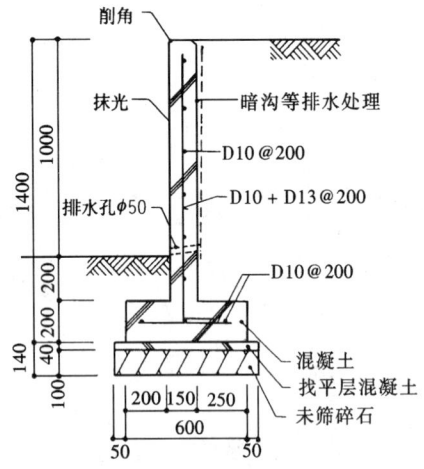

混凝土挡土墙（1m）剖面详图（例）

图 7-10

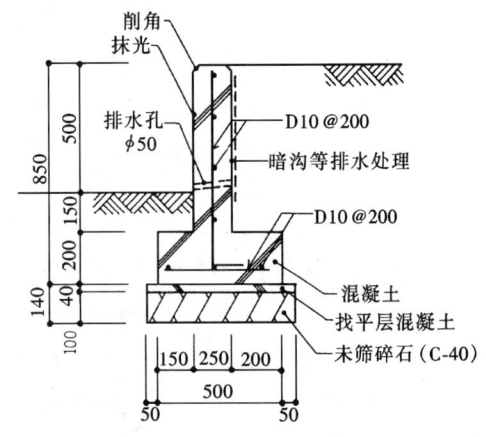

混凝土挡土墙（0.5m）剖面详图（例）

图 7-11

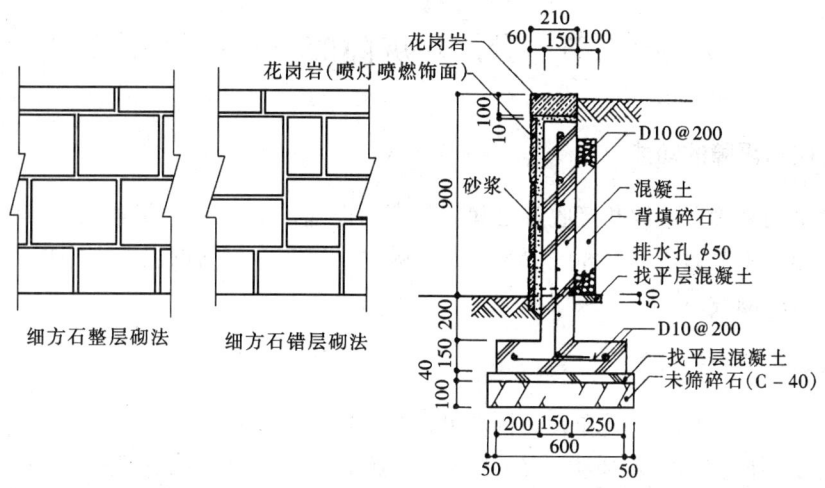

料石铺面挡土墙剖面图（例）

图 7-12

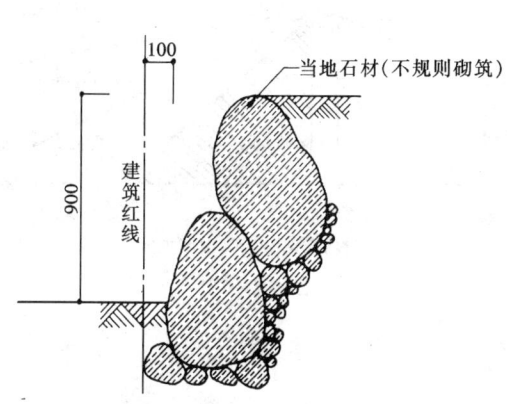

毛石砌挡土墙剖面详图（例）

图 7-13

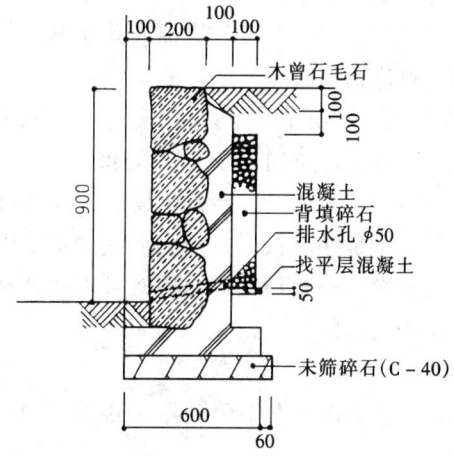

毛石砌（条石砌）挡土墙剖面详图（例）

图 7-14

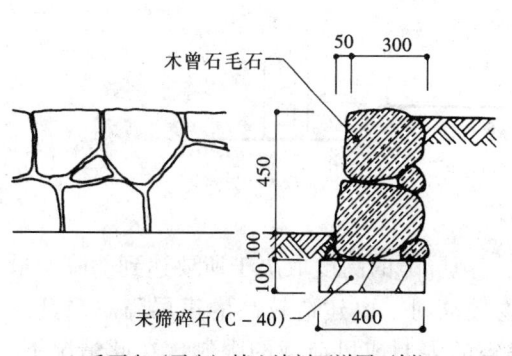

毛石砌（干砌）挡土墙剖面详图（例）

图 7-15

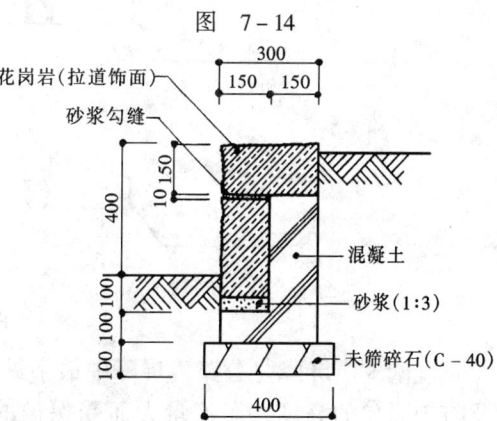

细方石砌挡土墙剖面详图（例）

图 7-16

第二节　公路声屏障的景观设计

一、公路声屏障的功能

声屏障是用来遮挡声源和接收者之间直达声的设施，常用于交通噪声的治理。它对交通噪声的衰减作用主要通过吸声和隔声来达到。吸声是靠吸声材料的性能来实现的，而隔声主要是靠增加噪声的传播距离来实现减噪。

二、公路声屏障的分类

公路声屏障其形状、材质和表面特性可以分为以下几类：

1. 按材质不同分为：木质类、石材类、混凝土类、玻璃纤维、高强塑料、金属板材、黏土砖及土墙等。

2. 按材料性能不同分为：

（1）吸声型屏障：将公路声屏障朝向声源一侧的障壁贴上玻璃纤维、岩棉或其他形式的吸声材料，以达到吸收噪声的目的。

（2）反射型屏障：利用声波的反射原理，见图 7-17（与光波的反射原理类似），当声波遇到一个阻挡的障板时，会发生反射，并从屏障上端绕射，于是在障板另一面会形成一定范围的声影区，声影区的噪声相对小些，可以达到利用声屏障降噪的目的。

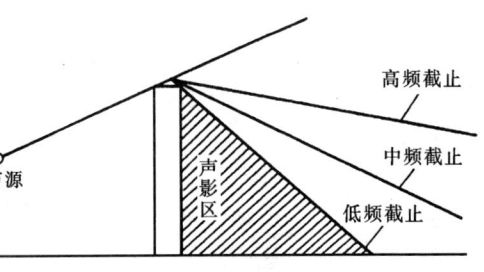

反射型声屏障的隔声原理图
图　7-17

3. 按声屏障形状分类

（1）直壁式及 Γ 型声屏障（见图 7-18a）

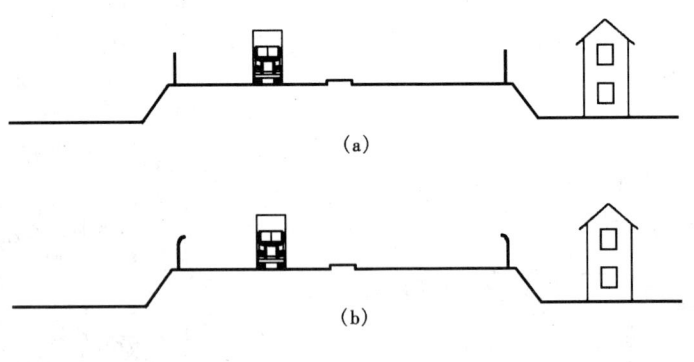

图　7-18

直壁式声屏障是公路声屏障中最常见的形式。声屏障的高度取决于所要达到的降噪量及防护对象的高度，车流量大而受保护的建筑物较高时，要建造较高的声屏障。当其高度较大时，有时会受到公路交通工程设施所需净空的限制或风荷载的限制。在此情况下，声屏的上部可做成向内弯曲或倾斜的形状，以间接增大其有效高度，改善声屏障的降噪效果。这种形状的声屏障即为Γ型声屏障,见图7-18b,常用于公路两侧需保护的建筑物较高的场合。

(2) 土堤式声屏障

土堤作为一种降噪方式可以单独使用,见图7-19a,也可与其他形式声屏障结合使用,见图7-19b。

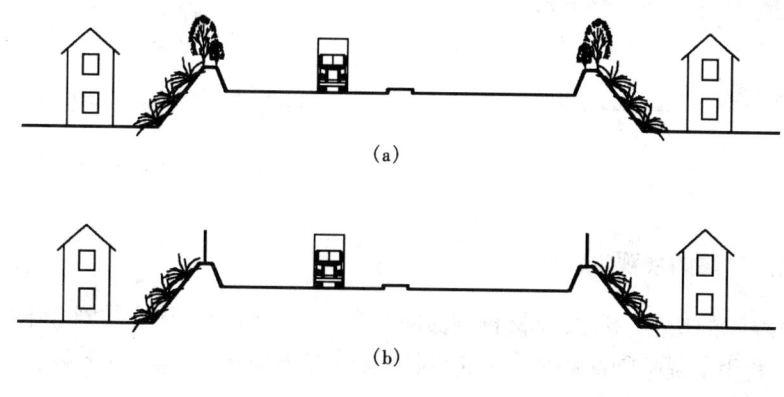

图 7-19

(3) 生态型声屏障

近年来,声屏障的材料构造趋向自然生态型。

生态型声屏障不仅声学性能好,而且能与周围环境较好地结合。

(4) 地下式声屏障

地下式声屏障又称掩蔽式声屏障、隧道式声屏障,见图7-20,多用于城市干道两侧高层建筑的噪声治理。其构造复杂、造价高。在日本、加拿大等国都有采用。为了采光,其顶部常用透明材料或放置采光罩,出入口处噪声级和汽车尾气污染物浓度较高。

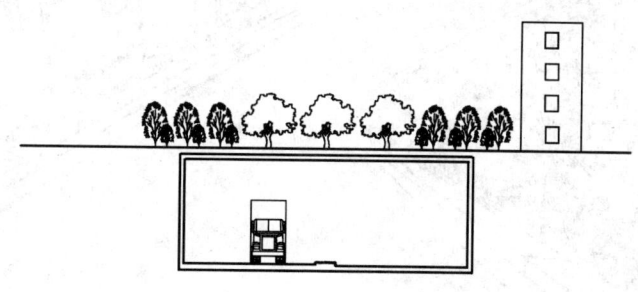

图 7-20

(5) 半地下式声屏障

半地下式声屏障在发达国家公路建设中曾被采用。这类声屏障常设置于人口稠密区域的挖方路段,其造价及出入口处噪声级和汽车尾气污染较地下式声屏障低。见图7-21。

(6) 壳式声屏障

壳式声屏障多用于人口稠密区的高架路段或高路堤路段,见图7-22,与地下式声屏障类似,亦存在出入口处噪声级及汽车尾气污染物浓度增高的问题。同时,还会出现遮挡路旁建筑物光线的问题。

图 7-21　　　　　　　　　　　　　图 7-22

三、公路声屏障的景观设计要点

从公路声屏障的功能、形式及材料方面综合考虑，其景观设计应注意如下问题：

1. 对于能利用土堤降噪的路段，尽量利用公路弃土修筑土堤隔声屏障。一可解决公路弃土问题，经济便捷，二可达到防噪目的，三与自然环境较易协调。

2. 有条件情况下，尽可能采用生态型声屏障隔声。例如：采用混凝土槽砌筑屏障壁体，在槽内填土种植绿化植物，以形成生物墙，见图 7-23。在路侧堆筑土堤，在土堤侧坡及顶面进行绿化。

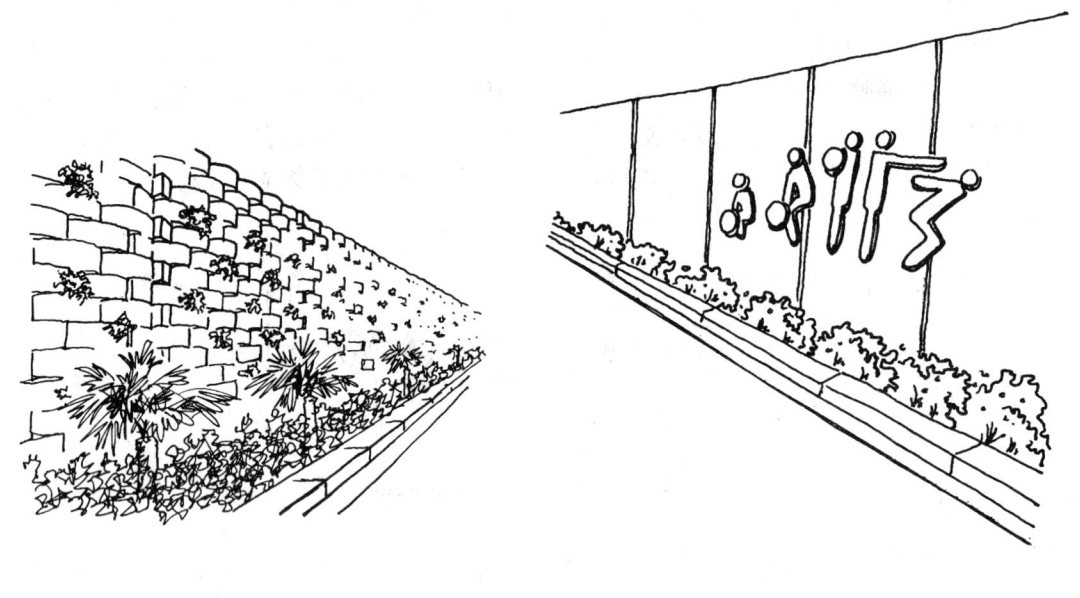

图 7-23　　　　　　　　　　　　　图 7-24

3. 在各式砌块类声屏障设计施工中，为改善砌块的单一呆板性，可在砌块砌筑时或饰面粉刷时，进行与环境协调的色彩搭配设计或不同形式的浮雕面设计。使声屏障在完成隔声防噪功能的同时，成为公路沿线的景墙，见图 7-24。

4. 各式板材类声屏障在景观设计上应注意与路体景观及路外景观的整体性与协调性的

处理。一般来说，若路外有较好景致，最好能采用透明板材做屏障，以借用外侧景观、开阔视野。若路外环境零乱、不雅，则用实体板材，即可障声，又遮蔽、调整景观环境，见图7-25。

5. 对于地下式、半地下式或壳式声屏障，重点考虑其出入口处的景观处理及内外饰面的环境协调。

(a)

(b)

图 7-25

第三节 公路隧道洞口的景观设计

一、公路隧道的功能

公路隧道与桥梁一样是公路工程的一个重要组成部分,其主要功能是使车辆和行人在山区通过时,缩短行驶里程,提高行驶速度,改善行驶环境。一般来说,隧道属隐蔽工程,仅其洞口露于外部,作为隧道的标志。因此,隧道洞口的材质、形式及环境质量等将直接影响人们对整个隧道工程的评价,也影响公路景观的总体效果。

二、公路隧道洞口的分类

公路隧道洞口从形式上可以分为以下三类:有洞口挡墙类、无洞口挡墙类和特殊形式类。其中有洞口挡墙类又可分为:端墙式、翼墙式、立柱式和台阶式,见图7-26。

无洞口挡墙式又可分为:环框式、削竹式、遮挡棚式,见图7-27。

图 7-26 端墙式　　　　　　　　图 7-27 削竹式

特殊形式主要是为了满足特殊功能要求而造形怪异,无法归入前两类的洞口形式。见图7-28。

三、公路隧道洞口的景观设计要点

公路隧道洞口的景观设计应综合考虑隧道洞口附近的自然环境、人文历史及其他构造物等因素,对洞门前广场、中央分隔带、洞门形式、洞名选取及整个隧道开挖扰动范围的边、仰坡防护等进行整体规划与设计,其景观设计要点如下:

1. 首先隧道洞口景观设计要充分了解所建地自然环境特征,因地制宜进行景观规划设计。在可能情况下,尽量选择山川、遗迹、奇峰怪石、森林瀑布等自然景观优美处做为隧道出入口所在地。

2. 隧道洞门造型及环境设计要充分体现当地乡土人情,使生硬的构造物具有历史文化气息、地域特色。

3. 隧道洞门结构的圬工体积较大，要尽量利用隧道废方和当地既有的廉价原材料，这样不仅经济实惠，而且这些材料易与周围环境协调。

4. 一般来说有洞门挡墙的隧道洞口给人稳重、端庄之感，而无洞门挡墙的隧道洞口给人轻巧朴素之感。有时，为了减轻有洞门挡墙隧道入口的压抑感，将洞门造型作递退处理。如图7-29所示。

图 7-28

图 7-29

5. 隧道的修建，对洞门的边、仰坡扰动很大，在景观处理上，应尽量恢复其原有植被栽植，见图7-30。这样处理不仅可保持水土，稳定边坡，而且使洞门周围景观和谐、自然。在植物选择上最好选用当地物种，既经济实用又便于管理，且易与环境协调。

图 7-30

图 7-31

6. 隧道名称可置于洞门上方，侧面或用标志牌给予指示。字体应清晰、醒目。洞名选取时应对隧道周围景观、地名、风景名胜等进行调查，选用标志性强、具有历史纪念意义的名称来命名隧道。见图7-31。

第四节 公路取、弃土场的景观设计

一、公路取、弃土场整治的必要性

公路取、弃土场是公路建设中所需填土挖取处及弃土、弃渣堆置处。由于公路建设土方工程量巨大，这些取、弃土场对公路沿线自然地貌、生态环境、视觉环境均有一定影响。因此，在公路建设过程中必须对这些场所进行合理、有效的整治，使其对环境的负面影响降至最小。

二、公路取、弃土场整治的原则与方法

公路取、弃土场选取与整治应本着整平造田、恢复农耕、开发养殖、恢复植被；合理利用、造福后代的基本原则进行。其具体整治方法措施如下：

1. 在公路工程规划设计时，尽可能做到填挖平衡，或通过纵向调运，用工程出渣填筑路基，实现土石方量平衡。

2. 公路建设取土一般选择高地或山丘，取土后整平造田，改善当地农耕条件。对于路侧农田取土的工程，为防止取土过深，影响耕作，可采取广取浅取的方案或集中深取改变土地农作为养殖。

3. 我国是人均耕地紧缺的国家，无论何时何地公路施工中的弃土、弃渣都应尽可能选择造地方式。其具体方法为首先采取挡护措施，再分层填压工程弃土、弃渣，作排水处理，最后整平上部覆以耕作土。

4. 利用弃土、弃渣垫置宅基地

对居住和出行条件较差的地区，或农民计划重建新居的地方，可用工程弃土、弃渣填垫宅基地。对大面积拆迁或计划新建房屋的地区，可与地方政府联合，统一规划，用工程弃土、弃渣填垫房基，既可化废为利，又帮助农户解决垫基土源，减少采土造成的生态破坏，同时也减少了水土流失的土石源。有些深大冲沟周围座有村庄，农户的居住和出行条件差，耕地资源少，将该地选做公路弃土、弃渣场，对弃置材料采取压实、挡护、整平、排水、覆土等措施后，在其上建设新村或造田，能取得很好的经济效益、环境效益。

5. 充分了解公路沿线社会环境、生态环境、资源环境，合理利用弃土、弃渣，变废为宝。如在公路需设声屏障段，可利用弃土、弃渣堆筑土堤以防噪声；在大石山区，工程出渣可作为石源，加工成各种规格的石材，用于筑路或供应市场；在黄土高塬区，大量弃土可烧制砖瓦（规划设计时最好了解建材厂家的分布及产量）。

三、公路取、弃土场的景观设计要点

公路取、弃土场的景观设计应以环境协调、经济可行为准则，具体规划设计中尚应注意如下问题：

1. 对于公路沿线无法还耕的弃土场所，应尽量在其表面进行植被栽植，力求与环境协调，见图7-32。

2. 对于可用做鱼塘、虾塘、荷塘等农副业养殖的取土场，最好保持其自然式形态，不

须过多修饰，则更具乡野气息。见图7-33。

图 7-32

图 7-33

3. 可利用取、弃土场作服务区、停车区等。如在沟冲地区，利用弃土、弃渣垫置平整场地，用于停车、休息；在取土场附近设置停车、休息区，利用取土坑作为游乐、观赏水池等。作为服务区、停车区等处的取、弃土场景观设计更应考虑其安全性、艺术性。若将取土坑用作观赏水池，无论从使用安全方面及环境艺术方面考虑，均应对池壁、堤岸进行景观防护处理。常见形式见图7-34。

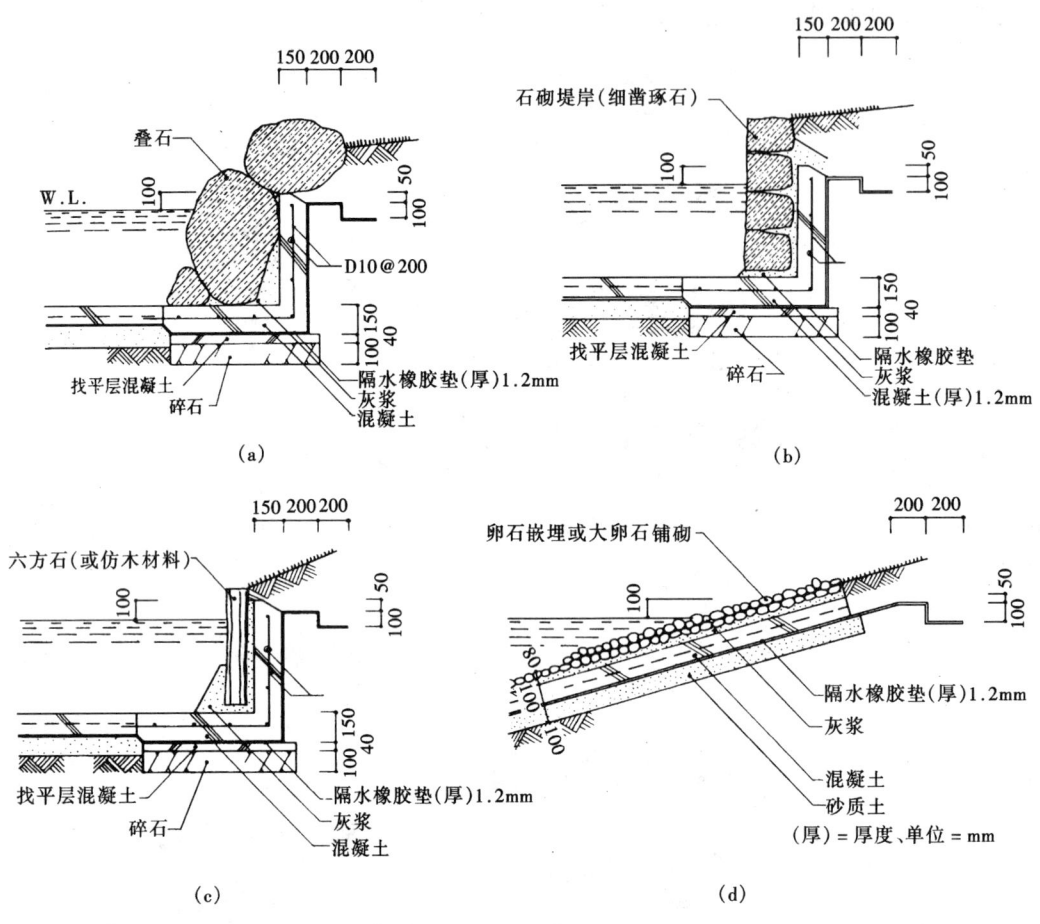

图 7-34 水池防护堤剖面图
(a) 叠石防护堤剖面图（例）；(b) 石砌堤岸剖面图（例）；
(c) 六方石防护堤剖面图（例）；(d) 沙洲的剖面图（例）

第五节 公路道牙、护栏（柱）的景观设计

一、公路道牙、护栏（柱）的功能

公路道牙、护栏（柱）是公路上为保证行车安全、进行交通诱导以及保留水土、保护植栽、区分路面铺装等而设置在道路边界，路面与绿地分界等处的交通安全设施。

二、公路道牙、护栏（柱）的分类

1. 公路道牙的分类

公路道牙的种类很多，常见标明道路边缘的道牙有预制混凝土道牙、天然石材道牙、砖道牙等。目前，常见公路道牙多为预制混凝土道牙。各类道牙常见尺寸及构造做法见图 7-35、图 7-36、图 7-37。

2. 公路护栏（柱）的分类

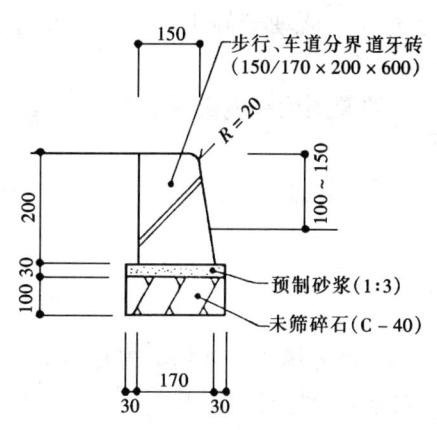 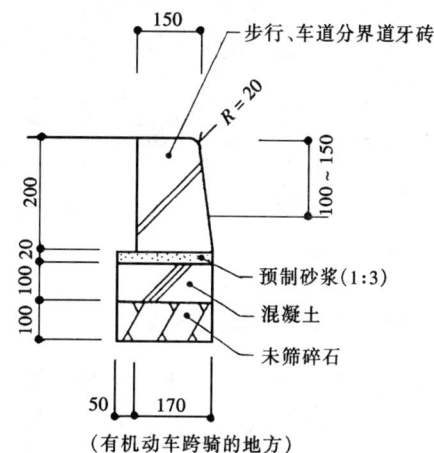

图 7-35 预制混凝土道牙

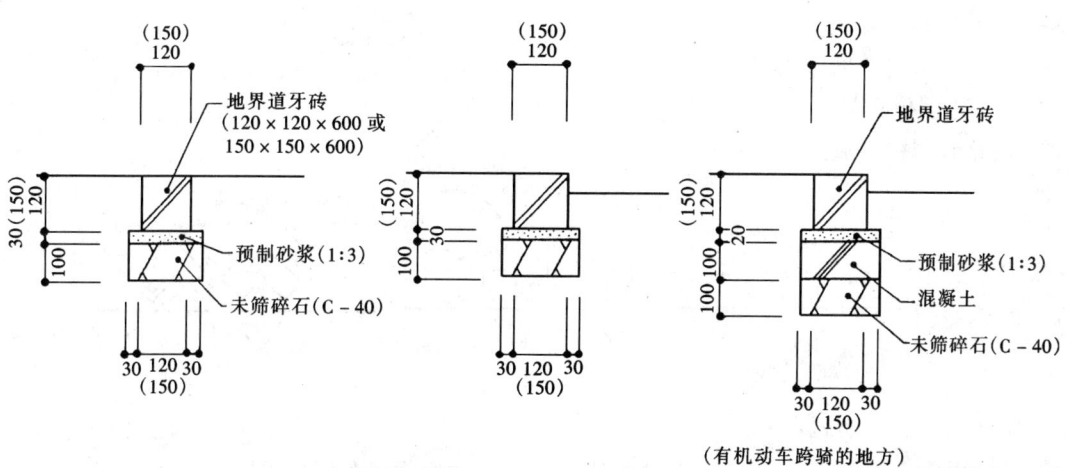

图 7-36 天然石材道牙

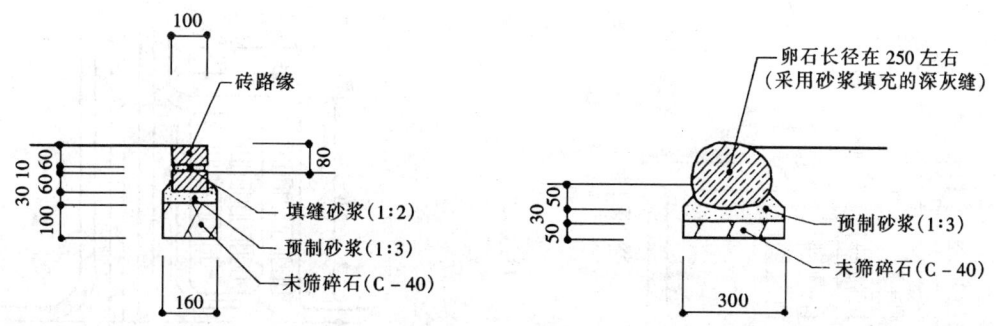

图 7-37 砖道牙及卵石道牙

公路护栏（柱）就其材料与形式分，有波形梁钢护栏，缆索护栏、预制混凝土护栏（柱）等。

三、公路道牙、护栏（柱）的景观设计要点

公路道牙、护栏（柱）在满足安全行驶的前提下，其景观设计要点如下：

1. 道牙制作规整、线条挺拔，同时铺筑高度统一、整齐、接缝平整。
2. 一条道路护栏（柱）形式不宜过多，应统一、规整，既便于施工，又不给人留下杂乱的感觉。
3. 道路护栏（柱）的质感、色彩应给人柔和且与道路及周围环境协调之感。

第六节　公路停车场的景观设计

一、公路停车场的功能

公路停车场是为行驶于公路上的各类车辆提供停放车辆的场所，常用标志符号为 P。停车场有时兼有其他功能，如车辆加油、维修、养护、司乘人员休息、用餐等。

二、公路停车场的分类及车辆停放方式

1．公路停车场的分类

公路停车场常见形式有下列几种：

（1）沿路停车场

沿路侧布置，见图 7－38。

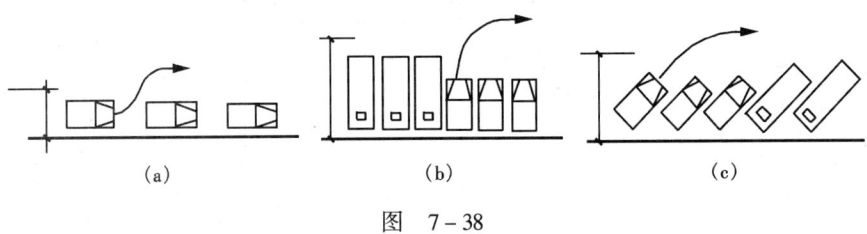

图　7－38

（2）港池式停车场

将道路的分车带、路侧、隔离带等处，开辟成港池式停车场。见图 7－39。

（3）道路转角处停车场

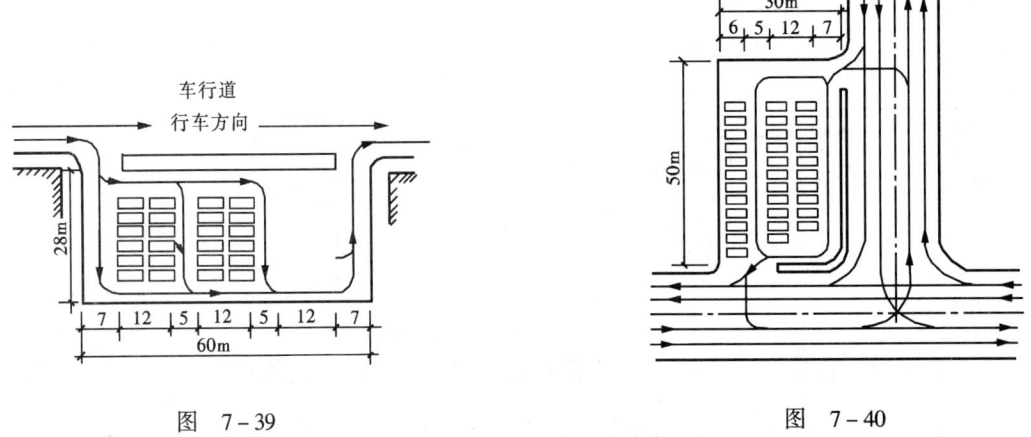

图　7－39　　　　　　　　　　图　7－40

设置于道路十字路口、丁字路口、三叉路口等转角处停车场。见图 7－40。

（4）专用停车场

设置于路侧的各类专用停车场。

2. 车辆停放方式

(1) 平行停放：是一种常见的路上停车方式，适合停车带宽度较小的场所。一般此类停放方式停车场的标准尺寸为，通道宽度为 3.8m 以上，停车位长度为 7m。

(2) 垂直停放：所需停车面最小，是一种常用的停车方式，常选择后退停发车，有时也可采用前进停发车。

(3) 倾斜停放：

30°倾斜停放：也适用于整条停放车道狭窄的场所，但所需停车面积加大。如为前进停发车，通道宽度应保持在 3.8m 以上。

60°倾斜停放：整条车道宽度需加大。车辆出入方便。如为后退停发车，所需通道宽度为 4.5m 以上。

45°倾斜停放：采用 45°交叉停放，整条停车车道无需太宽，且停车面积较小。前进停发车所需通道宽度为 3.8m 以上。

三、公路停车场的景观设计要点

1. 地面铺装

停车场地面常用材料有沥青、混凝土、透水性草皮等。其中透水性草皮地面不仅具有较好的景观效果，而且可减少地面径流，同时还可大大缓解停车场路面的温升及反光效应。

透水性草皮地面有两类：使用草皮保护垫的地面和使用草皮砌块的地面。

所谓的草皮保护垫，是由一种保护草皮生长发育的高密度聚乙烯制成的，具有耐压性及耐候性强的开孔垫网。因可以保护草皮免受人、车踏压，常用于停车场等场所。

草皮砌块地面是在混凝土预制块或砖砌块的孔穴或接缝中栽培草皮，使草皮免受人、车踏压的一种停车场地面铺装形式。

停车场采用透水性草皮地面铺装时应注意在车辆通行频率过高的通道及出入口等处最好改用其他地面铺装，因频繁的车辆通行不宜于草皮的生长发育。透水性草皮地面铺装作法见图 7-41、图 7-42。

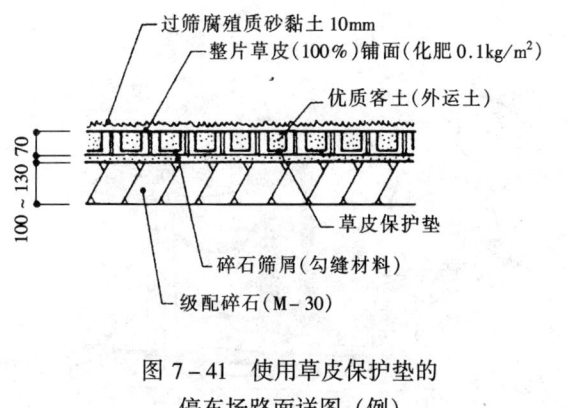

图 7-41 使用草皮保护垫的停车场路面详图（例）

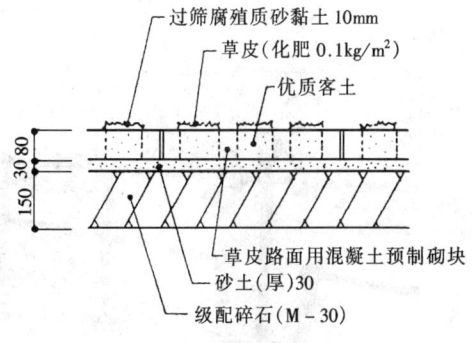

图 7-42 采用草皮砌块的停车场路面详图（例）

2. 绿化栽植

在停车场内适当位置进行绿化植树，既可美化环境又可形成绿荫，避免车辆曝晒、车内温度过高。停车场内绿化种植带宽度视所选植物而定。如种植高大乔木，绿化带宽度应在 1.5～2.0m 以上。见图 7－43。为防止污染车体，停车场内绿化植物的选择上应注意避免选用易出树脂的松树、枫树等松柏类植物。尽量选用能吸收汽车尾气、净化空气能力强的树种。

图 7－43　有绿化栽植的垂直停放停车场布置

(a)　(b)

(c)　(d)

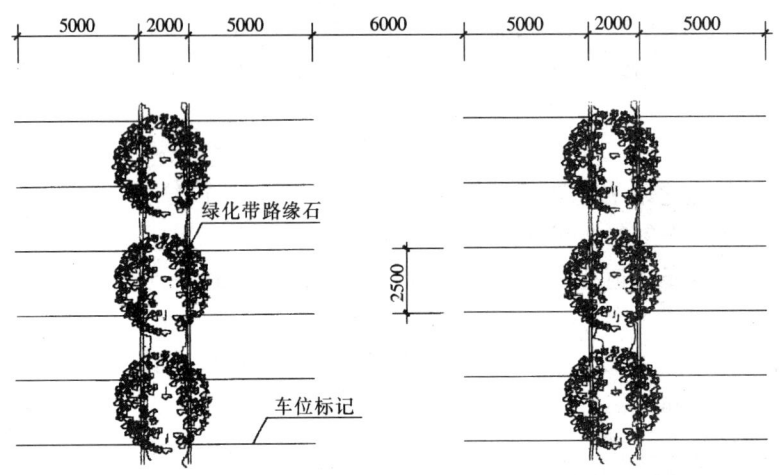

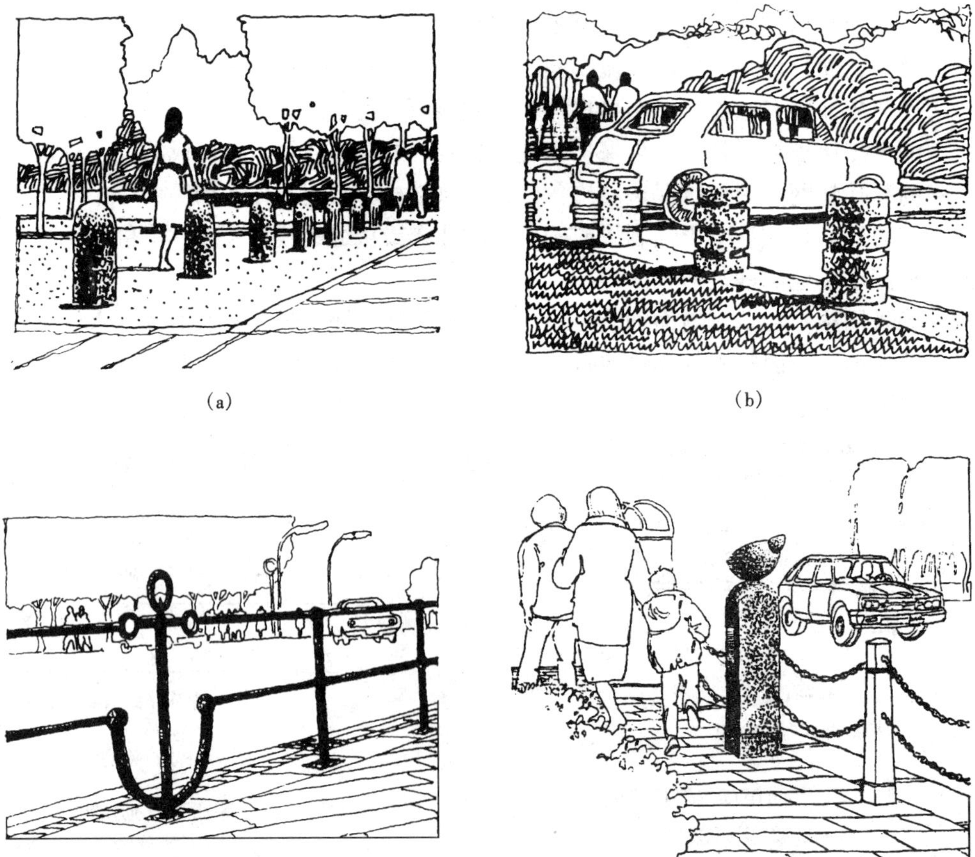

图　7－44

三、功能小品

停车场的某些功能设施，即有一定的功能性，同时又是停车场的景观小品。在这些设施中，车挡、缆柱等对停车场的环境渲染及景观创造有较强影响。

车挡、缆柱具有防止车辆通行、冲撞、分隔的功能。其形式常见的有栅栏式、杆柱式及由链条连接的各种柱式、球式等形状。见图 7-44。有固定的、也有可移动的。车挡、缆柱所使的材料有铸铁、不锈钢、混凝土、石材等。车挡、缆柱在设计时，其形状、色彩、材质的选用均应考虑与环境的协调。

第七节　公路标识牌、指示牌的景观设计

一、公路标识牌、指示牌的功能

公路标识牌、指示牌是公路上用于传达信息、指引方向、提醒、提示驾驶员、旅行者而设置的交通设施。常设置于车辆行驶前上方、路侧等处。见图 7-45。

二、公路标识牌、指示牌的分类

1. 按功能分类

公路标识牌、指示牌按功能可分为方向指示、预警指示、服务指示等。

2. 按材料分类

公路标识牌、指示牌按其制作所用材料可分为：

(1) 天然材料

石材：坚固耐用、质感好，但制作困难、取得不易，仅能用于路侧，见图 7-46；

木材：有较好的质感，但易腐朽、不耐久，见图 7-47；

竹材：价格低廉，具有特殊风格，但易腐朽。

(2) 人工材料

水泥：取得容易、坚固耐用，但较笨重；

铁片：取得、制作皆方便，故常被应用，但若保养不当，则常有生锈、油漆剥落的现象；

其他：塑胶、压克力、不锈钢、铝片等，各可展现不同的风格，见图 7-48。

3. 按固定方式和照明方式分类

公路标识牌、指示牌按固定方式可分为：独立式、悬挂式、悬臂式和墙嵌式；按照明方式可分为：直接照明、自身照明和反光显示三种。

三、公路标识牌、指示牌的景观设计要点

1. 色彩方面

(1) 满足交通功能

(2) 明视度要高

明视度是指可让人看清楚的程度，明视度愈高，可看的愈清楚。在 Mattew Lockieeh 的研究中，以背景—字色的次序，将明视度高低排列如下：可供我们设计标识牌、指示牌色彩时

参考：黄—黑、白—绿、白—红、白—青、白—黑、黑—红、红—白、绿—白、黑—白、黄—红、红—绿、绿—红。

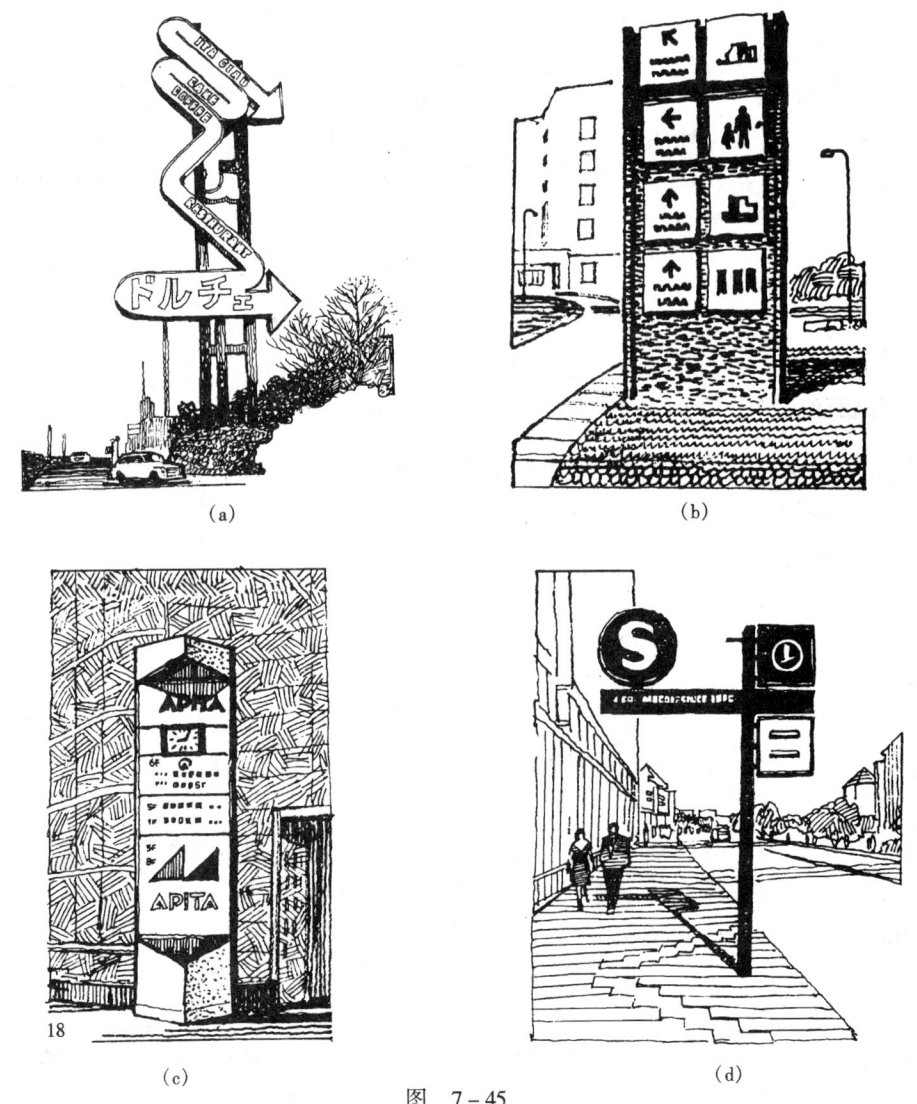

图 7-45

(3) 色彩能与环境协调

如让字色与环境同，而背景色则选择能使字迹明显突出的颜色。

(4) 注意色彩带给人的感觉要与使用目的相配合。

道路常用色彩感觉：

红色：热情、警告、危险；

黄色：警告；

绿色：安全；

青色：理情、缓和；

黑色：严肃、坚固；

白色：整洁。

2. 信息表达方式

公路标识牌、指示牌在信息表达上可用文字，也可用图表，或者两者一起使用。在使用上应注意下述问题：

（1）尽量采用图示：图往往可使人一目了然，且印象深刻，故可利用图时尽量采用，不足之处再利用文字补充。但必须注意，图示必须使用大家已认定共知的符号，不要使用令人不解其意的图。

（2）使用文字：公路标识牌、指示牌在文字使用上应注意内容正确、简明、清楚，字体统一，容易阅读。

3. 材质选择方面

符合法令要求，保持整齐醒目，与环境协调，视觉观感舒适。

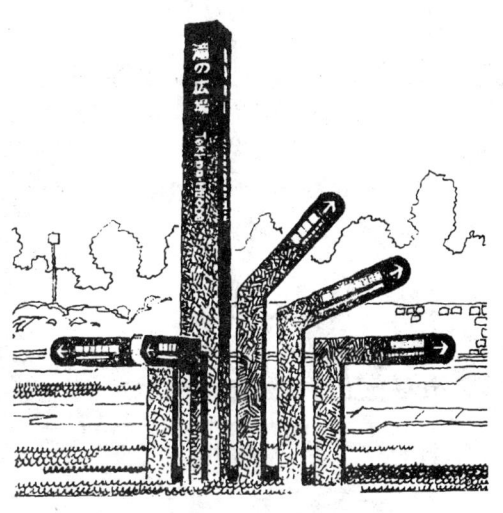

图 7-46 有雕塑感的石质公路标识（日本 茨城县）

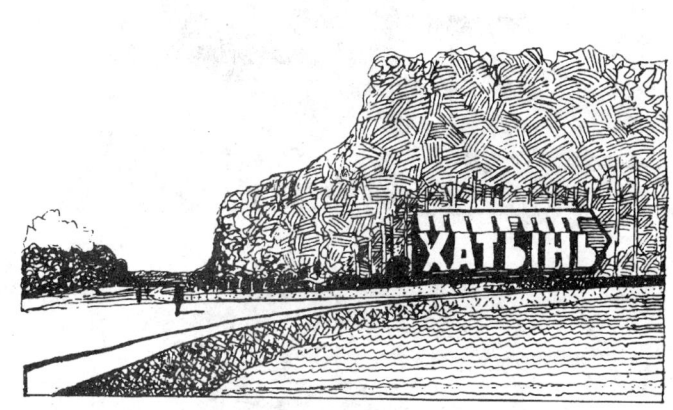

图 7-47 以木雕形式处理的路标，与森林景观极为协调，且很突出（苏联）

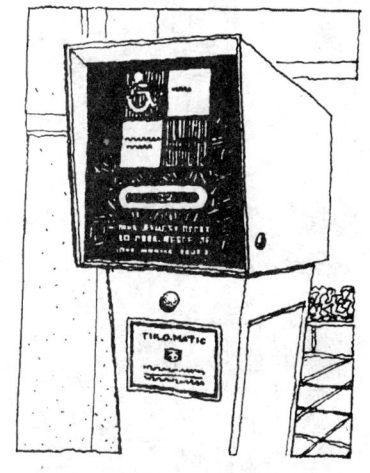

图 7-48 电子公路标识器（美国）

第八节 公路照明设备的景观设计

公路照明设备除具有保障行车安全，提供道路各相关场所（加油站、服务区、收费广场、立交区等）照明功能外，还具有衬托景物、装点环境、渲染气氛等机能，是公路景观的重要环境组成部分。

公路照明设备主要由电光源、灯具、灯柱、基座和埋设基础等五部分组成。其中常用的光源有白炽灯、卤钨灯、荧光灯、高压水银灯、高压钠灯和金属卤化物灯；灯柱是灯具的支撑体，也是照明设备重要的造型部分，特别是对于公路房建设施的照明处理，可以结合建筑环境，选择与设计各类不同材质、形状的灯柱，见图 7-49；基座和基础起固定灯柱的作

图 7-49

用，并把地下敷设电线导入灯柱。有些路灯基座还设有检修口。

公路照明设备按所处位置不同有低位置路灯（房建设施庭院灯）、慢行道路灯、停车场或干道路灯、专用灯和高柱灯。见图7-50。不同位置灯的特点及景观设计要点如下：

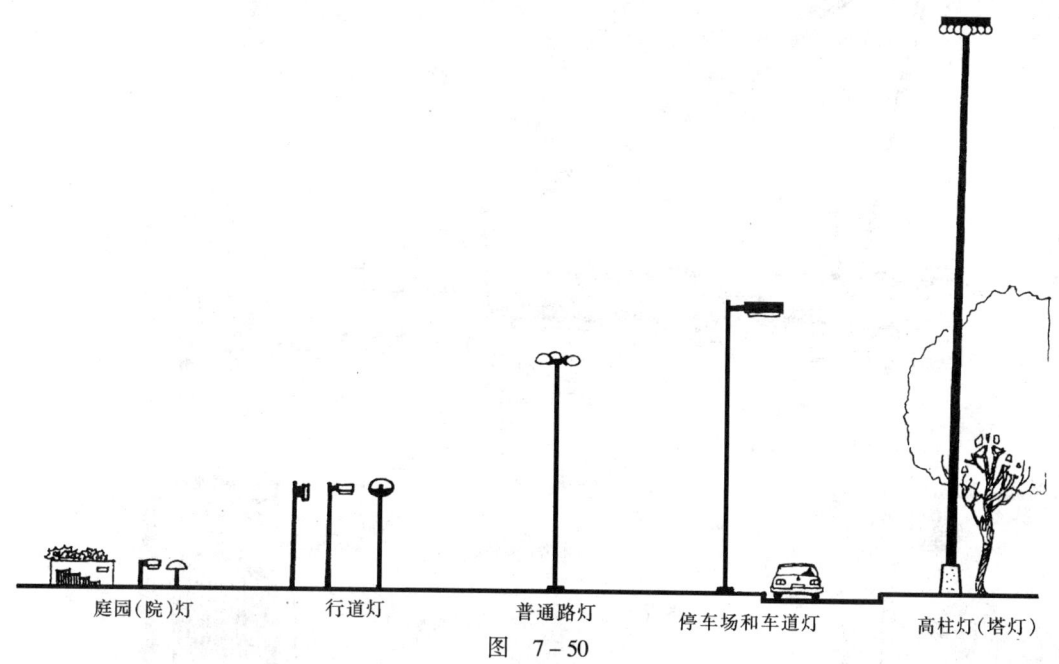

图 7-50

（1）低位置路灯：灯具位置在人眼的高度之下，即0.3~1.0m的路灯。它一般设于服务区、管理处（所）、收费站等公路房建设施的庭院内、散步道旁等较为有限的空间内，表现一种亲切温馨的气氛，以较小的间距为人行走的路径照明。

（2）慢行道路灯：灯柱的高度在1~4m之间，灯具造型有筒灯、横向展开面灯、球灯和方向可控式罩灯等。这种路灯一般设置于道路的一侧。可等距排列，也可自由布置。灯具和灯柱造型应有其个性，并注重细部处理，以配合人在中、近视距的观感。

（3）停车场或干道路灯：灯柱的高度在4~12m，通常采用较强的光源和较远距离（10~50m）的列置。对这种路灯的灯具设计要考虑控制光线投射角度，以防对场所以外环境造成光的干扰。

（4）专用灯和高柱灯：专用灯一般设置于加油站、服务区、收费广场等一定规模的领域空间。高度在6~10m之间，。它的光照范围不局限于交通路面，还有场所中的相关设施及夜晚活动场地。高柱灯也属于领域照明的装置，它的高度在20~40m之间，照射范围要比专用灯大得多，一般设置于大型停车场、立交区等处。在公路景观环境中，高柱灯有较强的轴点和地标作用。

第九节　公路雕塑的景观设计

雕塑和雕刻是具有三度空间的造型艺术，随着公路建设的不断深入，人们对公路景观环境质量的要求越来越高，雕塑、浮雕饰景等作品也越来越多地出现在公路的出入口（见图7

-51)、路侧（见图7-52）、立交区、桥头（见图7-53）、公路挡土墙、噪声墙、服务区庭

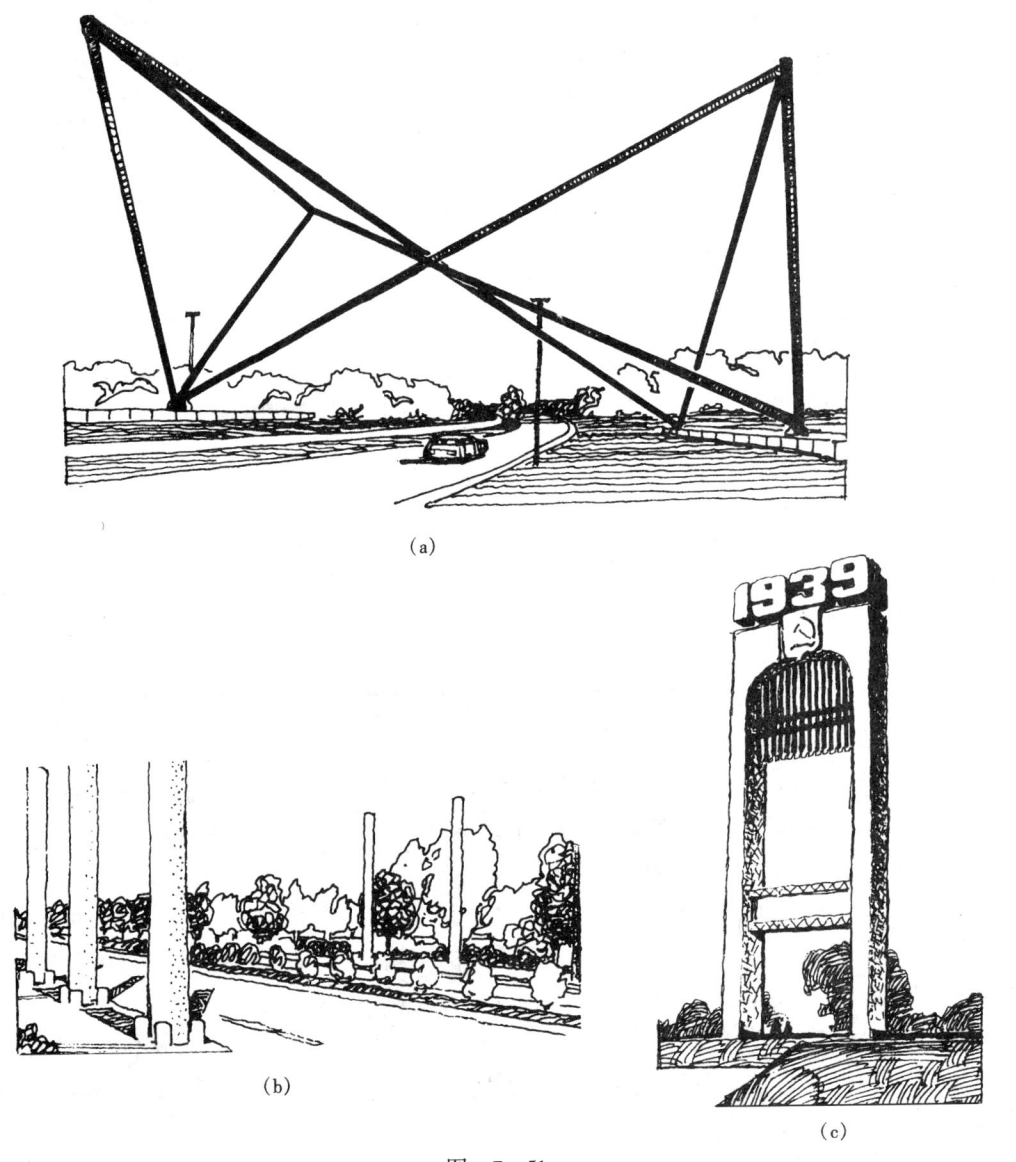

图 7-51

院等处。这些雕塑、浮雕作品有些只具纯艺术性、仅仅作为视觉观赏对象，而有些作品同时又具有功能性，如图7-54所示结合路侧噪声测试器、指示标志的雕塑作品以及公路挡土墙、噪声墙等处的浮雕壁饰。

公路雕塑的景观设计应注意下述几方面问题：

一、选题方面

公路雕塑的选题主要从有主题与无主题两方面考虑，其中有主题方面主要表现有历史的、现代的、未来的等方面内容；而无主题方面主要有与环境和空间无内在联系的纯装饰性和趣味性的雕塑及多义、多元等不确定主题，任凭人们联想。

二、造型方面

公路雕塑在造型方面主要有具象的、抽象的、半具象半抽象的等几种类型。其中具象的有记号性表达（内容与形式的完全一致）、符号性表达（用象征手法，寄物咏志，以物托情）；抽象的有：①模拟某一种对象，进行变形、提炼、升华；②模拟某几种对象，进行变形、提炼、升华；③无固定对象，进行夸张、变形。半具象半抽象的有：①从无到有，从隐到显，从抽象到具象有层次地变化；②混杂交错，时有时无；③似与不似，象与不象之间。

图 7-52

图 7-53 重庆长江大桥象征春、夏、秋、冬的人物雕塑

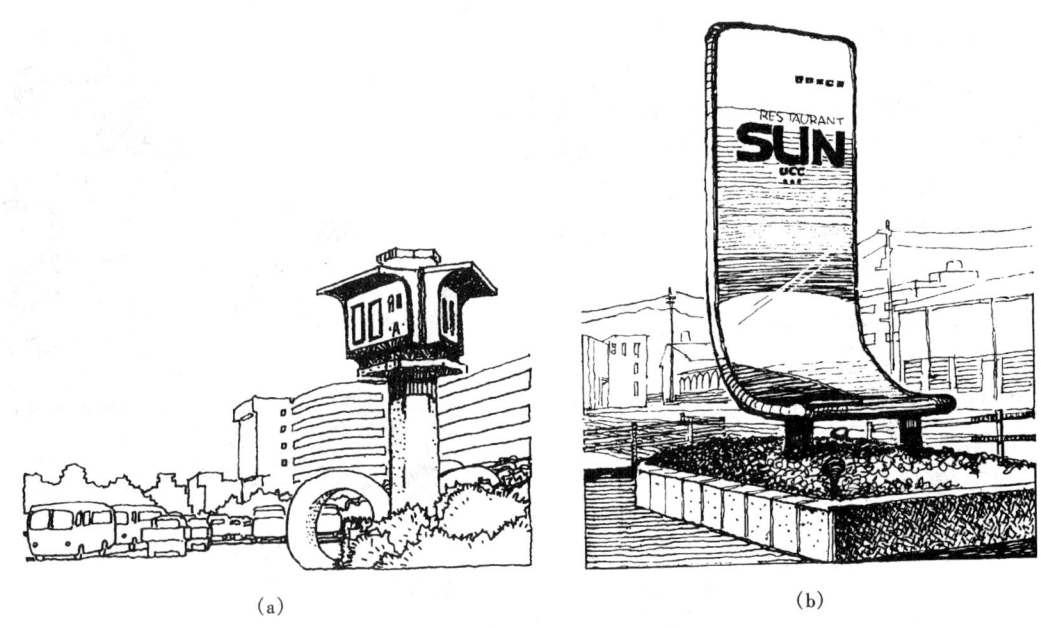

图 7-54

三、选材方面

公路雕塑在材料使用上，主要有石材、金属材料及其他特殊材料。其中石材包括天然石材（花岗岩、汉白玉、青石、大理石等）和人造石材（混凝土、铸石、陶瓷等）；金属材料包括铝、钢、铜及合金材料等；其他特殊材料有玻璃、玻璃钢、冰、雪等。

四、选地方面

公路雕塑在地点选择上一般有点、线、面的选择。其中点的选择主要集中在公路出入口处、立交区、文物遗迹与风景名胜处、公路房建设施广场上的主题雕塑；公路雕塑线的表现主要存在于公路护坡、挡墙及声障墙等部位的连续性主题浮雕以及与灯柱、护栏等功能构件结合的连续性群雕；面的雕塑目前在公路景观环境中所见较少，如果公路景观环境设计需要可选择停车区、服务区广场、立交区或路侧广场设置序列性题材的雕塑、休息空间以面的雕塑形式丰富公路景观环境。

第十节　公路桥梁设施的景观设计

一、桥梁的功能及发展史

桥梁是供人和车辆通行的构筑物，它们是道路的重要组成部分，其主要功能是帮助车辆和行人跨越各种障碍（如河流、峡谷、交通路线等），人类在原始时代就利用自然倒下的树木、自然形成的石梁或石拱、溪涧突出的石块、谷岸生长的藤萝等跨越水道或峡谷，见图

7-55。据史料记载,中国在周代(公元前11世纪~公元前256年)已建有梁桥和浮桥;古巴比伦王国(Babylon)在公元前1800年建造有多跨木桥;波斯国王薛西斯一世在公元前481年建造有跨越赫勒斯旁海峡的浮船桥;美索不达米亚地区(Mesopotmia)在公元前4世纪就建有挑出的石拱桥。很早以来,桥梁艺术就受到人们的关注,并且从功能与结构形式及环境协调一致的观点评价桥梁的美。

(a)

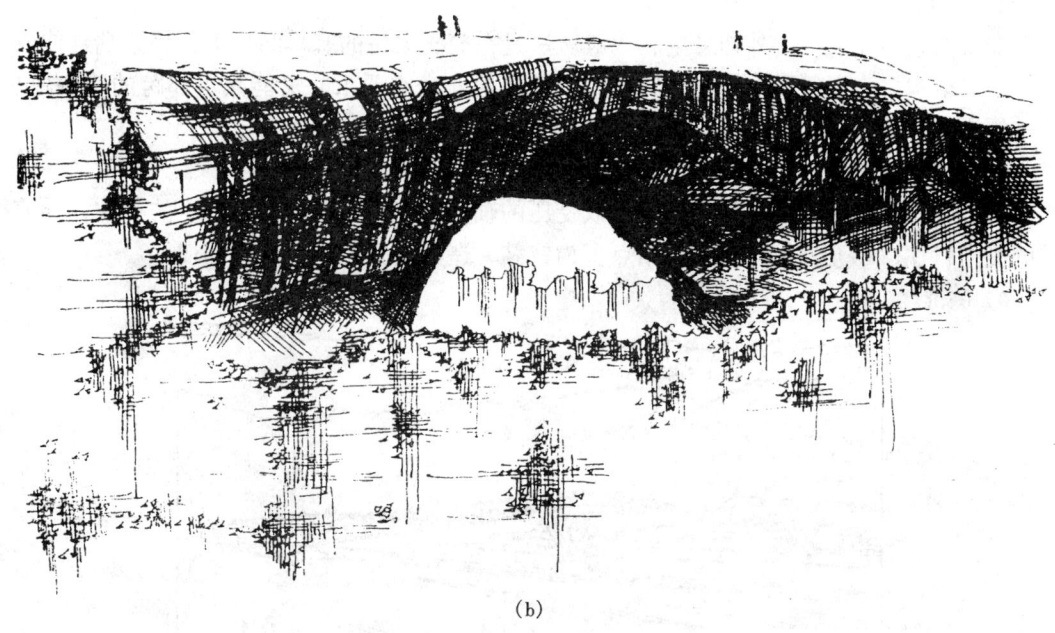

(b)

图 7-55
(a) 天然树桥;(b) 天然石梁桥

二、桥梁的分类

1. 按材料分类

石桥(多见于盛产石材的地区,桥梁跨度受到限制,见图7-56)、竹木桥(见图7-

57)、钢筋混凝土桥、预应力混凝土桥、钢桥和钢索桥。

图 7-56
中国古代造桥技术和中日文化交流的成果，日本长崎眼镜桥（中国僧人如定设计，1637年）

2. 按结构形式分类

1）简支桥

即桥面梁两端的支承方式为简支静定的结构，按桥面的厚度和桥的宽度又可分为板式和梁式，一般桥面厚<250mm者称"板式"，>250mm者称"梁式"。孔径大小和孔数不限。

2）悬（伸）臂桥

即桥面梁两端或一端外伸悬空，一般做法是在简支梁桥的基本结构上，将梁端延伸成为外伸静定结构。为了争取中间桥孔加大，以满足通航净空要求，又能减少邻跨的跨中弯矩，可采用悬臂挂孔桥结构。

3）桁架桥

由桁架所组成的桥，杆件多为受拉或受压的轴力杆件，取代了弯矩产生的条件，导使杆件的受力特性得以充分发挥，杆件结点多为铰结，造型纤秀轻巧，富有韵律。

4）拱桥

图 7-57
位于风景区的木结构桥，其浪式造型与周围山峦相呼应，全长200m，桥宽3.5m可通行人和自行车（联邦德国 巴伐利亚州）

图 7-58
联邦德国鸟柏峡谷桥,采用预应力梁与拱结合,
只有两根拱上柱,造型简洁有力优美

图 7-59
此桥以良好的功能和优美的造型,被誉为古典与现代技艺的
完美结合(西班牙 巴塞罗那 1989年)

由拱券(圈)受压结构所形成的桥,结构各截面上多为压力,因此可采用价廉的诸如砖石等材料,充分发挥它们受压强度高的特点,拱桥造型亦佳,常收一举二得之效,为了适应地基要求,有设计成三铰、两铰、无铰拱的结构模式。见图7-57、图7-58。

5)刚构(架)桥

是由梁和桥墩刚接构成的桥,可以使桥的断面减小,使造型既有力度又有简练挺拔的轻快感,当桥墩设计成外倾的八字形立柱时,清晰地表明力从梁转移到柱的传递路线,尤其当桥立于风景区两山峰之间,下为深谷或立交的道路,则更充分显示其雄踞屹立的形象,见图7-59。

6)斜拉桥

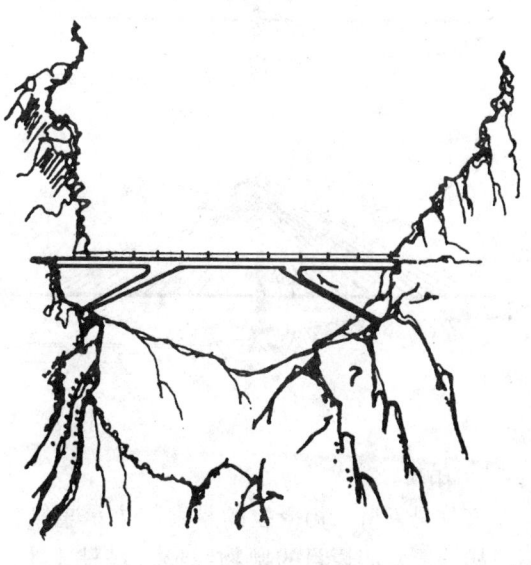

图 7-60 刚构(架)桥

是用斜拉索将长长的水平横梁悬拉在塔柱或塔门上的组合体系结构。斜拉索常用平行的钢丝缆索或放射式的钢索构成，便于悬臂施工，当桥面上缆索锚固的间距减小到 6～12m 时，梁的弯矩值变得很小，梁的截面就更纤细，具有了极其纤柔的长细比，其为竖琴弦丝的缆索，在斜拉桥整体造型上极富魅力，见图 7-60、图 7-61、图 7-62、图 7-63、图 7-64。斜拉桥的刚度比吊桥大，这可调整拉索间距与索力，以使设计合理与经济。

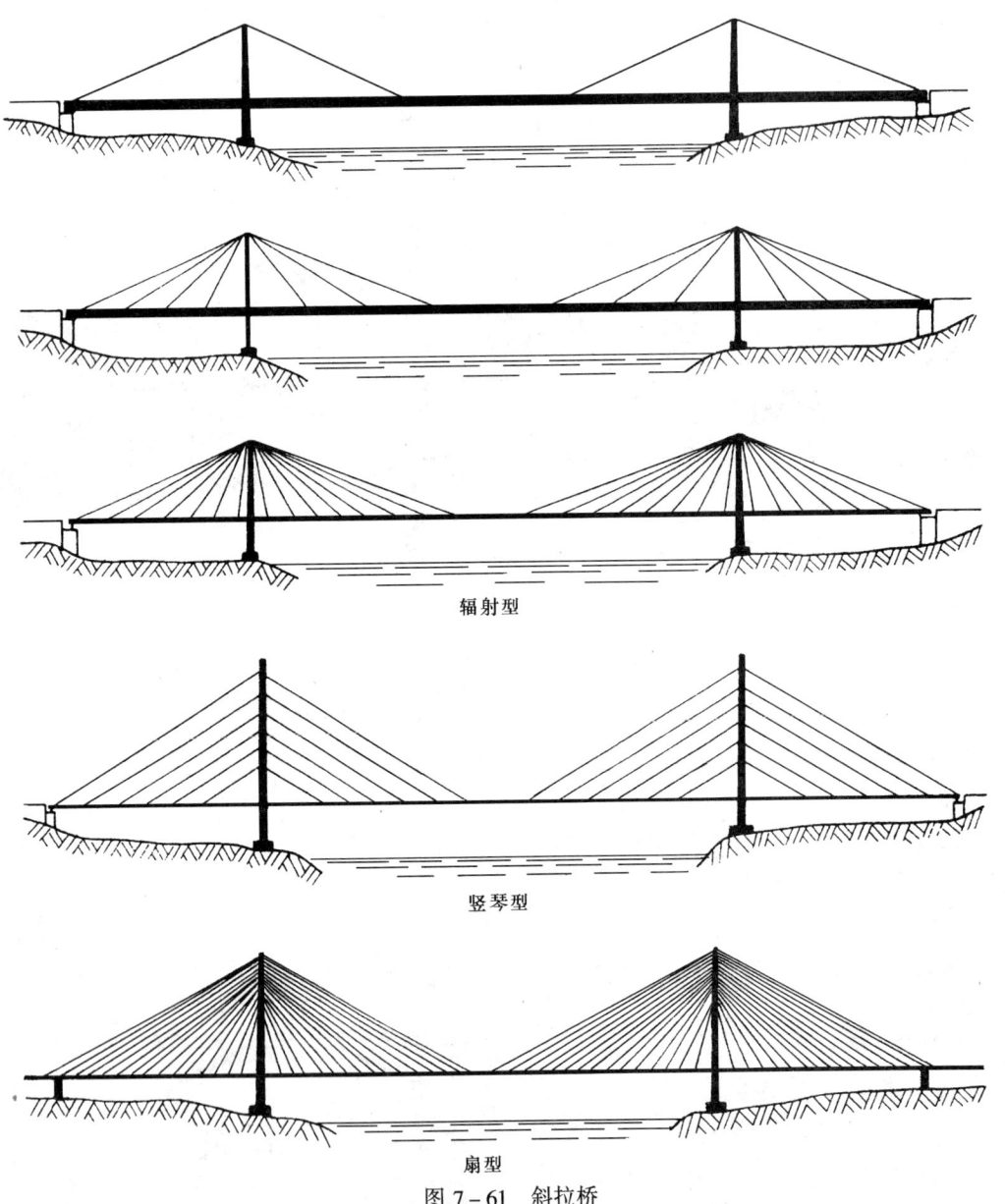

辐射型

竖琴型

扇型

图 7-61 斜拉桥

7）吊桥

又称悬索桥，由受拉的悬索作为承重结构的桥，其中一根主缆索，在桥面的荷载作用下，构成了赏心悦目的抛物线形（塔柱支承，索端锚固）。吊桥由悬索（主索、边索和锚索）、桥塔、吊杆加劲梁和桥面系锚锭所组成。吊桥跨越能力大，尤适用在 V 形山谷风景区中架桥，见图 7-65。

8) 栈桥

在风景区水边或悬崖处，临水或架空悬吊的桥，受力方式多为一端悬空，另一端插入山体固定，成悬臂梁，或两端支承，悬挂于空中或凌空于水面，形成一条式的长桥。有时还可带有休息或眺望的加宽平台，亦有在临水处兼作钓鱼台的。

9) 浮桥

利用木排或铁筒或船只，排列于水面作为浮动的桥墩使用，为了防止水流的冲移，可在水面下系索以固定这浮动桥墩的位置，见图 7-66。

10) 连续梁桥

在水面较大处，用连续梁桥可作较大的跨越，藉此减少跨中弯距，节省工程投资，属超静定结构，见图 7-67。

3. 按功能用途分类

人行桥（见图 7-68、图 7-69）、车行桥、天桥、旱桥、立交桥等。

三、桥梁美的要素

1. 形式美

桥是由外露的各种构件构成组合的一维方向的标识雕塑，以本身的外观造型而产生视觉上的形式美。

2. 功能美

图 7-62

濑户大桥。它建于濑户内海，连接本州和四国两岛，由三座吊桥、两座斜拉桥和一座桁架桥组成，桥长 37 公里，跨海长度 9.4 公里，工期 9 年，它是高超技术和顽强精神的产物（日本，1987 年）

图 7-63

上海南浦大桥，主桥为斜拉结构，主跨度为 423m，为我国第一大跨度桥梁，桥长 7995m，设六个车道（上海市南码头，1988 年设计）

桥在交通功能上属于构筑物，必然遵循力学原理取得组成力系的平衡美，以及材料结构强度充分发挥而产生的明快舒张感，求得内在的质感美。如果在力学上是符合科学原理的，材料使用上是经济的，在满足功能下，其造型也必然是美的。

图 7-65 吊桥

图 7-66 浮桥

图 7-64
兼具地标和导向作用的斜拉结构步道桥，其造型凝炼中见丰富，与环境相衬互补（联邦德国 杜伊斯堡）

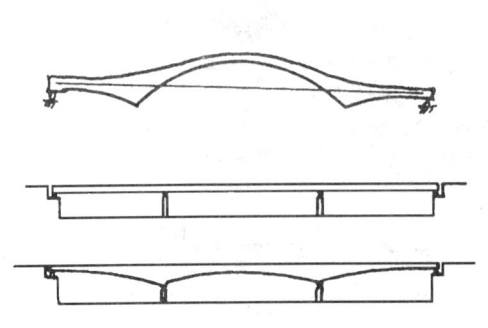

图 7-67 连续梁桥

图 7-68
高架于商业区中的人行天桥（上海南京西路路口）

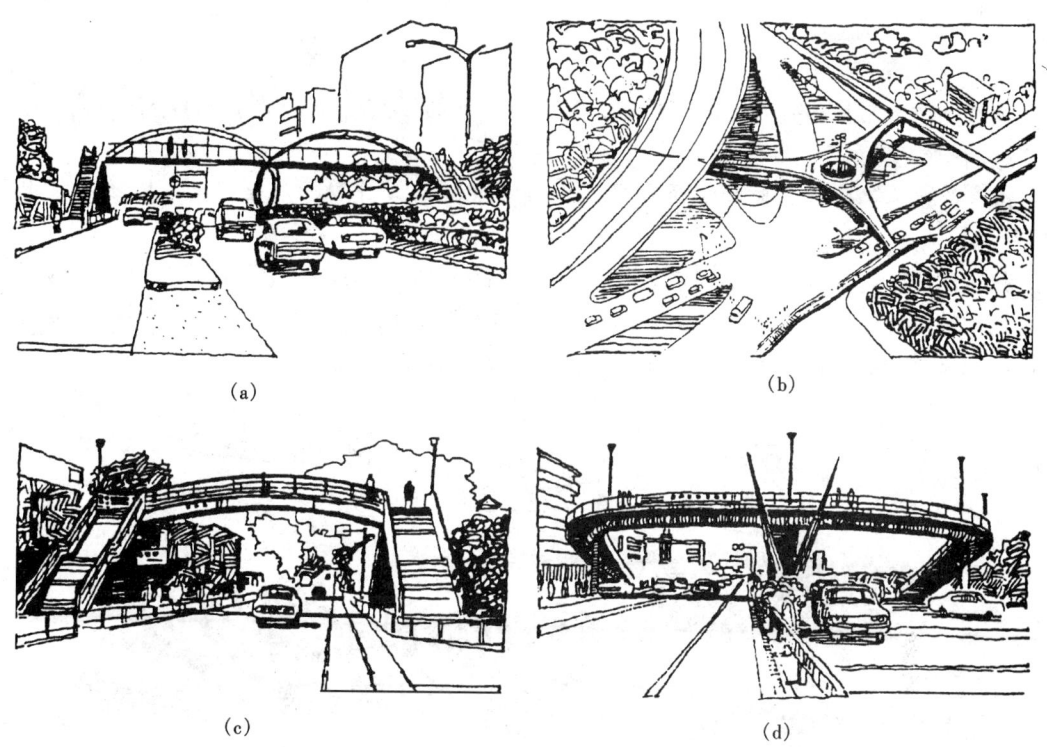

图 7-69

日本几座人行桥实例：
(a) 两拱连立的结构造型与道路中央分隔带相联系（神户）；
(b) 三叉形街桥与该地段关系良好，照明塔起着地标作用，其坡道也便于有障碍者使用（东京）；
(c) 仿木结构的人行桥，反映所在地区的历史特点（岩手县）；
(d) 以单向的梯道形式起到疏导人流和空间导向的作用（藤泽市）。

3. 环境的协调

桥作为公路组成不可分割的一部分，必须与整个公路环境及自然景观相协调，才能融于大自然中，成为景点。为此，设计手法常用：

融合法　使桥和环境格调统一，桥景交融，自然地融在其中。

强化法　突出桥的公路景观艺术地位，将桥做为公路景观的重要内容来处理。一般适用于中型及大型的桥梁。

隐蔽法　用障景或借景手法，使桥本身隐蔽于环境之中，一般在桥对环境有不良的视觉感或干扰破坏景观的协调时采用。

四、桥梁的景观设计要点

1. 与环境的协调美

大桥可处理成环境的主体；中桥从属于环境，与景观相互在基调上照应；小桥与环境融为一体，自然而和谐产生协调美。

2. 对称中分主从的层次美

桥路奇数孔（$2n+1$）视觉美胜于偶数孔（$2n$），同时桥孔的布设应显示主从关系，中孔为主，边孔为从。

3. 连续、渐变、起伏交错的韵律美

连续韵律 常见多孔及空腹式桥梁，每孔上的小腹拱或桥墩，反复出现于各跨孔，以产生连续的韵律美感。

渐变韵律 当桥孔、桥跨、桥孔径高等按渐变韵律设计时，桥梁将给人以统一和谐的"微差美"。

起伏韵律 与渐变韵律不同之处是桥面竖向造型随水平方向作起伏波动，如北京颐和园十七孔桥的设计，中孔为最大，边孔渐小，在竖向突出桥下净空的高度变化（见图7-70），使桥面似弯月初起，而桥孔为排列有序的音阶，如凝固的优美旋律。

图7-70 北京颐和园十七孔桥

4. 匀称与稳定美

稳定导致匀称协调，赋予桥的外观以魅力。好的桥梁设计，给人体态稳定匀称之感。

5. 和谐统一美

追求形式与功能的统一，于变化中求和谐。桥身、桥墩、桥台、桥上和桥头建筑、栏杆等各部分造型都要相互和谐统一，不能各行其事，各自为政。只有遵循统一的基调和风格，才有和谐统一美。

6. 尺度比例美

桥梁设计中整体与局部的比例要推敲，各部分的尺度要得当。比例运用尽可能满足视觉美中的黄金分割率。如图7-71a所示桥面厚度较大比例不协调，整体造型产生笨重感，这时可设置檐梁，如图7-71b所示，以削弱主梁的视觉高，给人以轻快感。

7. 虚实变化的光影美

利用光影造成桥本身的暗明交替和虚实变化，使桥整个造型典雅、优美、立体感强，无论是桥身的水平线条或是栏杆的竖向线条造成的视觉上的连续或间歇，闪动或跳跃，均能强化虚实对比，产生流盼的光影美。

8. 力线明快动感美

桥的建筑造型中线体的表现具有刚劲、坚实的直线美；又具有优雅、柔和、轻盈富于变化的曲线美；更具有很强的力线明快的动感美。

为使材料力学性能的充分发挥，使桥的构件线型与其所受力系下的弯矩图或轴力图相似，必然会设计直线、弧线与抛物线的线体，给人以强劲的力度感，又具有流畅悦目的运动感和速度感以及现代感。

桥的用材，特别是材料的表面造型加工，将凭借其质地呈现出绚丽的纹理走向和体态美，尤以石桥和钢筋混凝土桥为最。

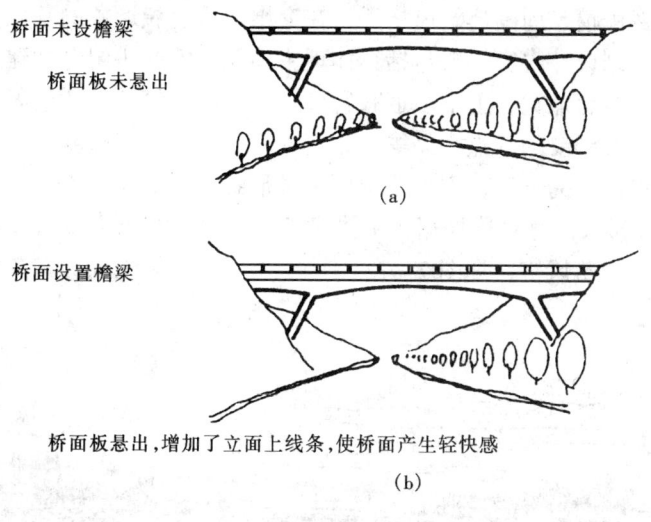

图 7-71

在力线的运用中，要特别注意力线的"弹性"，既不能有明显的圆心，又不能有"拐点"，线形明快流畅，起伏有韵，线条的连接要似徒手勾接，使其生动、舒展、潇洒。

9．色彩质感和谐美

色彩在美学效果中唱主角，桥的色彩和质感选用以和谐为上。桥梁在色彩运用上除优先考虑材料质地的本色外，还与环境、传统、民族、心理、甚至时代、地位有关，综合世界各国的桥，提供下列的色彩与配合，以供选用。灰色为主调的可选用灰绿、灰蓝、灰白、灰青、深灰等。以浅色为主调的，可选用浅黄、浅橘黄、浅绿、浅草莓红、浅粉红、米色、象牙白、浅茶色。在一些场合为强烈激起情感和特种需要，可采用醒目的色彩，诸如红色、深橘黄、蔚蓝、黄、深黄、天蓝等。中间调合色则用银灰色、茶褐色、灰色。黑色则慎用，因可产生悲观、厌世情绪。

10．时代特征个性美

桥的造型应在一定程度上反映各个历史时期的社会意识和科技发展的共同特征，构成时代的特征以及当地历史文化前景、人文风貌、环境气氛，尤其是时代的特征和传统的民族个性、风格的基调，更应直接体现出浓郁的时代特征与个性，有个性而不落俗套，必然赋予桥以迷人的魅力与风韵。

五、桥梁附属设施的景观设计

桥梁除主体外，还有许多必不可少的附属设施，如桥头、桥台、栏杆、端柱、步梯等。这些设施的规划设计、艺术处理对整个桥梁的景观效果产生重要影响。

1．桥头的景观设计要点

对于长大桥梁和城市桥梁，都要考虑桥头的建筑规划设计。结构造型再好的桥梁，若桥头赤裸贫乏，不会给人带来美感。桥头景观设计的原则应是结合桥位实际，合乎比例、协调地把主桥、引桥、引道步梯、自然景观及周围建筑等有机地联系起来，形成一个新的景观点，以较少的代价装点桥头，获得最佳的艺术效果。

同其他建筑造型设计一样，桥头美学规划设计也要立意在先，结合桥位处自然地理环境、历史传说、风俗民情、周围建筑风格等，在突出主桥全貌形象的基础上统一风格、协调韵调、自成一景。规划设计内容一般包括：体现主体风格的桥头纪念性建筑物、收费管理等房屋的造型设计；人行道加宽、上下步道布置形式；栏杆、灯柱、桥名牌等附属设施；人们观赏活动的各种空间及必要的景点小品等。

一般桥头建筑平面布局方法，不外乎下面两种形式：

(1) 对称布置　桥头两侧对称加宽，主体建筑在桥头一端或两端以楼、亭、塔等对称布置，形成庄重雄伟的建筑风格，见图7-72。

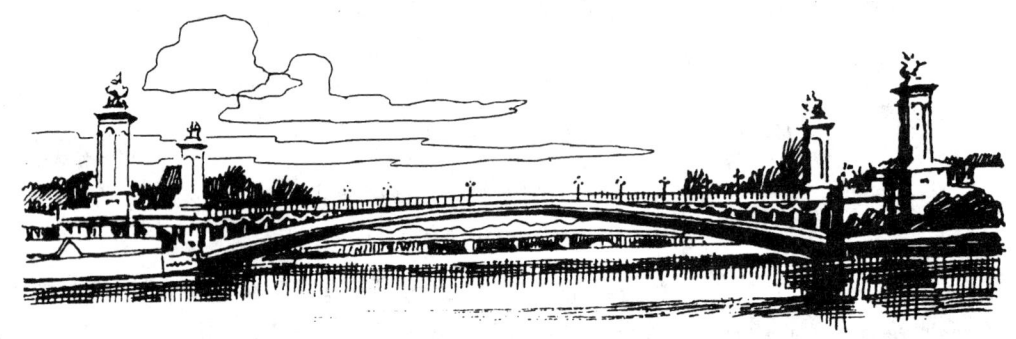

图7-72　巴黎亚历山大三世桥

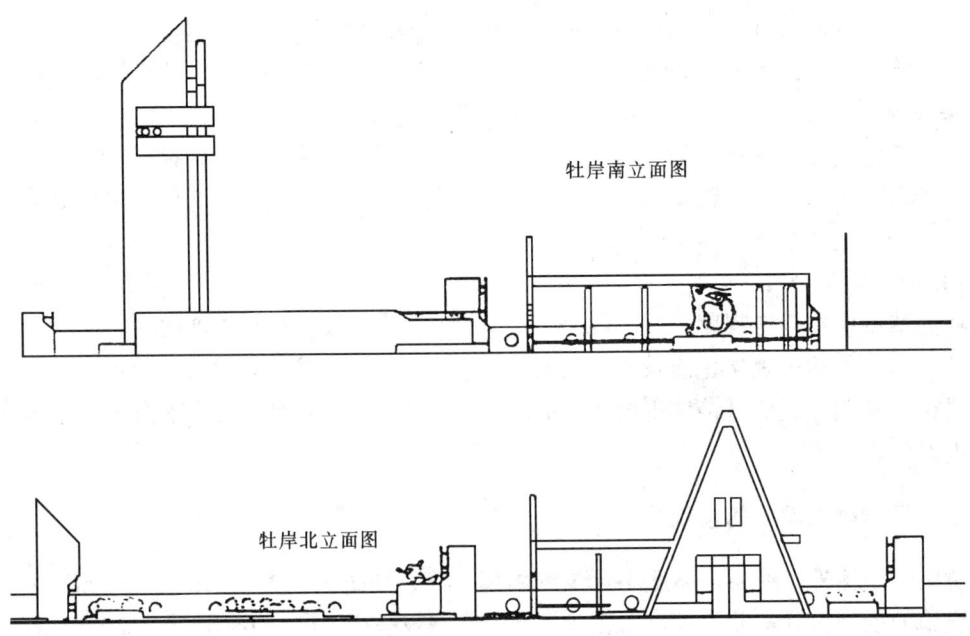

图7-73　牡丹江大桥桥头设计立面图

(2) 非对称布置　在有限的空间范围内，以桥头主体建筑为中心，采用局部强化的体量组合，不对称布置具有雕塑感的各种建筑，巧妙运用我国古典庭院空间组合方式，形成一个有交错转折、层次变化的活动空间，与单一的"桥头堡"式建筑相比又别具一种风韵，见图7-73。

一般桥梁在出入口处都要有"界分"标志，从视觉上告知人们桥梁进出位置范围，提醒人们关注，增强欣赏心境。常见做法有两类：大型特殊作用的桥梁，一般在有限的空间尺度内，用"堡"、"塔"、"碑"、"雕塑"等组成桥头建筑群，形成一个"界分"点或"界分"段，见图7-74；一般的公路与城市桥梁目前多以特殊处理的端柱、灯柱配以桥名牌等构成一个"界分"点。

图7-74 松花江大桥桥头界分建筑——圆厅

2. 桥台的景观设计要点

桥台是桥梁与路的衔接结构，桥台的结构形式及景观处理应是设计者多加关注的问题，一般对桥台的景观处理可考虑下述两种方式：一是减小桥台的体量、削弱桥台的存在感，这主要是利用锥坡及栽种植物来实现；二是强调桥台的存在感，除了在体量上突出桥台的作用外，还可在桥台台身两侧进行艺术处理及表面装饰，突出桥台的存在及造型作面。图7-75为常见桥台锥坡的处理方式。

3. 栏杆、端柱与步梯的景观设计要点

桥梁栏杆除了服务于全桥的功能作用而要求稳定、安全外，栏杆的造型美还是桥梁景观的重要组成部分。因此，对于桥梁栏杆的设计应摒弃千篇一律、互相模仿的做法，而应结合桥型独立设计。其设计要点如下：

(1) 远视效果与桥梁结构总体造型相协调

人们远视桥梁侧面时，其视觉轮廓是由主梁与栏杆构成，所以栏杆要与桥梁结构相协调；

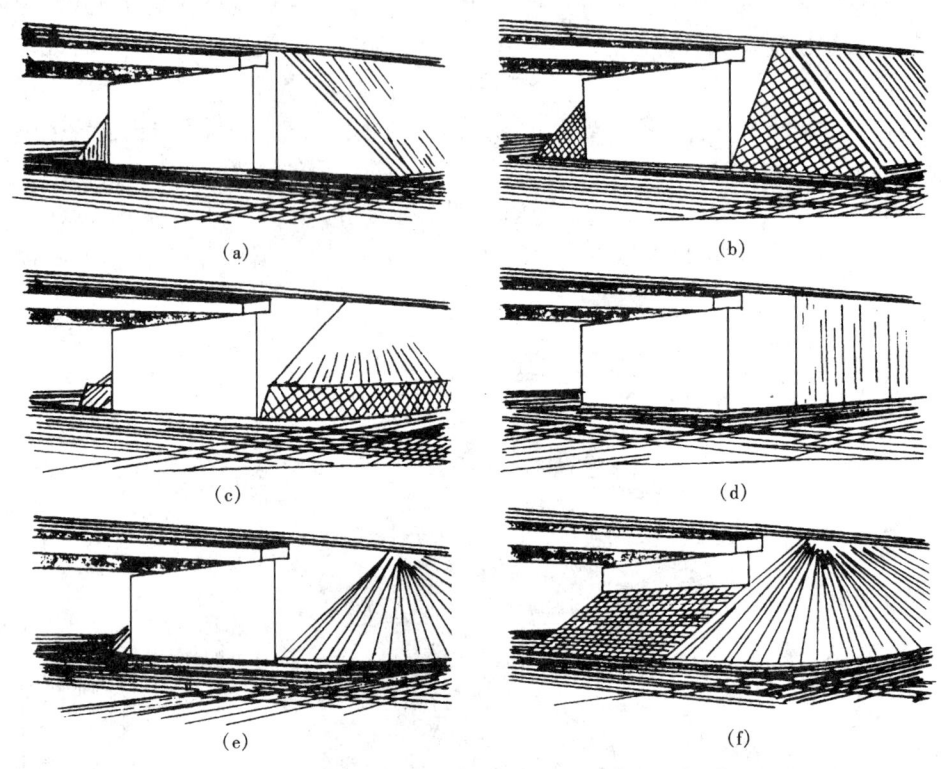

图 7-75 桥台锥坡处理方式

(2) 线条简洁、适当变化

栏杆一般由横向扶手和下端固结的横向底梁及竖向栅栏（板）构成，这些构件在设计上应简洁、大方、所用材质、色彩要和谐统一。当桥面较窄时，可使用曲面栏杆，使行人感到桥面空间开阔。也可做一些局部变化，见图 7-76，打破造型上的单调感。

(3) 因地制宜，具有特色

栏杆设计应新颖大方，具有特色，并便于安装制作。

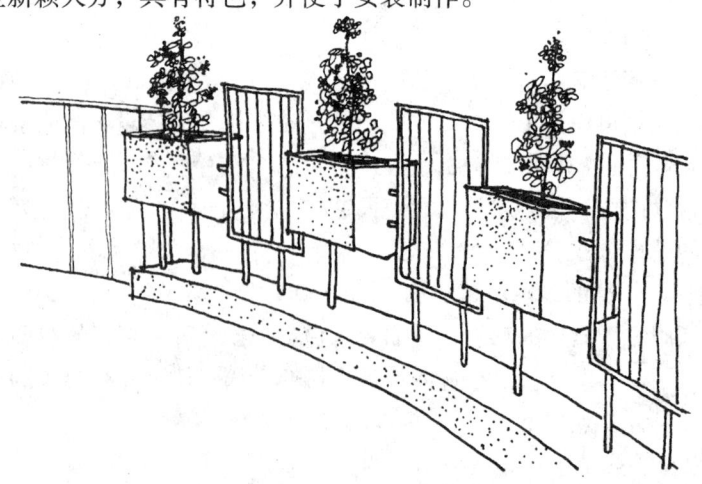

图 7-76 局部花台栏杆

图 7-77 日本东京桥桥头狮子

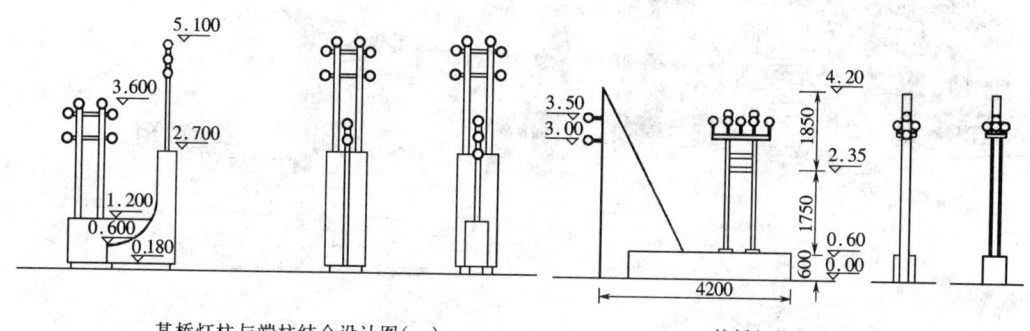

某桥灯柱与端柱结合设计图(一)　　　　　某桥灯柱与端柱结合设计图(二)

图　7-78

端柱位于桥梁栏杆两端,是栏杆的起点和终点。一般端柱可结合地域特点、桥梁结构形式、设计成不同风格,以突出桥梁在人们观赏中的印象。如图7-77所示日本东京桥桥头端柱,上面坐落雄狮雕塑,形成庄重威严的风格。一般端柱还可与桥头灯柱结合设计,见图7-78。

步梯是行人上、下桥的设施,其设计上除考虑保证行人上、下桥的安全和便捷外,还要考虑其美学造型及与桥梁整体造型的协调一致;行人在其上停息小憩,眺望桥景、远景的功能等,图7-79、图7-80、图7-81为几例不同型式的桥梁步梯造型实例。

图 7-79 悬臂式步梯

图 7-80 螺旋式步梯

图 7-81 武汉长江大桥步梯

第十一节 公路房建设施的景观设计

一、公路房建设施的功能

公路房建设施主要包括公路沿线的服务区（停车区，仅设置加油站、公厕和用于休息的绿地或休息厅）收费站、收费棚、管理处（所）、养护工区等。不同使用目的的房建设施具有不同的功能与特点，现分述如下：

1. 服务区的功能

服务区具有两大功能：为车服务与为人服务。为车服务的功能包括停车、加油、洗车、维修等。为人服务的功能包括绿地、广场、休息、餐饮、商店、小卖、厕所、通讯甚至住宿、娱乐等。为保证上述设施的正常运转，服务区还应设置附属设施：配电室、锅炉房、给排水设施、仓库等。

2. 收费站的功能

收费站房一般按公路所设互通收费站点设立，根据其位置的不同分为主线收费站和匝道收费站。其中，收费站房是收费管理人员办公、休息、生活的场所，并为收费站正常运转提供水、电、能源及日常维护。其功能用房包括：收费监控室、机房、办公室、会议室、接待室、厨房、餐厅、浴室、锅炉房、变配电房、水泵房、宿舍等。

3. 收费棚的功能

高等级公路收费大棚的主要功能是保护收费亭及收费员，防止其受日晒、雨淋。收费棚的高度应满足道路统一的净空要求，长度与收费广场宽度保持一致，为保证良好的遮阳、避雨效果，其跨度一般不小于收费亭长度的3倍。

4. 管理处（所）的功能

管理处（总中心）负责管理全线业务，包括：交通运营、道路养护、通信管理、收费管理、监控管理、机电维修、救援、排障等。其功能用房主要包括行政办公用房、接待室、会议室、监控机房、收费机房、通讯机房、机房维护、资料室、餐厅、厨房、浴室、宿舍、锅炉房、变配电房、水泵房、车库等。

管理所（分中心）一般根据各路段所属的行政区域而设立，负责管理所辖路段，其主要业务和功能用房均与管理处相同，但规模与管理范围小于管理处。

5. 养护工区的功能

养护工区主要负责公路的养护维修工作。故其功能用房主要包括养护办公室、养护材料库、养护机械库、机具室、设备维修间、车库及提供水、暖、电设备的附属设施。养护工区还应设有足够的停车及养护材料、机械停放场。

二、公路房建设施的规划、选址及设计要点

公路房建设施的规划、选址及设计既涉及功能问题，又涉及景观问题，在规划设计中应全面考虑。

1. 服务区的规划、选址及设计

1) 服务区的规划与选址

服务区的规划、选址应与公路建设的规划、选址、建设同期进行，应考虑公路的交通量、交通性质、与城市的相对位置、与周围环境的协调、可利用的自然及人文景观，水电设施条件及人的生理与心理需求等。表7-1是国内外高速公路服务区采用的间距标准。

表7-1 国内外高速公路服务区的间距标准

国 名	设施种类	间 距（km）	备 注
美 国	停车区	16～24 32～48	交通量大的区段 交通量小的区段
英 国	服务区	16～17（平均19）	
西 德	停车区 服务区	5～10 50	
法 国	停车区A 停车区B 服务区	8～10 25～30 100	供给时间停车 备有厕所、长凳等
匈牙利	停车区	20～30	
第八届国际道路会议提案	停车区 服务区	5 50	
中 国	停车区 服务区	25 50	最大50 最大75

（2）服务区的总平面布置

服务区的布局应以满足、方便各方面使用者的需求，合理组织人流、车流；给旅行者提供安全、舒适的休息场所为原则。其中：

1）停车场的布置

停车场是供车辆由中速到低速直至停车，使旅客由车上下来，步行至休息区的场所，是高速公路服务区中不可缺少的部分。它与餐饮、小卖部、公厕等通过广场、步行道相互联结。对于规模较小的服务区，可采用大、小型车混用停车场，对于规模较大的服务区，尽量将大、小型车停车场分别设置，并使大型车停车场相对靠近公厕，小型车停车场相对靠近餐厅及休息厅。停车场设计中应处理好其与各功能建筑的流线，避免互相干扰。

2）服务区的公厕

服务区的公厕不同于一般公共建筑的厕所，它是服务区的重要组成部分，是服务区中使用效率最高的建筑，在设计中要求它具有明显的出入口与标志，使旅行者一下车能很容易识别并抵达其位置。

3）餐饮、休息与商店

服务区内餐饮、休息与商店、小卖部等一般集中布置。餐饮多以快餐为主，在规模较大的服务区内，根据中国人的饮食习惯，也设大、小餐厅，以满足使用者的需求。

4）服务区的加油站、修理间（场）与洗车台

服务区的加油站、修理间（场）与洗车台等一般相邻布置，通常有两种布置形式。一为入口型，将加油站、修理间（场）、洗车台等布置在服务区入口处，可根据需要进行加油与

修理。这种布置形式，在加油的车辆较多时，有可能影响匝道上车辆的行驶。二为出口型，先停车、休息，再进行加油、维修、清洗等。这种布置形式，使驾驶员有足够的时间考虑，车辆是否需要加油、维修、清洗等。

5）服务区的环境景观设计

高速公路服务区的建筑规模不大，旨在为使用者提供一个轻松、舒适、方便、安全的休息的场所。同时，为公路沿线提供一处清新、宜人、醒目的人文景观。因此，在其建筑体形与景观环境设计中，既应考虑处于服务区内使用者对其要求的方便、舒适、亲切感，又应满足其作为公路沿线景观的简洁、大方、清新感。还应注意其造形、环境与道路自身及周围地形、地貌、风土、人情、原野、村镇的协调性。

我国目前服务区用地指标及各部分建筑面积分配参考指标如表 7-2。

表 7-2 服务区停车区建筑面积分配参考指标

服务区								
建筑名称	综合楼	加油站	公厕	管理宿舍	锅炉房	变电所	水泵房	维修间	合计
面积（m²）	1735×2	220×2	240×2	484	200	80	80	300×2	5834

停车区								
建筑名称	小卖、休息	加油站	公厕	办公、宿舍	锅炉房	变电所	水泵房		合计
面积（m²）	120×2	120×2	120×2	120	160	80	80		1160

注：我国目前服务区占地面积 4.00~5.33 公顷，建筑面积 5500~6500m²；停车区占地面积 0.67~1.00 公顷，建筑面积 1000~1500m²。

2．收费站的规划、选址及设计

(1) 收费站的规划与选址

为便于管理，收费站房的位置一般选择靠近收费广场。尽量选择地价低廉、地形平坦、无建筑物、构筑物遮挡的用地。

(2) 收费站的总平面布置

收费站在总平面布置上应有明确的功能分区，避免人流、车流互相干扰，其中：

1）站房区的出入口与道路布置

为方便管理人员到收费广场处理事物及收费员从收费岛到站房的携款安全，收费站房区的主要出入口宜设置在收费卡门出口侧或收费卡门入口侧。站房区应有一条与外界直接联系而不需经过收费卡门的道路，便于站区与外界的工作联系。

2）收费办公用房及辅助用房

站房区收费办公用房与辅助用房可集中布置，也可分散布置，其中办公、生活用房主要根据人员编制确定，辅助设备用房根据工艺要求确定。表 7-3 为收费站用地指标及建筑面积分配参考指标。

3．收费大棚的规划、选址及设计

(1) 收费大棚的规划与选址

收费大棚一般位于公路收费广场中部。常见有主线收费大棚和匝道收费大棚。其中主线收费大棚一般宜设在路段的起迄点上，而匝道收费大棚则设在公路主线与被交路的主入口连接匝道上。

表 7-3　收费站建筑面积分配参考指标

主线收费站（以12条车道计）														
建筑名称	办公室	监控室	通讯机房	电源进线	会议室	票据库	宿舍	餐厅厨房	浴室	锅炉房	变电室	水泵房	车库	合计
面积（m²）	240	80	20	20	60	40	600	100	40	150	80	80	80	15%
匝道收费站（以6条车道计）														
建筑名称	办公室	监控室	通讯机房	电源进线	会议室	票据库	宿舍	餐厅厨房	浴室	锅炉房	变电室	水泵房	车库	合计
面积（m²）	160	60	20	20		20	300	100	20	100	60	60	30	950

注：我国目前主线收费站（12车道）占地面积0.87～1.00公顷，建筑面积1500～1700m²；匝道收费站（6车道）占地面积0.33～0.47公顷，建筑面积800～1000m²。其中收费车道数每增加或减少1条，建筑面积应相应增加或减少100m²。收费车道数每增加或减少2条时，用地指标应相应增加或减少0.08～0.09公顷。

(2) 收费大棚的设计

收费大棚作为公路收费设施的标志性建筑，对改善道路单调性，增强道路可识别性、可记忆、改善驾驶员疲劳感具有重要作用。因此，在其建筑体型与环境景观设计中，应力求将其做为公路之景点来考虑。在建筑造型与环境景观处理上应简洁、大方、明快与公路路体、线型及周围环境相协调。

4. 管理处（所）的规划、选址及设计

(1) 管理处（所）的规划与选址

公路管理设施（也称监控、通信设施）的设置主要由管理体制和管理模式决定，目前我国对于公路，特别是高等级公路的管理，多见如下管理模式：管理处（管理总中心）——管理所（管理分中心）——收费站。其中管理处（总中心）、所（分中心）的规划与选址要从管理、建设、维护三方面考虑，一般选择地形平坦、水、电设施便利，靠近城镇的地方设置。并尽可能与收费站、养护工区等合并设置，可共用食堂、洗浴及辅助设备用房，节能工程造价。

(2) 管理处（所）的总平面布置

管理处（所）的总平面布置应合理布置各单体的位置、体量及相互之间的联系，避免人流、车流的互相干扰。当管理处（所）与收费站、养护工区合并布置时，既要避免过于零碎、杂乱，又要对不同功能用房进行合理的分区。特别是当其与收费站合建时，应有单独的出入口与传达室。表 7-4 为管理处、所用地指标及建筑面积分配参考值。

5. 养护工区的规划、选址及设计

(1) 养护工区的规划与选址

高等级公路养护工区的规划与选址主要根据养护里程设置，一般容许的养护里程在40～60公里。在其规划选址时尽量与管理处（所）或收费站合并设置。（合并设置时，特别是当养护工区与收费站合建时，应设独立的出入口）以降低建筑规模，节省建设费用。其规模根据人员编制和所需的机械设备用房确定。

（2）养护工区的总平面布置

养护工区除上述功能用房外，一般在总平面布置中还应考虑养护场地。当养护工区与管理处（所）、收费站合并设置，因道路养护材料易起灰、扬尘，因而，一般将其布置在主体建筑的后侧、下风向的一角，减少其对办公、生活用房的干扰及景观上的不雅。

养护工区用地指标及建筑面积分配参考值见表7-5。

表7-4　管理处（所）建筑面积分配参考指标

	管理处（总中心）															
建筑名称	办公	会议	监控机房	收费机房	通信机房	电源机房	餐厅厨房	浴室	车库	锅炉房	变电室	水泵房	门卫	宿舍	库房	合计
面积(m²)	850	160	120	120	80	80	200	120	360	200	100	100	80	320	100	2990
	管理所（分中心）															
建筑名称	办公		监控机房	收费机房	通信机房	电源机房	餐厅厨房		车库					宿舍	库房	合计
面积(m²)	350		100	60	80	80	130		60					90	30	940

注：我国目前管理处占地面积：1.33～2.00公顷，建筑面积3000m²；管理所占地面积：0.33～0.67公顷，建筑面积800～1200m²。其中管理处每路设一处，管理所30～50km左右一处。

表7-5　养护工区建筑面积分配参考指标

建筑名称	办公	会议	宿舍	餐厅厨房	浴室	车库	锅炉房	变电室	水泵房	合计
面积（m²）	110	30	200	80	20	750	100	80	80	1450

注：我国目前养护工区占地面积1.30～1.50公顷，建筑面积1500m²；

道班房占地面积0.30～0.50公顷，建筑面积500～800m²。

公路房建设施的规划，设计除满足上述论述外，尚应符合国家现行的有关建筑设计相关规范要求。

三、公路房建设施设计的方法与内容

公路房建设施的设计同其他建筑设计一样，应遵循一定的方法与步骤，最终完成施工图设计。其设计的具体方法与内容如下：

1．设计前的准备工作

（1）熟悉设计任务书

具体设计前，首先需要熟悉设计任务书，以明确建设项目的设计要求。设计任务书的内容一般包括：建设项目总的要求和建造目的说明；建筑物的具体使用要求、建筑面积以及各类用途房间之间的面积分配；建设基地范围、大小、周围原有建筑、道路、地段环境的描述及地形图；供电、供水和采暖、空调等设备方面的要求；设计期限等。

（2）设计必要的原始资料

通常建设单位提出的设计任务书,主要从使用要求、建设规模等方面进行考虑,作为设计者,尚应收集如下原始数据及资料:

气象资料:建筑所在地区的温度、湿度、日照、雨雪、风向和风速,以及冻土深度等;

基地地形及地质水文资料:基地地形标高、土壤种类及承载力;地下水位以及地震烈度等;

水电等设备管线资料:基地地下的给水、排水、电缆等管线布置,以及基地上的架空线等供电线路情况。

(3) 设计前的调查研究

为了使建筑设计做到"胸中有数",在设计前最好做一些必要的调查研究。调查研究的主要内容如下:

建筑物的使用要求:深入访问使用单位有实践经验的人员,认真调查同类已建房屋的实际使用情况,通过分析和总结,使将要设计的房建更趋合理;

建材供应和结构与施工技术:了解房屋所在地材料的品种、规格、价格等情况以及结构方案选型、当地施工技术和起重、运输设备条件等;

当地传统建筑经验和生活习惯:传统建筑中有许多结合当地地理、气候条件的设计布局和创作经验,根据拟建建筑物的具体情况,可以"取其精华",以资借鉴。同时,在建筑设计中,也要考虑到当地的风土人情以及人们喜闻乐见的建筑形象,更要考虑建筑形象与公路环境的有机统一与协调。

2. 初步设计阶段

初步设计是建筑设计的第一阶段,它的主要任务是提出设计方案,即在已定的基地范围内,按照设计任务书所拟的房屋使用要求,综合考虑技术经济条件和建筑艺术方面的要求,提出设计方案。

初步设计的内容包括确定建筑物的组合方式,选定所用建筑材料和结构方案,确定建筑物在基地的位置,说明设计意图,分析设计方案在技术上、经济上的合理性,并提出概算书。

初步设计的图纸和设计文件有:

建筑总平面 比例尺 1:500~1:2000(建筑物在基地上的位置、标高、道路、绿化以及基地上设施的布置和说明)。见图 7-82。

各层平面及主要剖面、立面 比例尺 1:100~1:200(标出房屋的主要尺寸,房间的面积、高度以及门窗位置,部分室内家具和设备的布置)。见图 7-83~图 7-85。

说明书(设计方案的主要意图,主要结构方案及构造特点,以及主要技术经济指标等)。

建筑概算书

根据设计任务的需要,可能辅以建筑透视图或建筑模型。见图 7-86、图 7-87。

建筑初步设计有时可有几个方案进行比较,送审经有关部门协议并确定的方案批准下达后,这一方案便是二阶段设计时的施工准备,材料设备定货、施工图编制以及基建拨款等的依据文件。

3. 技术设计阶段

技术设计是三阶段建筑设计时的中间阶段。它的主要任务是在初步设计的基础上,进一步确定房屋各工种和工种之间的技术问题。

技术设计的内容为各工种相互提供资料、提出要求，并共同研究和协调编制拟建工程各工种的图纸和说明书，为各工种编制施工图打下基础。在三阶段设计中，经过送审并批准的技术设计图纸和说明书等，是施工图编制、主要材料设备定货以及基建拨款的依据文件。

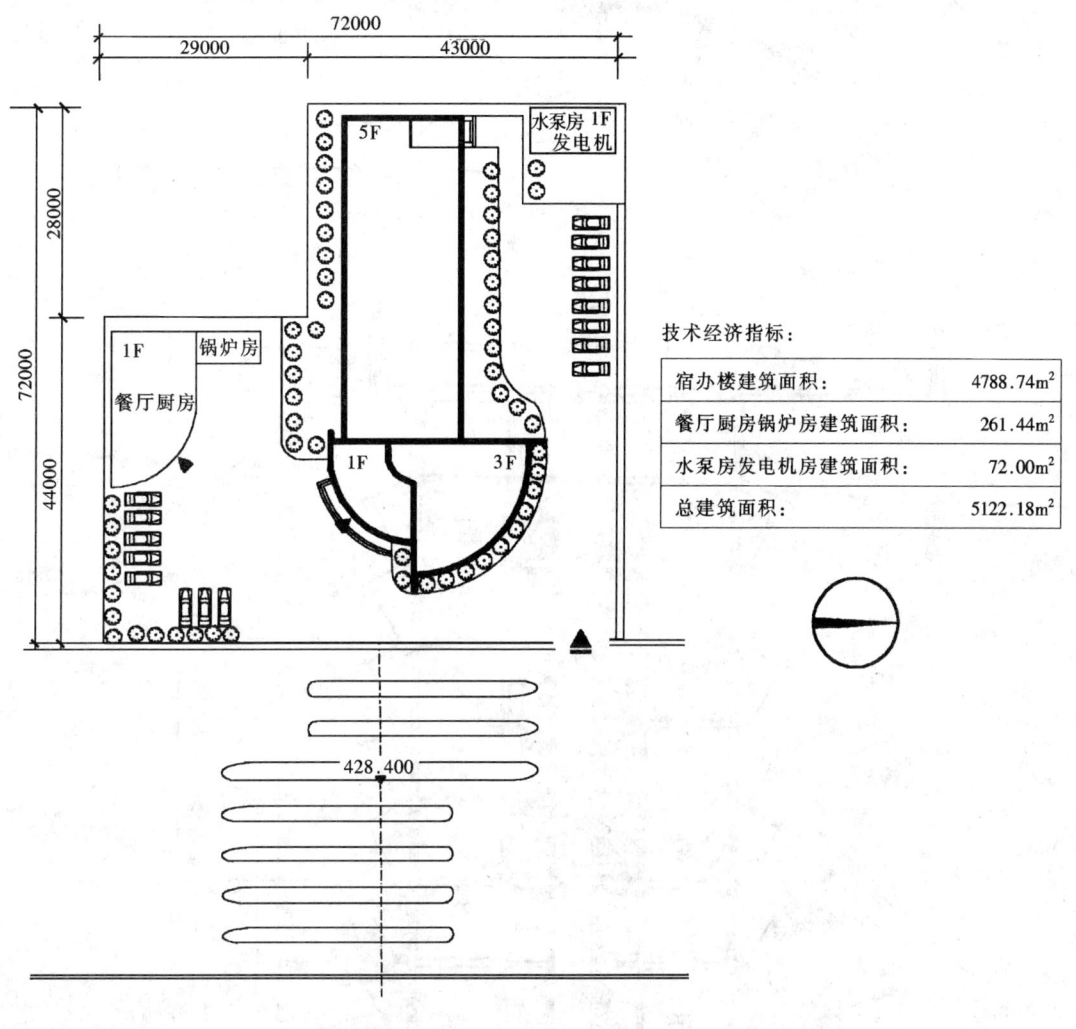

收费站总平面图　1:100

图　7-82

技术设计的图纸和设计文件，要求建筑工种的图纸标明与技术工种有关的详细尺寸，并编制建筑部分的技术说明书，结构工种应有房屋结构布置方案图，并附初步计算说明，设备工种也提供相应的设备图纸及说明书。

对于不太复杂的工程，技术设计阶段可以省略，把这个阶段的一部分工作纳入初步设计阶段，称为"扩大初步设计；另一部分工作则留待施工图设计阶段进行。

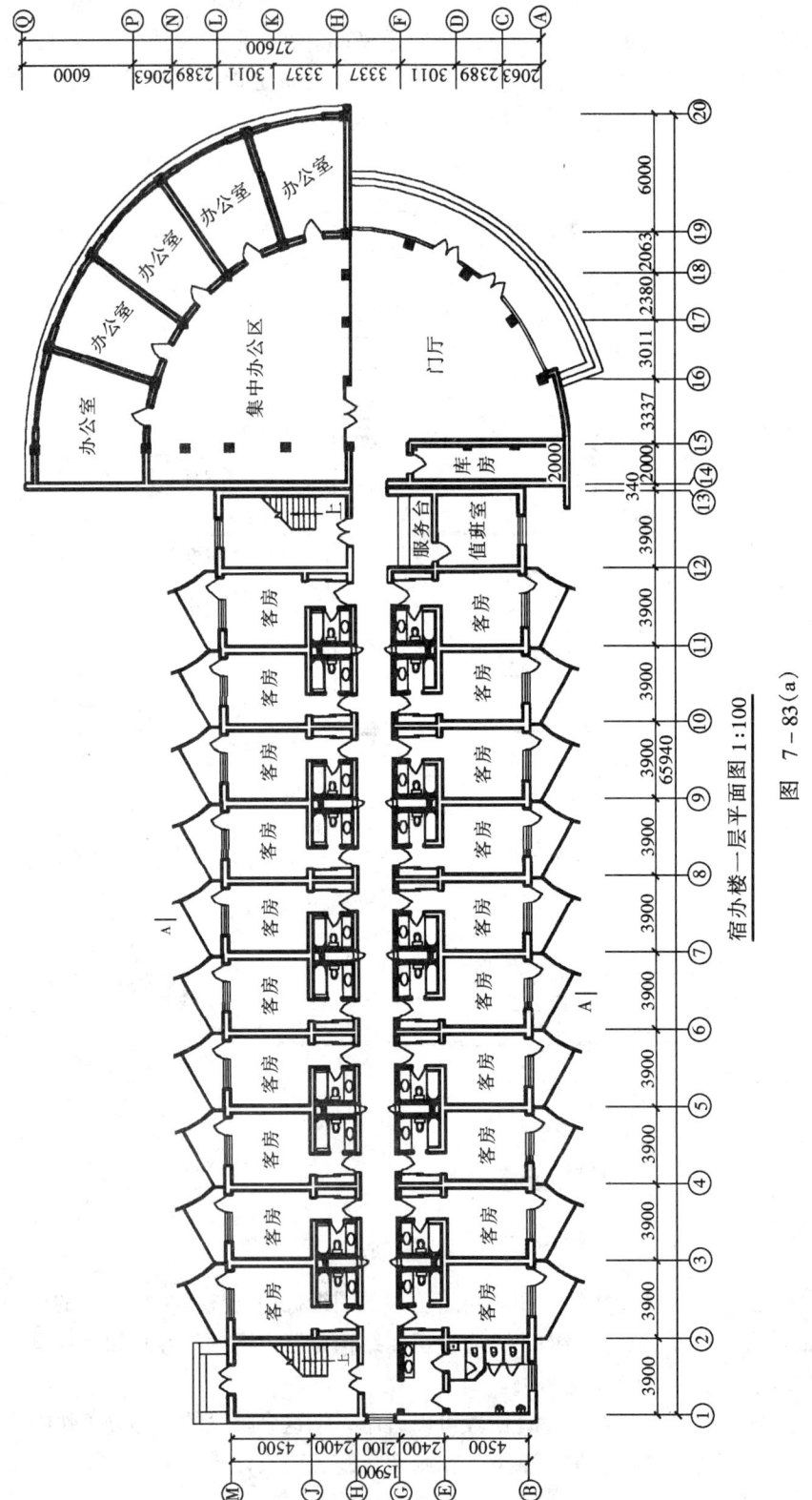

图 7-83(a) 宿办楼一层平面图 1:100

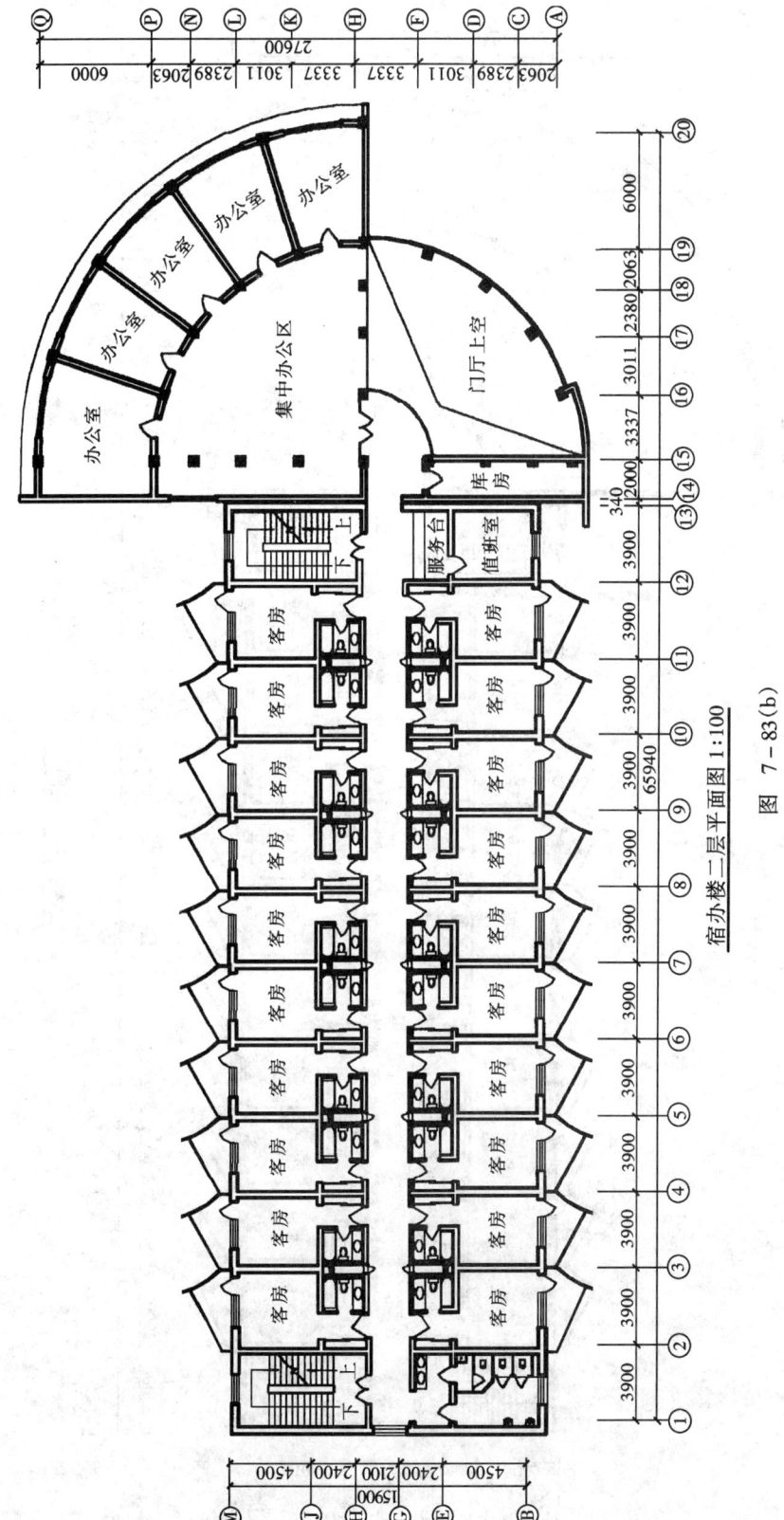

图 7-83(b) 宿办楼二层平面图 1:100

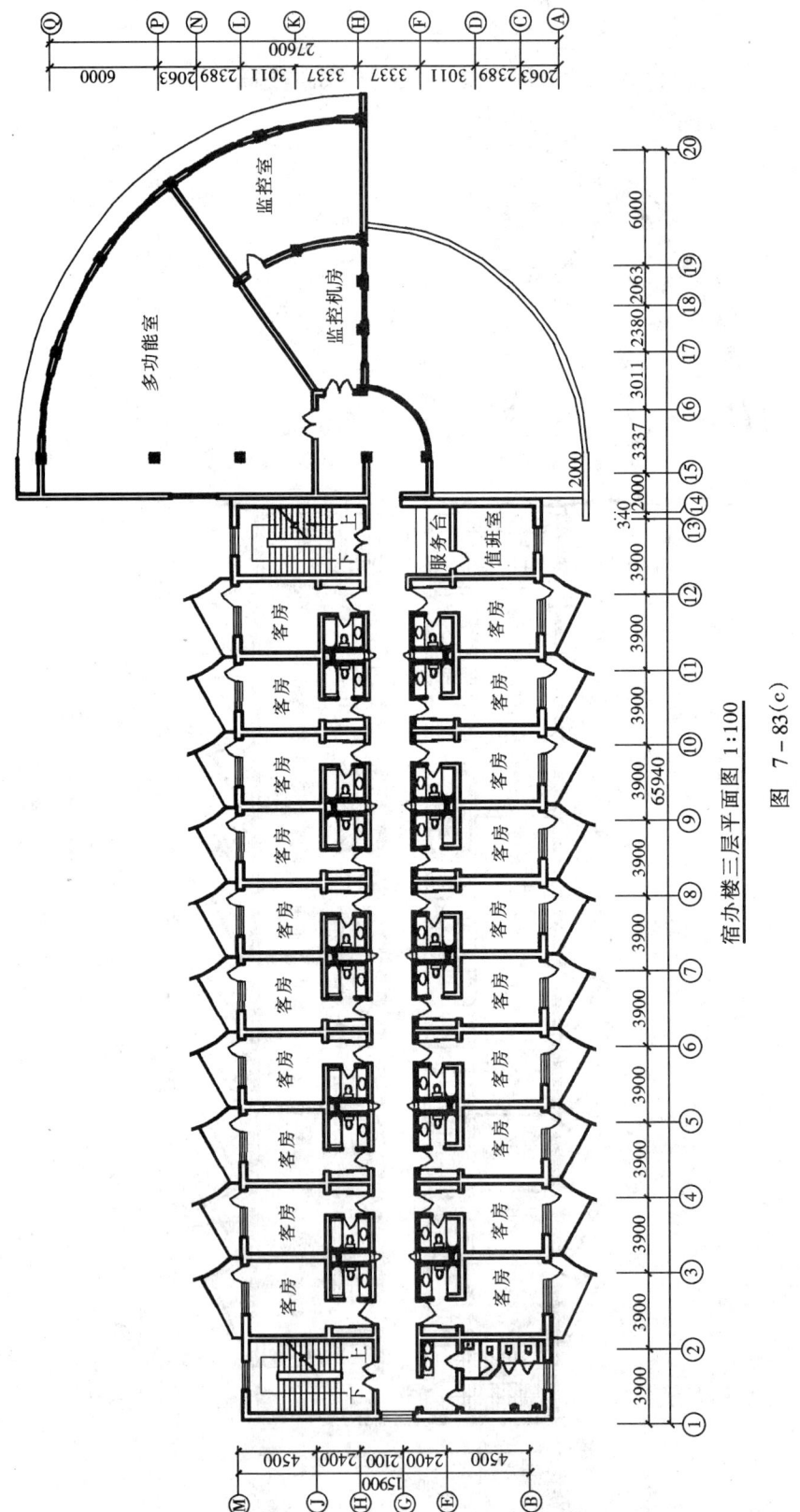

图 7-83(c) 宿办楼三层平面图 1:100

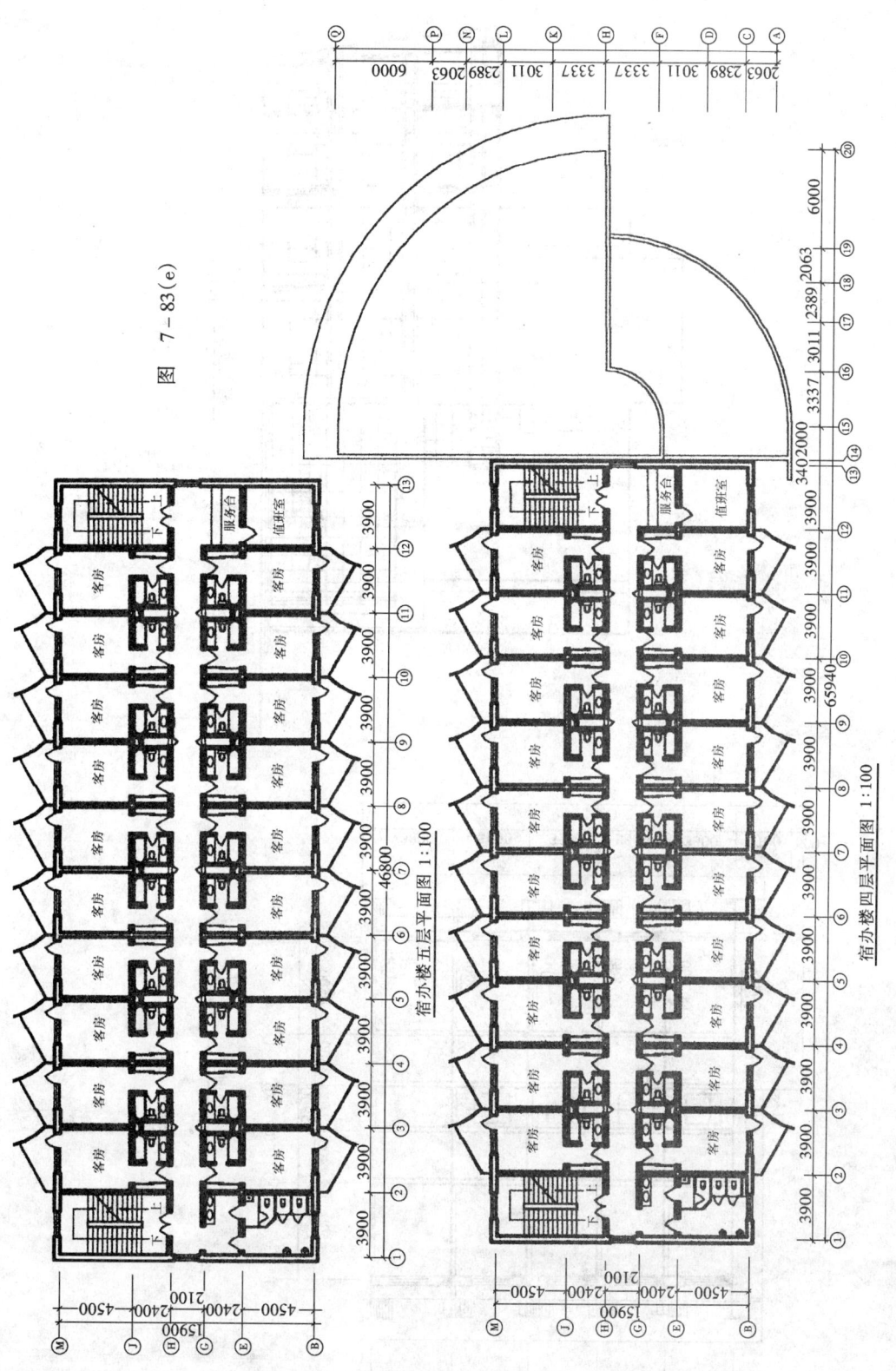

图 7-83(e)

图 7-83(d)

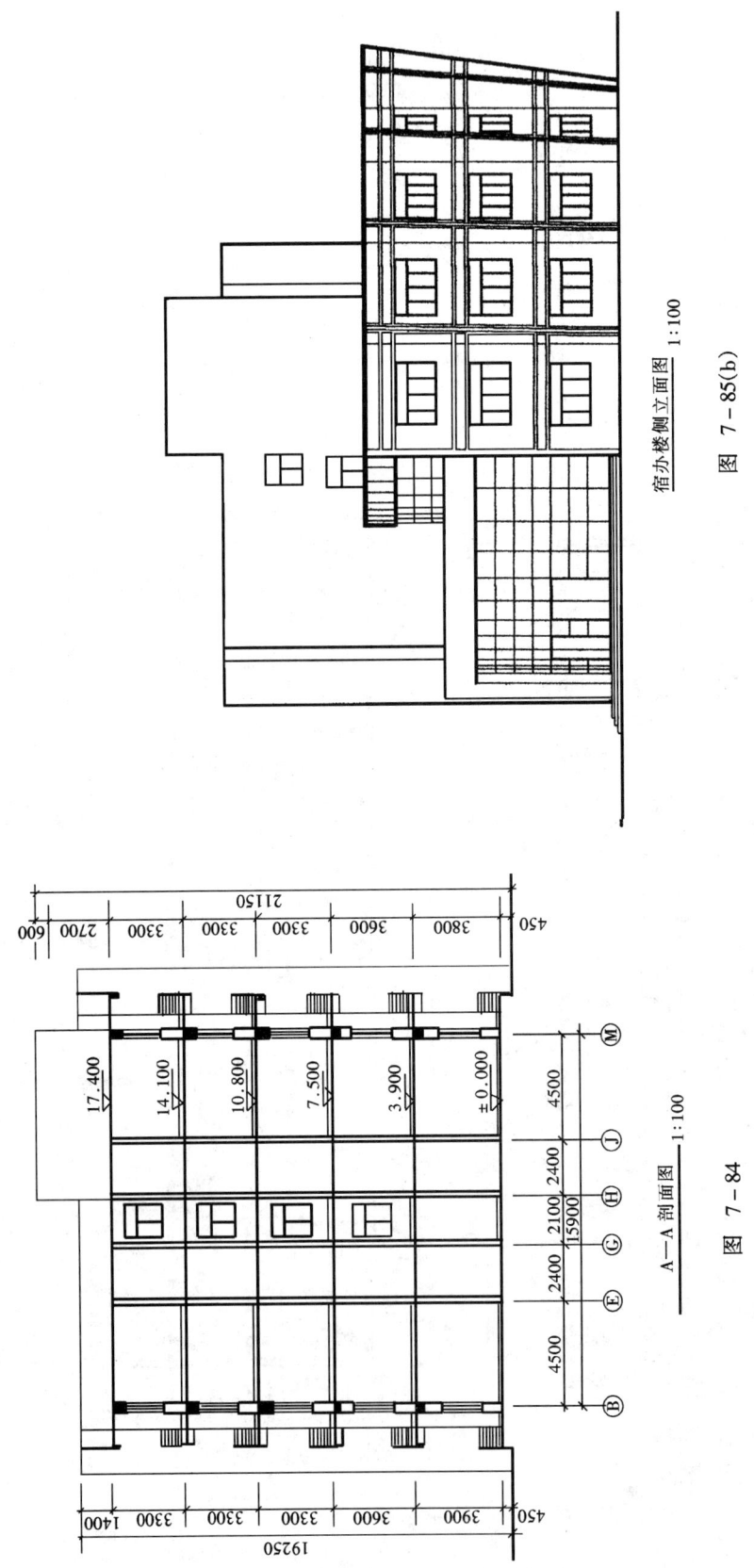

图 7-85(b) 宿办楼侧立面图 1:100

图 7-84 A—A剖面图 1:100

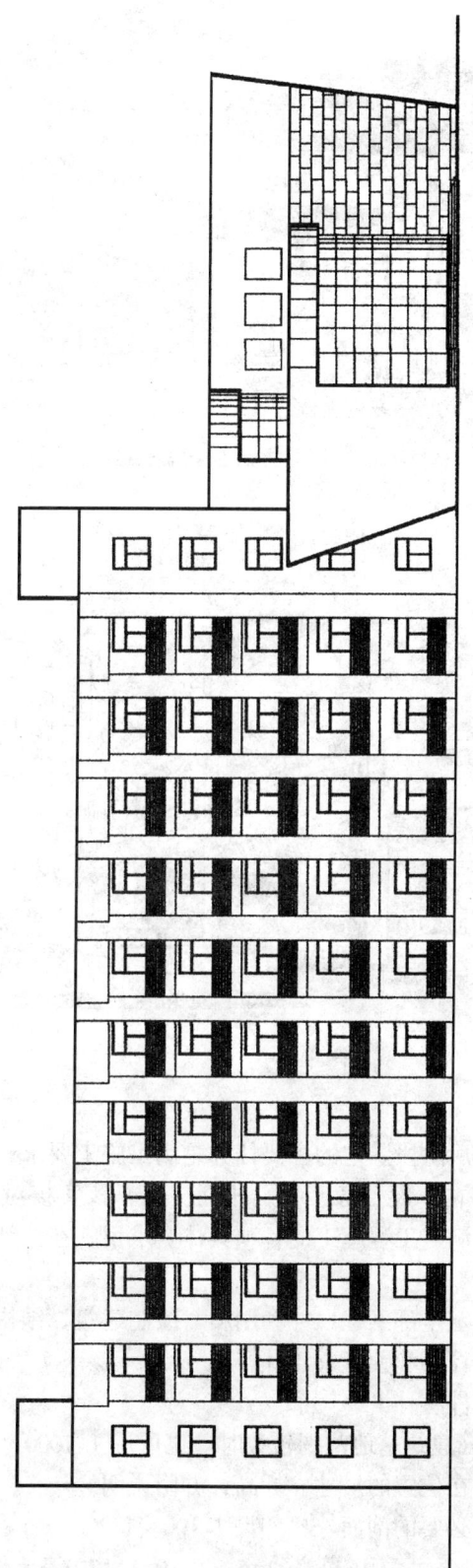

宿办楼正立面图 1:100　图 7-85(a)

图 7-86

图 7-87

4. 施工图设计阶段

施工图设计是建筑设计的最后阶段。它的主要任务是满足施工要求,即在初步设计或技术设计的基础上,综合建筑、结构、设备各工种,相互交底、核实核对,深入了解材料供应、施工技术、设备等条件,把满足工程施工的各项具体要求反映在图纸中,做到整套图纸齐全统一,明确无误。

施工图设计的内容包括:确定全部工程尺寸和用料,绘制建筑、结构、设备等全部施工图纸,编制工程说明书、结构计算书和预算书。

施工图设计的图纸及设计文件有:

建筑总平面 比例尺1:500(建筑基地范围较大时,也可用1:1000,1:2000应详细标明基地上建筑物、道路、设施等所在位置的尺寸、标高,并附说明)。

各层建筑平面,各个立面及必要的剖面 比例尺1:100~1:200。

建筑构造节点详图 根据需要可采用1:1,1:5,1:10,1:20等比例尺(主要为檐口、墙身和各构件的连接点、楼梯、门窗以及各部分的装饰大样等)。

各工种相应配套的施工图

如基础平面图和基础详图、楼板及屋顶平面图和详图,结构构造节点详图等结构施工图。

给排水、电器照明以及暖气或空气调节等设备施工图。

建筑、结构及设备等的说明书。

结构及设备的计算书。

工程预算书。

四、公路房建设施的环境小品景观设计

公路房建设施的环境小品主要指室外台阶、建筑入口、建筑围墙、休息坐凳、照明设备、花池、旗杆等功能构件。这些构件既具一定的使用性,又具点缀环境、衬托建筑的功能。

1. 室外台阶的景观设计要点

室外台阶一般是用于解决建筑室内外高差以及室外不同地坪高差的建筑构件。在各类公路房建设施中均可见到。常用的面层材料有混凝土、砖、天然或人造石材、木质等不同材料。见图7-88~图7-95。视具体工程及环境设计而定。在室外台阶的设计中应注意下述问题:

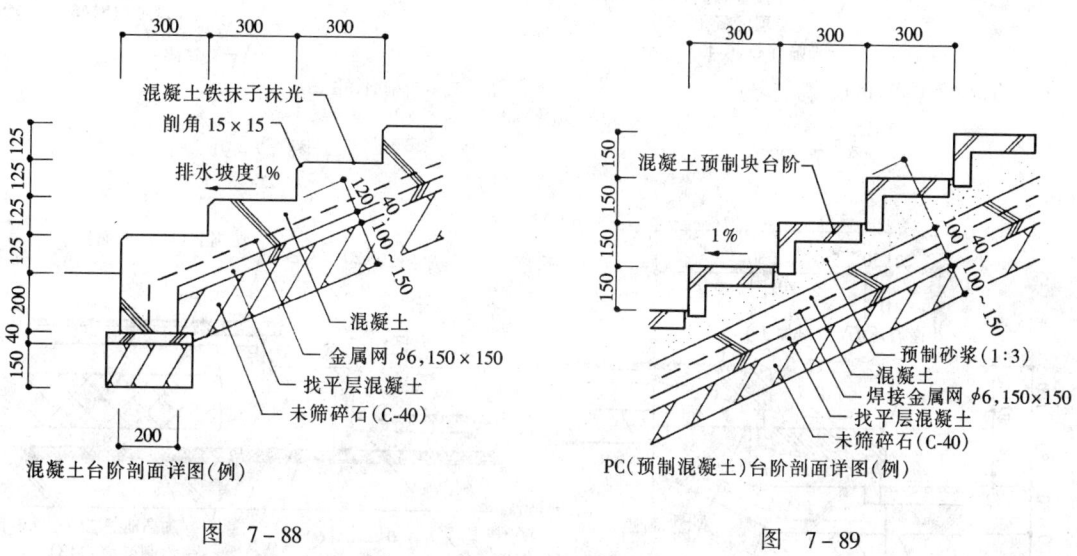

图 7-88　　　　　　　　　　图 7-89

(1)适当降低踢板高度,加宽踏板,可提高台阶舒适性,踢板高度一般为10~15cm,踏板宽度一般为30~40cm;

(2)如果台阶长度超过3m,或是需要改变攀登方向,为安全,应在中间设置一个休息平台,通常平台的深度为1.5m左右;

(3)踏板应设置1%左右的排水坡度;

(4)踏面应作防滑饰面,天然石台阶不要作细磨饰面;

(5)落差大的台阶,为避免降雨时雨水自台阶上瀑布般跌落,应在台阶两端设置排水沟;

(6) 为方便上、下台阶，在台阶两侧或中间设置扶栏。扶栏的标准高度为80cm，一般在距台阶的起、终点约30cm处作连续设置；

(7) 台阶附近的照明应保证一定照度。

2. 建筑入口的景观设计

入口是建筑物不可缺少的基本元素之一。其作为室内外空间的连接点与分界点，控制着这两种不同空间的转换，是形成空间序列性与节奏性的关键所在。这一特殊地位确立了建筑入口的发展趋势：向外扩张以试图融合于庭院广场等外部空间，对内控制人的流线以展示各种性格的建筑内部空间。

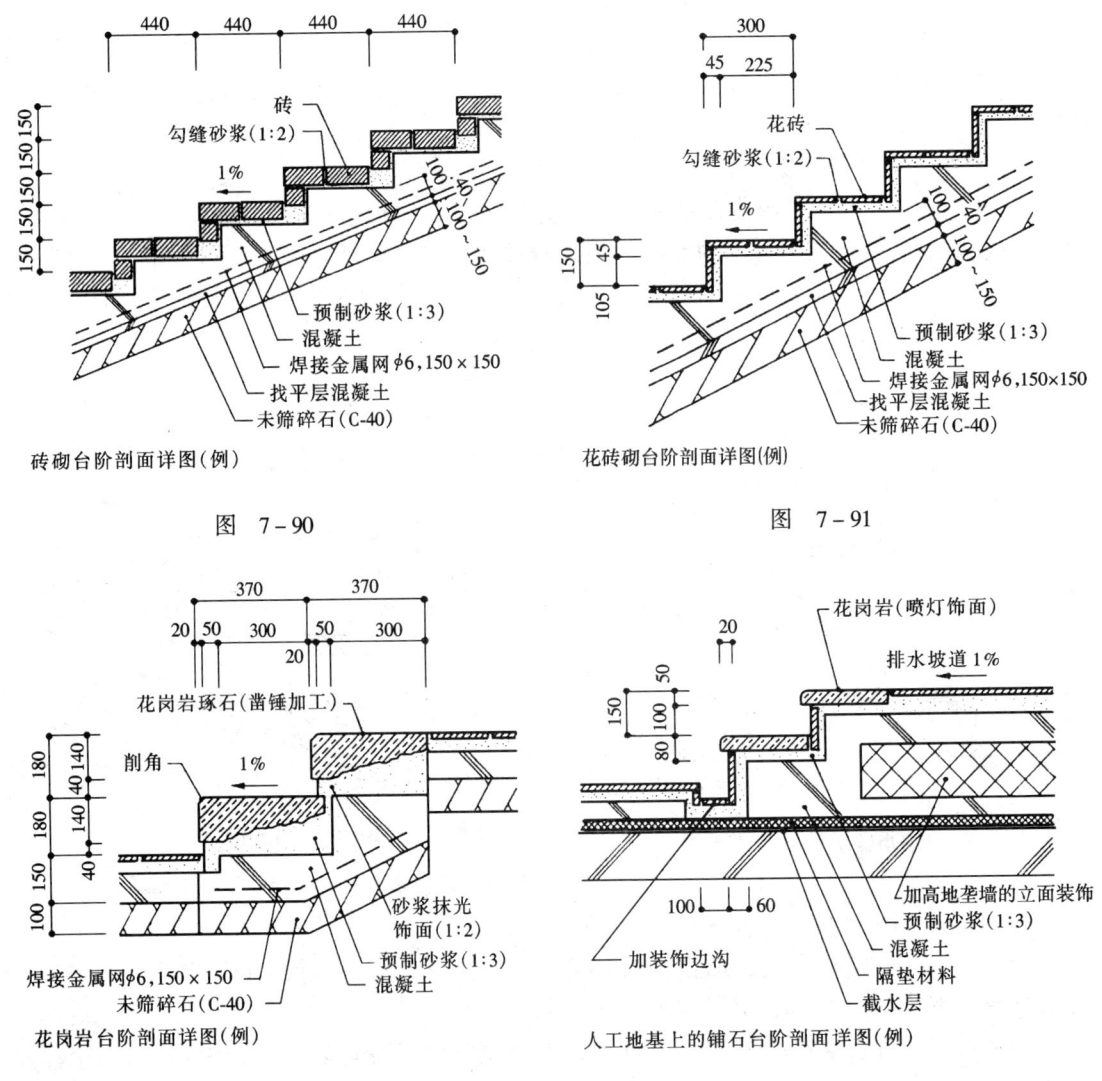

图 7-90　　　　　　　　　图 7-91

图 7-92　　　　　　　　　图 7-93

建筑入口的景观设计应从入口自身特有的形态属性，即开放性、标志性和归属性等方面加以考虑。

(1) 开放性

入口的开放性是收束式的开放，它使分散的人流在入口处集中，进入建筑后再分散到各个角落，或是走出建筑后汇入室外空间。因此，它的设计不仅是视觉的感受与引导，重要的是真正接纳前来拜访的人。

(2) 标志性

为了使想进入建筑的人们容易地找到入口，做好入口标志是十分重要的。常用的处理手法有下述两种：

其一，建筑入口实体本身具有可识别性，即具有与众不同的形态。具体手法为做成某些符号或进行重点装饰。这时，建筑入口属于表现其聚合性较强的形态，可称之为图形；而建筑单体则相应退后，可称之为背景。入口与建筑单体之间为图底关系。

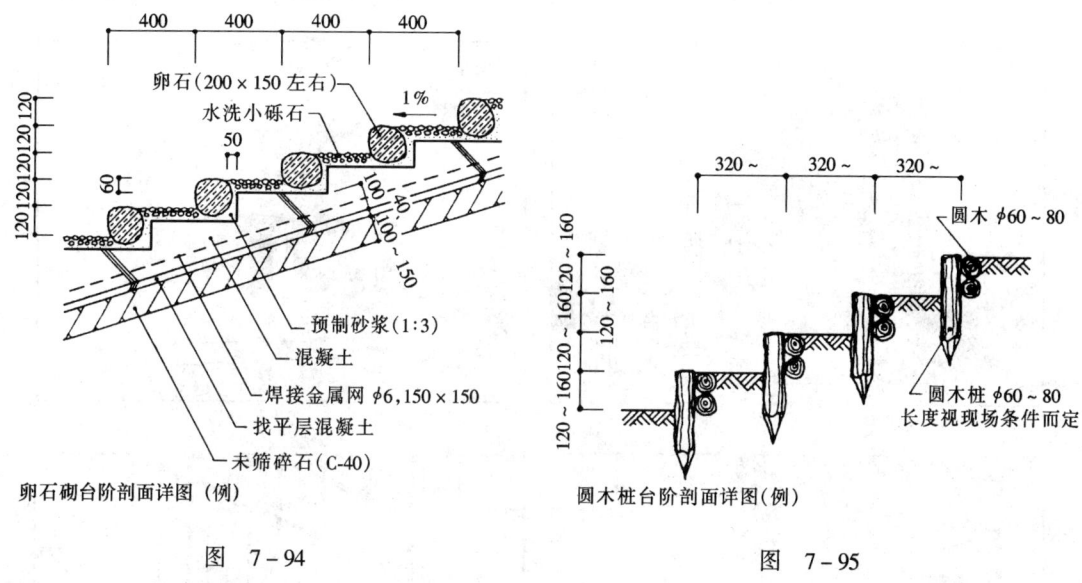

图 7-94　　　　　　　　　　　图 7-95

其二，依靠调整空间的秩序来强调入口的位置，改变界面的围合，利用地面的高差或者其他方法让空间产生突变，以此来引人注意。这种情况下，入口与某些空间结合形成虚形态，而建筑单体作为实形态，二者之间为虚实关系。

3) 归属性

入口归属于建筑，建筑归属于环境。三者的关系是局部与全部、个体与全体的关系。

首先，入口是属于建筑的一部分，它须与建筑的性质及风格保持一致。尽管入口可以千变万化，但不能迷失设计方向，不能为了追求新潮的形式或其他借口，就牺牲建筑的功能、或破坏建筑的整体形象。其次，入口是建筑与外界全面联系的唯一开口形式。它的形态组织直接影响室外景观环境，所以建筑入口在平面组织、空间布局等方面应与道路环境相适应。

图 7-96 为常见基本入口形式

3．围墙的景观设计要点

围墙有很多种，诸如混凝土围墙，预制混凝土砌块围墙、万代墙、砖墙、花砖铺面墙、石面墙等，各类围墙的景观特点及处理方法如下：

(1) 混凝土墙

表面可作多种处理，如：一次抹面、灰浆抹子抹光、打毛刺、细剁斧面、压痕处理、压

 引
 伸
 扩
 凹
 虚
 框
 罩
 挑

图 7-96 入口形式

痕打毛刺处理、上漆处理、喷涂贴砖处理、刷毛削刮处理等等，以及利用调整接缝间隔、改变接缝形式和削角形式，可以使混凝土围墙展现出不同的风格。此外，混凝土墙也可用作其他围墙的基础墙体。

（2）预制混凝土砌块墙

此类围墙所使用的材料除混凝土外，还有各种经过处理加工的混凝土砌块。预制混凝土砌块围墙造价低，但需要扶壁。此类围墙也常被用作刷毛削刮围墙、贴面围墙的基础墙体。

（3）万代墙

无加工处理，基础占地小，工程造价低。

（4）砖砌围墙

砖墙的砌法有多种，如英式砌法、法式砌法、荷兰式砌法等。当墙体设计高度较高时，通常是把混凝土墙当作基础墙。砌筑砖材，其砌筑方法除上述几种外，基本上与花砖墙的砌法相同。砖墙所用材料，除国产的普通黏土砖外，还有澳大利亚进口砖和英国进口古砖等。

（5）花砖墙

是一种以混凝土墙作基础，铺以花砖的围墙。由于花砖本身的品种、颜色、规格，以及砌法多样化，所筑成的花砖墙也是形式复杂。

（6）石面墙

以混凝土墙作基础，表面铺以石料的围墙。表面多饰以花岗岩，也有以铁平石，秩父青石作不规则砌筑。此外，还有以石料窄面砌筑的竖砌围墙，以不同色彩、不同表面处理的石料，构筑出形式、风格各异的围墙。

上述围墙构造做法见图 7–97～图 7–102。围墙形式见图 7–103。

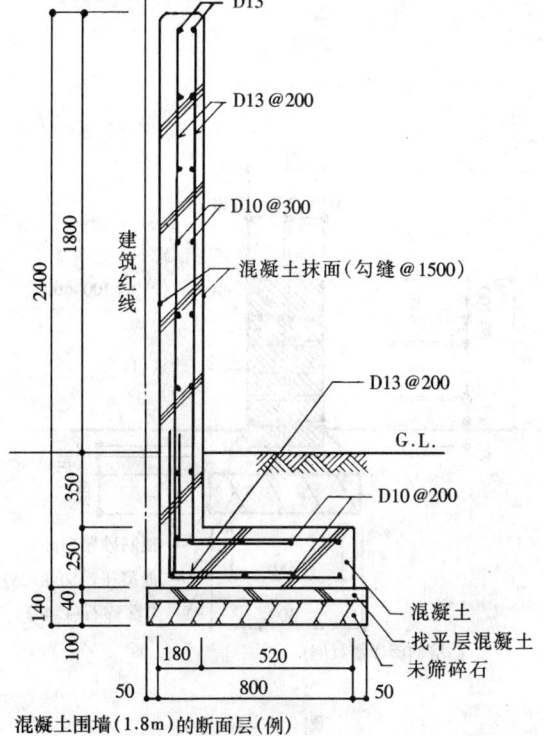

混凝土围墙(1.8m)的断面层(例)

图 7–97

混凝土围墙（细琢饰面）剖面详图（例）

图 7–98

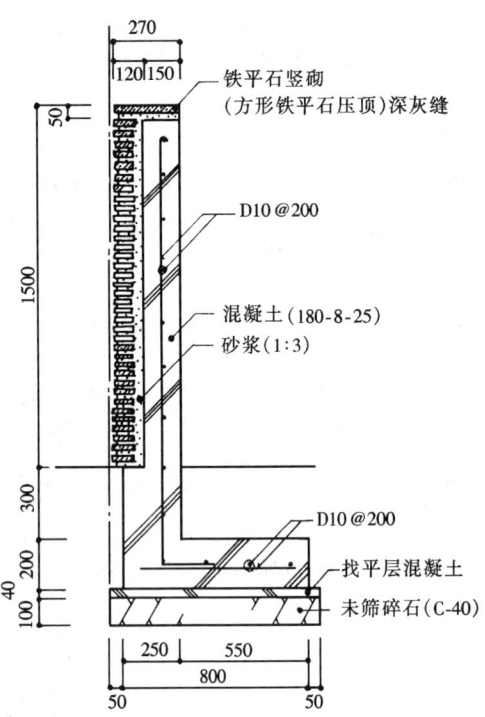

图 7-99 竖砌围墙（单面）剖面详图（例）

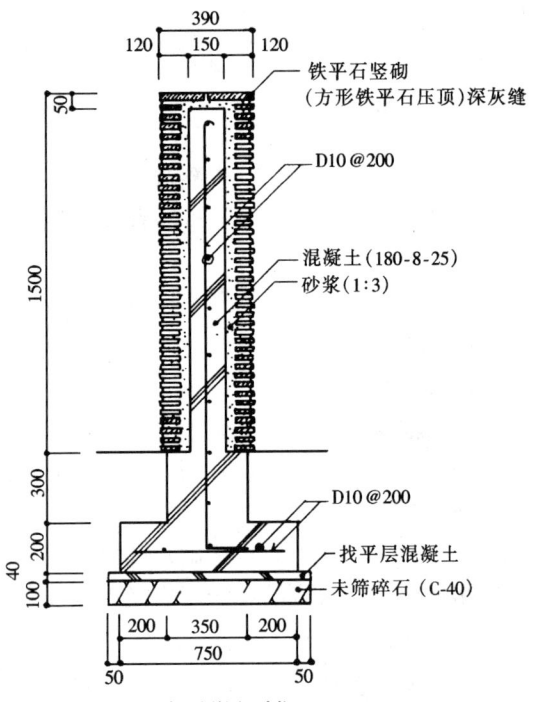

图 7-100 竖砌围墙（双面）剖面详图（例）

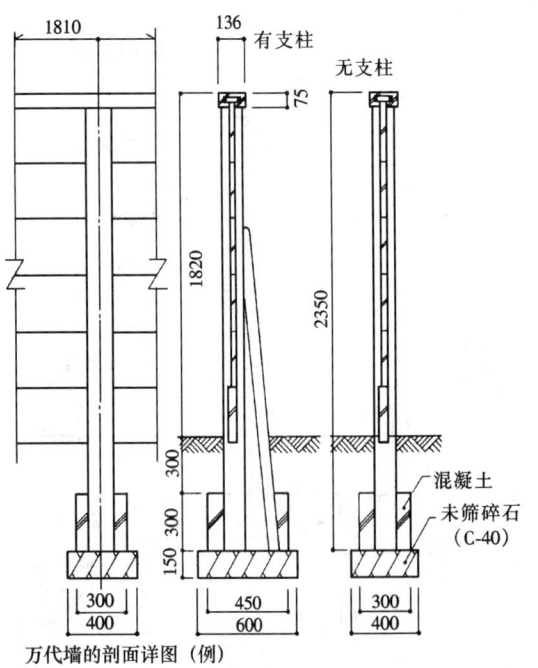

图 7-101 万代墙的剖面详图（例）

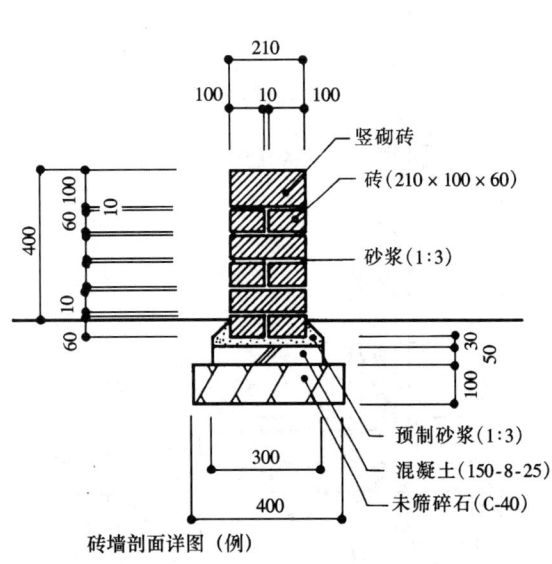

图 7-102 砖墙剖面详图（例）

4. 休息座椅的景观设计要点

休息座椅在公路房建环境中多见于停车区、服务区等公路服务性房建设施的室外空间中。其常用材料及外型见表7-6及图7-104，一般座椅高度为40~50cm、深度30~45cm为宜，长度则依需要而定，见图7-105。休息座椅的景观设计要点如下：

(1) 设置地点：

凉棚、铺石地、露台边、道路旁、水岸边、山腰墙角、草地、树下、纪念碑或雕像脚处均可设置座椅。但避免设立在阴湿地、陡坡地、强风吹袭场所等条件不良的地方或对人出入有妨碍的地方。

(2) 座椅应具坚固耐用、舒适美观、不易损坏、不易肮脏等机能。

(3) 用于休憩时或提供仰姿休息方式则需宽大长椅。

(4) 将身体接触部分的座位板、背板做成木制品较为舒适。

(5) 夏季有园椅的地方要设置遮蔽阳光的设备，如绿荫树、绿廊、遮阳棚等。

(6) 座椅设计要配合环境，因地制宜，并易于修理维护。

表7-6 园 椅 种 类

分灰			说　　明
材料	人工材料	——金属类	一般铁制品较多、铁筋、方铁管、铁管。质感其重引用隔条透空作法。
		——陶瓷品	黏土制造，可加火烧成各式造型美观、色彩鲜艳的陶瓷制园椅。
		——塑胶品	冷胶、玻璃纤维、塑钢等。
		——水泥类	混凝土制造。
		——砖材类	砖块堆砌成
	自然材料	——土　石	——土堤椅、原石、石板、石片等。尚有大理石可表现人工整齐美观。
		——木　材	——原木、木板、竹藤等，材质椅亲和力高，如藤制椅塑造方便、材质清爽凉快
外型		——椅　形	——后有靠背、两侧有扶手者。
		——凳　形	——四面无依靠者。
		——鼓　形	——下面没有凳脚，形状规则。
		——不定形	——形状没有一定，如天然石块及树根。
		——兼用形	——利用池边缘，花坛边缘及台阶、雕塑台、玩具或其他设施兼作园椅之用

| 透空栏杆 | 下围上透 |

| 交错围透 | 半围半透 |

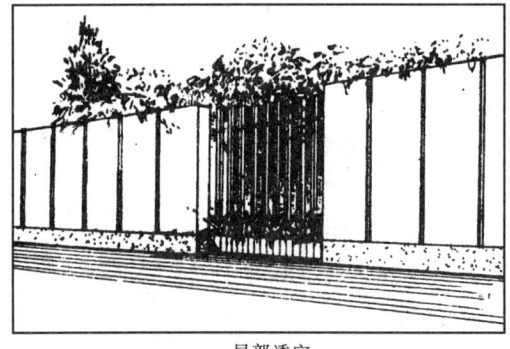

| 局部透空 | 围透相间 |

| 探头绿化 | 若隐若现 |

图 7-103 围墙的形式实例

图 7-104

133

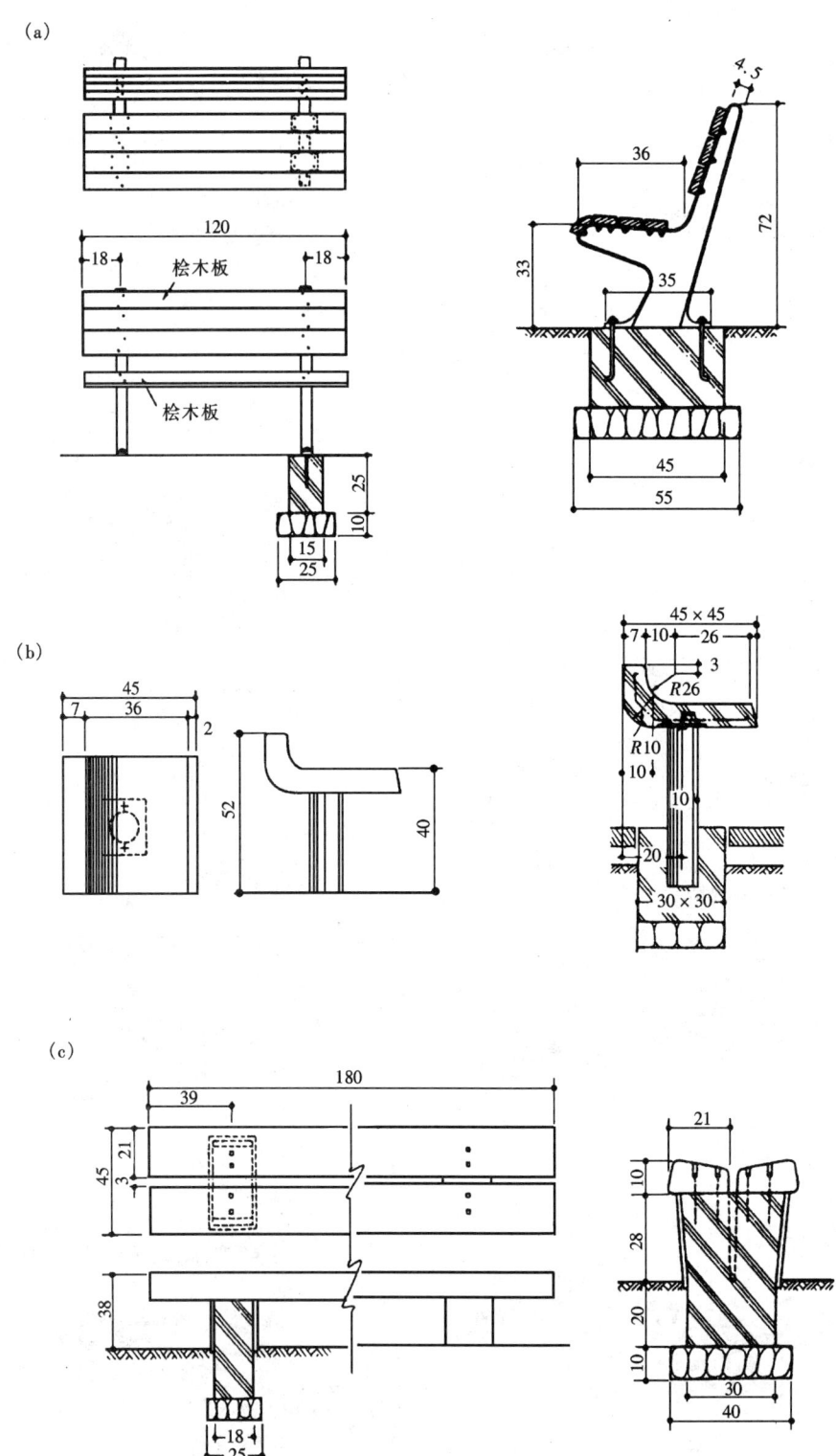

图 7-105 座椅平、立、剖面图
(a) 铸铁脚长椅；(b) 钢管脚混凝土制椅；(c) 混凝土脚木制长椅

第八章 公路绿化景观设计

公路绿化指人们在公路沿线合理、科学的种植植物，以改变和提高公路沿线环境质量的行为。公路绿化景观设计概括起来可分为"点"、"线"、"面"的设计。

公路绿化在公路环境的改善及景观创造方面的主要贡献表现在创造安全运输环境及优美公路景观；保护与协调公路沿线生态环境；尽力改善人类修筑公路活动带给自然景观及生态环境的破坏。

第一节 公路绿化设计的功能、形式与原则

一、道路绿化功能分析

公路绿化就其作用来分析，概括起来具有安全运输、创造景观、保护环境三大功能。其中，中央分隔带防眩栽植、转弯视线诱导栽植、遂道洞口明暗适应栽植、服务及休息区绿荫栽植等等具有保障交通安全功能。而遮蔽不雅景物栽植、路标栽植、强调栽植等等则具有强调、创造景观的功能。防止边坡冲刷栽植、自然环境及生活环境协调栽植等又具环保功能。公路绿化功能分析见图8-1。植物栽植形成空间效果见表8-1、植物的公路工程防护机能见表8-2。

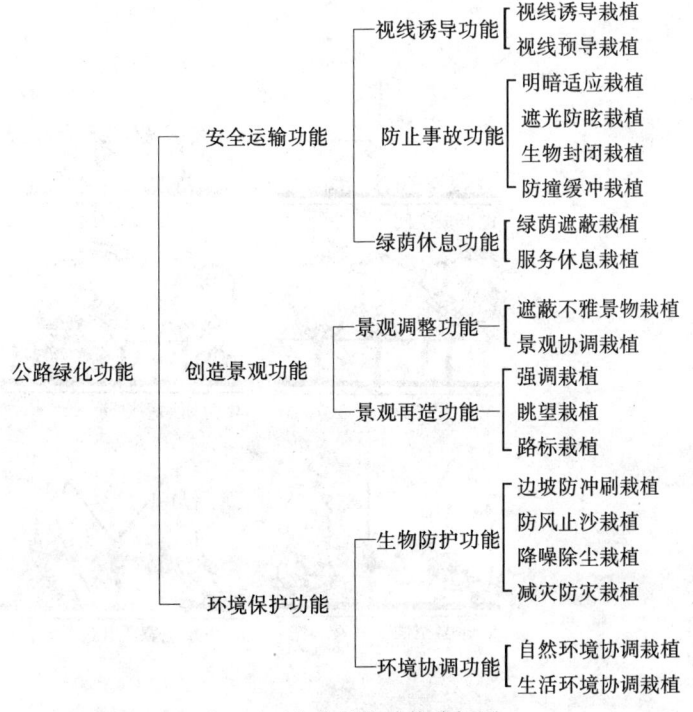

图8-1 公路绿化功能分析图

表 8-1 植物栽植形成空间效果

说 明	图 例
● 平面上以植被暗示空间，藉由材料的改变，来暗示空间的边缘	
● 空间垂直面以树干来暗示空间	
● 树叶浓密的植被可从垂直空间上造成封闭感	
● 遮荫树树冠造成顶面的封闭空间	
● 植物可形成各种不同空间类型	1. 开放空间　　2. 部分开放空间 3. 水平空间　　4. 封闭水平空间 5. 垂直空间　　6. 下窄上宽，开展性空间

续表

说　明	图　例
● 联系分割的空间，在视觉上造成一连续的、完整的包围空间	
● 植物材料顺应地形所造成的空间	
● 植物材料可为立面屏障，具遮蔽功能	
● 植栽将人的视线集中于某一重要空间或美丽的景色，有框景作用	
● 缩小空间作用	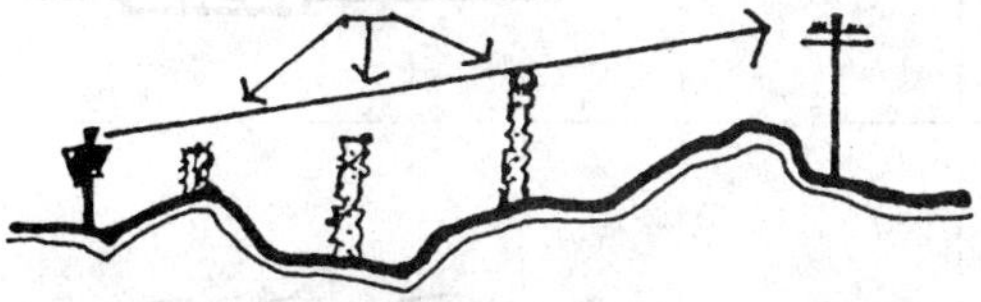

表 8-2　植物的公路工程防护机能

说　明	图　例
1. 植物可以引导风向，集中风力	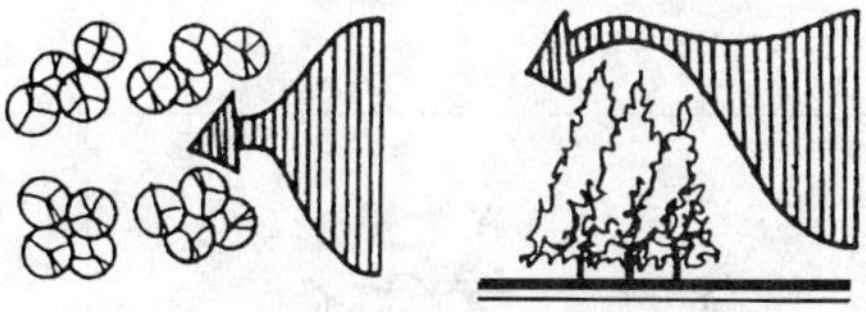
2. 低密的枝干可以有效地控制风	

续表

说　　明	图　　例
3. 须根有效地固着表土	
4. 减小降雨穿透力	针叶树林 100% 60%　　阔叶树林 100% 80%
5. 植物可阻挡反光	
6. 植物可控制声波的传送	
7. 各种路面形式隔音植物带的方式	噪音

续表

说　明	图　例
8.各种车行道路隔音植物带	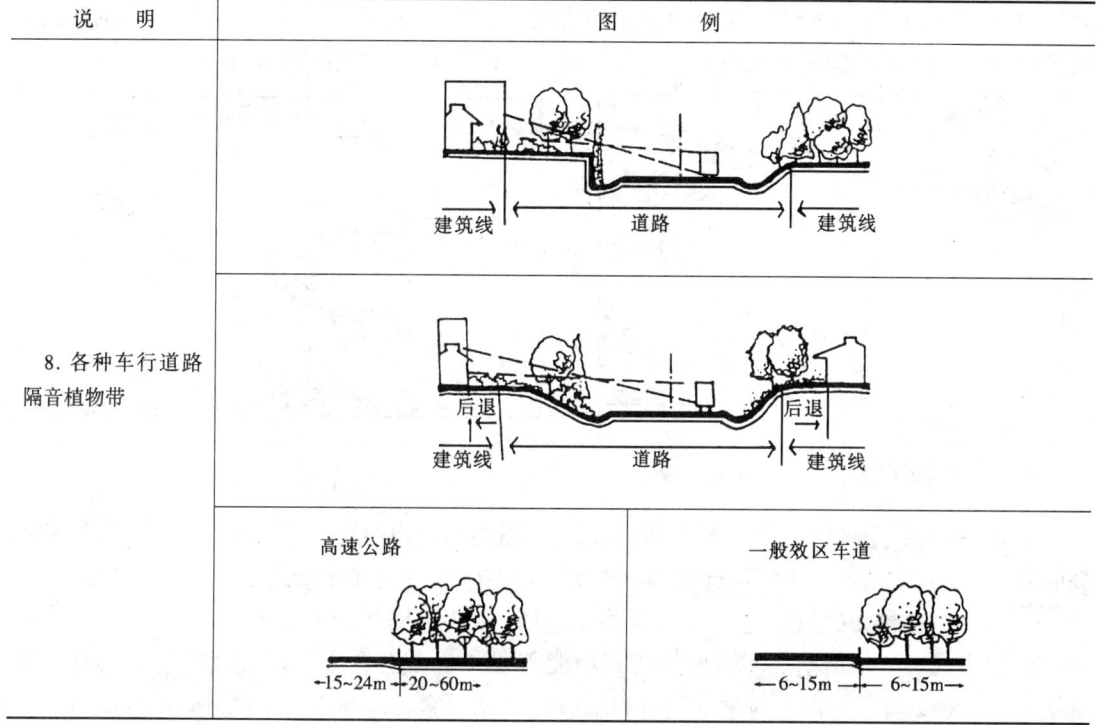

二、道路绿化植物分类及种植方式

道路绿化树木分为乔木、灌木、蔓生三种。乔木与灌木的最大区别在于树干与树枝区别是否明显。而蔓生则指本身无法直立，需盘绕某支承物生长的藤类植物。各种树木由于其树形、习性和特征的不同，而置身于多种环境，并表现于几种基本配植形式。

图 8-2

1.一点——也称之为孤植。在领域空间中最重要的位置，即视觉焦点之处种植一棵枝叶茂盛引人注目的大树，从而起着地标、轴点和引导的作用。其配置点常常选择在道路转弯或交汇处，见图8-2。

图 8-3　高速公路中央分隔带绿化

2.两点——也称为对植。为突出领域空间的轴线而对称配植的两棵树。要实现真正的对称，树的品种、高度、树冠选型宜尽量一致。其配置点可选在道路的入口，即起到"大门"的地标和引导作用。

3.线段——是列植的一部分。一般选择同种同高的树木，按要求的间距（密度）一字排开，从而达到导向、遮挡和分划空间的目的。它常配置在道路分车带、分隔带或道路转弯处外侧，见图8-3。

139

4. 线——也称为列植。一般将同种树木按等间距排列配植。列植树木可以起到导向和分划作用,如果树冠和树干密度较大也可以起到遮挡的作用,一般配植在轴线明确的道路两侧或不同领域、不同特点环境间的分隔带。树木列植有直线和曲线两种,见图8-4、图8-5。

图8-4 道路行道树栽植　　　　　　　　图8-5 道路生物封闭系统绿化

5. 团——也称为疏植。树木配植集中且分散,基本呈现出组团的平面形态。不同的树种和高度的树木相配而成的组团显具自然、丰富的动感意味。它常配植于街道绿地的点睛之处。

6. 面——也称为群植。它是线和组团的扩大,成为道路绿地中的幽深之地。

7. 自由式——根据基地环境意象及其功能需要,自由地运用整形式栽植手法和自然风景式栽植手法,有意打破几何学的设计和轴线的概念。它与前述六种配植形式相互结合。

8. 垂直——它包括自下而上的攀缘和自上而下的垂吊。依据其配植点的布局,呈现点、线、面、体的多种形态。它多附着于廊、架、柱、墙面等支撑物上或直接植于悬挂的种植容器中,见图8-6。

树木的造型取决于其树冠:自然生长的树木主要有圆形、三角形和倒三角形等基本形式。而经过人工修整加工的树木则形式多样,更具丰富的艺术性。

同所有人工造物一样,树也有肌理的表情。它的枝干纤粗曲直和树叶大小疏密,使之性格有粗犷、厚重、轻柔、细腻之分。

在树木的排列和组团配植中,因树种、色彩(枝、干、叶)、开花(花色、花形、花期)、肌理、造型、高低、组合关系的不同,而产生对比和韵律,与邻近的环境设施进行对话、与周围环境产生关联。

图8-7为道路边坡生物防护绿化意示。

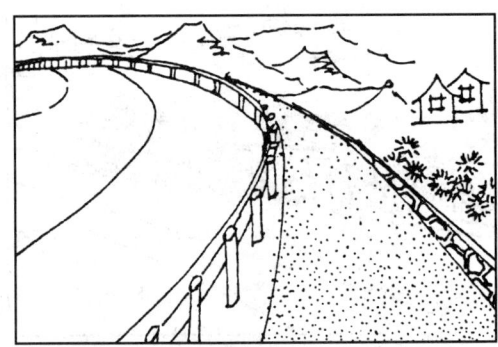

图8-6 道路路堑立体绿化　　　　　　　　图8-7 道路边坡生物防护绿化

表8-3为植物组合造成天际线变化。

表8-3 植物组合造成天际线变化

说 明	图 例
水平形	
凸 形	
凸 形	
凸形、凹形	
凹 形	
斜 形	
凸形、凹形、斜形、水平形的连续组合	

三、公路绿化设计原则

1. 了解植物习性,满足安全运输功能

任何植物均对其生长环境有一定要求,有其特有的生活习性、生长特点。在公路绿化设计时,应根据不同绿化种植部位,不同绿化功能要求,选择能满足公路安全运输功能的绿化植物及种植形式。如道路中央分隔带绿化种植形式及间距应能满足防眩功能要求,且耐修

剪、易管护。在植物选择上应考虑其能耐受交通噪声污染、尾气污染，且能净化空气，改善环境，健康生长的绿化树种。

植物在公路绿化中可降噪除尘、净化空气、改善环境已成为共识。经测定，植物最大的减噪量约为 10dB，特别是频率范围在 1000~8000Hz 时。植物的减噪能力既决定于应用的树种，还取决于合理的设计。

2．因地制宜，选择适于公路绿化的植物品种

各种不同的绿化场所，有其不同的地形、气候、土壤条件，而不同的植物又有其不同的对环境条件的要求。植物配置时就是要使二者相统一，使其在生物特性、防护功能和艺术效果上都能做到因地制宜，各得其所，充分发挥绿化植物改善、保护、美化环境的功能。

3．因时制宜，创造宜人的公路景观环境

植物绿化道路，不同于道路的其他景观，它是有生命的，随着时间的推移，植物的色彩、形态不断变化发展。春华秋实、夏荣冬息、萌芽吐叶、开花结果，奏出一首生气勃勃的乐章。这就要求在公路绿化植物选择时，考虑色相之变、季相之变、时效之变。

4．因景制宜，创造特色公路景观环境

在绿化植物配置中，常常强调"景随境出"，意指在绿化景观设计时，要从公路的性质、功能等方面考虑，统一设计的整体风格，突出道路的绿化特点，并与周围自然环境相协调。

各种乔、灌木的减噪功效如下：

A．减少噪声 4~6dB

　　鹿角桧（Juniperus Chinensis Pfitzeriana）

　　金银木（Lonicera Maackii）

　　欧洲白桦（Betula Pendula）

　　李叶山楂（Crataegns x Prunifolia）

　　灰桤木（Alnus Incana）

　　加洲忍冬（Lonicera Ledebourii）

　　欧洲红瑞木（Cornus Sanguinea）

　　岑叶槭（Acer Negundo）

　　红瑞木（Cornus Alba）

　　加拿大杨杂交种（Populus Canadensis Hybrids）

　　高加索枫杨（Pterocarya Fraxinifolia）

　　欧洲榛（Corylus Arellana）

　　金钟连翘（Forsythia x Intermedia）

　　心叶椴（Tilia Cordata）

　　西洋接骨木（Sambucus Nigra）

B．减少噪声 6~8dB

　　毛叶山梅花（Philadelphus Pubescens）

　　枸骨叶冬青（Ilex Aguifolium）

　　欧洲鹅耳枥（Carpinus Betulus）

　　叉分茶子（Ribes Divaricatum）

　　洋丁香（Syringa Vulgaris）

　　欧洲槲栎（Quercus Robur）

　　欧洲水青冈（Fagus Sylvatica）

　　杜鹃花属（Rhododendron）

C．减少噪声 8~10dB

　　中东杨（Populus x Berolinensis）

　　山枇杷（Viburnum Rhytidophyllum）

　　欧洲荚莲（Viburnnm Lanata）

　　大叶椴（Tilia Platyphyllos）

D．减少噪声 10~12dB

　　假桐槭（Acer Pseudoplatanus）

绿化植物的其他性能见下述几表。

其中表 8-4 为对有害物质具有抗性的树种；表 8-5 为对有害物质具有吸收能力的树种；表 8-6 为常用树木遮荫降温效果比较；表 8-7 为树木叶片滞尘量比较。

表 8-4 对有害物质具有抗性的树种

有害物质	树 种
二氧化硫	罗汉松、龙柏、桧柏、粗榧、侧柏、日本柳杉、白皮松、华山松、杜松、夹竹桃、大叶黄杨、棕榈、女贞、樟树、栀子、山茶花、丝兰、石楠、柑橘、胡颓子、海桐、蚊母、苏铁、厚皮香、八角金盘、广玉兰、樟叶槭、杨梅、黄杨、珊瑚树、华北卫矛、沙枣、柽柳、皂荚、紫穗槐、枣、构树、臭椿、朴树、白榆、鹅掌楸、柿树、无花果、楝树、桑树、合欢、刺槐、青桐、梓树、乌桕、槐树、黄金树、丝棉木、香椿、麻栎、板栗、山楂、白蜡、无患子、八仙花、紫藤、地锦、紫薇、木槿、丁香、玉兰、腊梅、印度榕、高山榕、桃树、芒果、细叶榕、红背桂、菩提树、鹰爪、番石榴、银桦、人心果、蝴蝶果、木麻黄、蓝桉、黄槿、蒲桃、黄葛榕、红果仔、米仔兰、树菠萝、石栗
氯	龙柏、桧柏、侧柏、杜松、云杉、夹竹桃、大叶黄杨、棕榈、女贞、樟树、栀子、柑橘、胡颓子、海桐、蚊母、樟叶槭、黄杨、珊瑚树、构树、桑树、刺槐、加杨、朴树、白榆、鹅掌楸、合欢、青桐、臭椿、丝棉木、槐树、华北卫矛、皂荚、白蜡、沙枣、柽柳、板栗、柿树、枣树、无花果、梓树、接骨木、紫藤、紫薇、地锦、木槿、印度榕、高山榕、细叶榕、菩提树、黄槿、蒲桃、石栗、人心果、番石榴、木麻黄、米仔兰、蓝桉、蒲葵、蝴蝶果、黄葛榕、鹰爪、桃树、芒果、银桦
氯化氢	龙柏、黑松、夹竹桃、大叶黄杨、栀子、茶花、小叶女贞、罗汉松、丝兰、黄杨、臭椿、构树、枫杨、丝绵木、加杨、朴树、白榆、枣树、无花果、合欢、华北卫矛、沙枣、柽柳、槐树、加杨、锦带、丁香、木芙蓉、地锦
氟化氢	罗汉松、龙柏、桧柏、云杉、侧柏、杜松、棕榈、夹竹桃、大叶黄杨、柑橘、胡颓子、海桐、蚊母、黄杨、小叶女贞、柏树、皂荚、华北卫矛、白蜡、沙枣、臭椿、枣树、五叶地锦、朴树、柿树、桑树、刺槐、白榆、青桐、乌桕、槐树、柽柳、丝棉木、山楂、石榴、黄连木、竹叶椒、月季、丁香、李树、樱花、银桦、蓝桉
二氧化氮	龙柏、黑松、夹竹桃、大叶黄杨、棕榈、女贞、樟树、构树、广玉兰、臭椿、无花果、桑树、楝树、合欢、枫杨、刺槐、丝绵木、乌桕、石榴、酸枣、旱柳、糙叶树、垂柳、蚊母、泡桐
硝酸雾	罗汉松、臭椿、无花果、桑树、石榴、泡桐、木槿、木芙蓉
二硫化碳	棕榈、樟树、枇杷、构树
光气	罗汉松、龙柏、大黄叶杨、桂花、楝树、小叶女贞、悬铃木
苯	棕榈、女贞、无花果、楝树、桑树、悬铃木、枫杨、喜树、梓树、接骨木、月季
苯酚	棕榈、女贞、无花果、楝树、桑树、悬铃木、枫杨、喜树、梓树、接骨木、月季
氨	无花果
硫化氢	桃树、樱桃、苹果
醋酸	楝树、喜树、梓树、枫杨
铬酸	龙柏、女贞、梓树、栀子、茶花、雀舌黄杨、楝树、青桐、紫藤
乙炔	日本柳杉、女贞、珊瑚树、构树、臭椿、石榴、柳树、丁香、紫荆
乙醚	大叶黄杨、女贞、楝树、桑树、悬铃木、枫杨、喜树、梓树、接骨木、月季
乙醛	楝树、喜树、梓树、柳树
乙醇	楝树、喜树、梓树、柳树
臭氧	枇杷、悬铃木、枫杨、刺槐、银杏、柳杉、日本扁柏、黑松、樟树、青冈栎、日本女贞、夹竹桃、海州常山、冬青、美国鹅掌楸、连翘、八仙花
氧化锰	枇杷

续表

有害物质	树　种
氧化铁	夹竹桃、大叶黄杨、黄金树、紫薇
三氧化二铁	夹竹桃
氧化锌	夹竹桃、大叶黄杨、女贞、乌桕、白杨、紫薇、木槿
氧化砷	夹竹桃
氯化锌	夹竹桃、大叶黄杨、丝兰、构树
氯化烯	金钱松、泡桐、紫荆
砷化氢	夹竹桃
氰化氢	夹竹桃
氢氧化钠	罗汉松、樱花
烟	杉松、杜松、侧柏、臭椿、槭树、构树、楸树、梓树、柃木、银杏、山皂角、白蜡、落叶松、枫香、加杨、枫杨、槲栎、刺槐、榫树、椴树、白榆、赤杨、青栲、槠树、灯台树、榉树、女贞、榔榆、铁杉、山茶、柳树、麻栎、无患子、青冈栎、悬铃木、广玉兰、厚朴、桑、刺楸、鹅掌楸、冬青、皂荚、梧桐、椿树、七叶树、糙叶树、杨桐

表8-5　对有害物质具有吸收能力的树种

有害物质	树　种
二氧化硫	樟树、广玉兰、女贞、桂花、棕榈、侧柏、桧柏、龙柏、夹竹桃、珊瑚树、蚊母、柑橘、垂柳、加杨、臭椿、榆树、刺槐、栀子、罗汉松、悬铃木、蓝桉、梧桐、合欢、构树、泡桐、桃树、槐树、苹果、玉兰、楝树、桑树、板栗、朴树、柿树、紫穗槐、无花果、紫薇
氟化氢	樟树、棕榈、蚊母、女贞、大叶黄杨、银桦、乌桕、梨、苹果、蓝桉、石榴、葡萄、泡桐、桃树、桑树、加杨、梧桐、云南松、榉树、垂柳、山茶、板栗、朴树
氯	棕榈、女贞、山茶、蚊母树、樟叶槭、夹竹桃、梧桐、刺槐、蓝桉、悬铃木、桃树、水杉、构树、桑树、银桦、黄菠萝、黄檀、木麻黄、菩提榕、石栗
二氧化氮	铁树、爱尔大松、美洲槭
臭氧	柳杉、樟树、冬青、日本扁柏、日本女贞、夹竹桃、海桐、青冈栎、栎树、刺槐、悬铃木、连翘、银杏
汞蒸气	广玉兰、桂花、珊瑚树、夹竹桃、棕榈、桧柏、大叶黄杨、樱花、桑树、紫荆、腊梅
铅蒸气	女贞、大叶黄杨、悬铃木、榆树、石榴、构树、刺槐、桑树
醛酮	栓皮槭、加杨、桂香柳

表8-6　常用树木遮荫降温效果比较

树　种	阳光下温度/℃	树荫下温度/℃	温差/℃	树　种	阳光下温度/℃	树荫下温度/℃	温差/℃
银杏	40.2	35.3	4.9	小叶杨	40.3	36.8	3.5
刺槐	40.0	35.5	4.5	构树	40.4	37.0	3.4
枫杨	40.4	36.0	4.4	楝树	40.2	36.8	3.4
二铃悬铃木	40.0	35.7	4.3	梧桐	41.1	37.9	3.2
白榆	41.3	37.2	4.1	旱柳	38.2	35.4	2.8
合欢	40.5	36.6	3.9	槐树	40.3	37.7	2.6
加杨	39.4	35.8	3.6	垂柳	37.9	35.6	2.3
椿树	40.3	36.8	3.5				

注：测定器的空间位置是：树荫下温度，在树荫的中心；阳光下温度，在离树荫外缘3m处；测定器的空间高度均为离地面1m处。

表 8-7 树木叶片滞尘量比较

树种	滞尘量/(g·m^{-2})	树种	滞尘量/(g·m^{-2})	树种	滞尘量/(g·m^{-2})	树种	滞尘量/(g·m^{-2})
刺楸	14.53	大叶黄杨	6.63	夹竹桃	5.28	樱花	2.75
榆树	12.27	刺槐	6.37	丝棉木	4.77	腊梅	2.42
朴树	9.37	楝树	5.89	紫薇	4.42	加杨	2.06
木槿	8.13	臭椿	5.88	悬铃木	3.73	黄金树	2.05
广玉兰	7.10	构树	5.87	泡桐	3.53	桂花	2.02
重阳木	6.81	三角枫	5.52	五角枫	3.45	栀子	1.47
女贞	6.63	桑树	5.39	乌桕	3.39	绣球	0.63

第二节 公路"点"的绿化景观设计

所谓公路上的"点",指的是互通立交区、服务区、收费站及其管理所、隧道出入口等公路上的绿化景观节点。

一、互通立交区的绿化景观设计

互通立交区是公路的交通枢纽部分,是公路上的重要景观节点,地理位置十分重要。见图 8-8~图 8-18。

1. 绿化景观设计要点

(1) 以草坪为基础,给人以视线开敞、气魄大的效果;

(2) 中心绿地注重构图的整体性,采用大手笔的乔灌木和低矮花卉、地被植物构成寓意深远的图案,图案应美观大方,简洁有序,使人印象深刻、过目不忘;

(3) 小块绿地采用疏林草地的布置形式,尽量采用乡土树种以及一些生长适应性强、有地方特色的乔灌木,给人以地域提示;

(4) 在匝道弯道外侧,连续种植乔灌木,以诱导行车方向,弯道内侧留有足够安全视距;

(5) 互通立交区最好进行标志性景观设计,起到画龙点睛的作用。

2. 绿化景观的设计方法

(1) 设计前的准备工作

1) 基地踏勘:了解基地和周围环境的现状及历史沿革,核对已有资料与基地现状是否符合。

2) 收集原始资料:包括气候条件、土壤性质、植物配置、灌溉方式、苗木供应、相应造价等。

(2) 初步设计阶段

初步设计是互通立交区绿化景观设计的第一阶段,它的主要任务是提出设计方案、选定植物品种、种植形式、说明设计意图并提出概算书。

设计图纸及内容如下:

1) 绿化种植总平面图(可绘制黑白或彩色图);

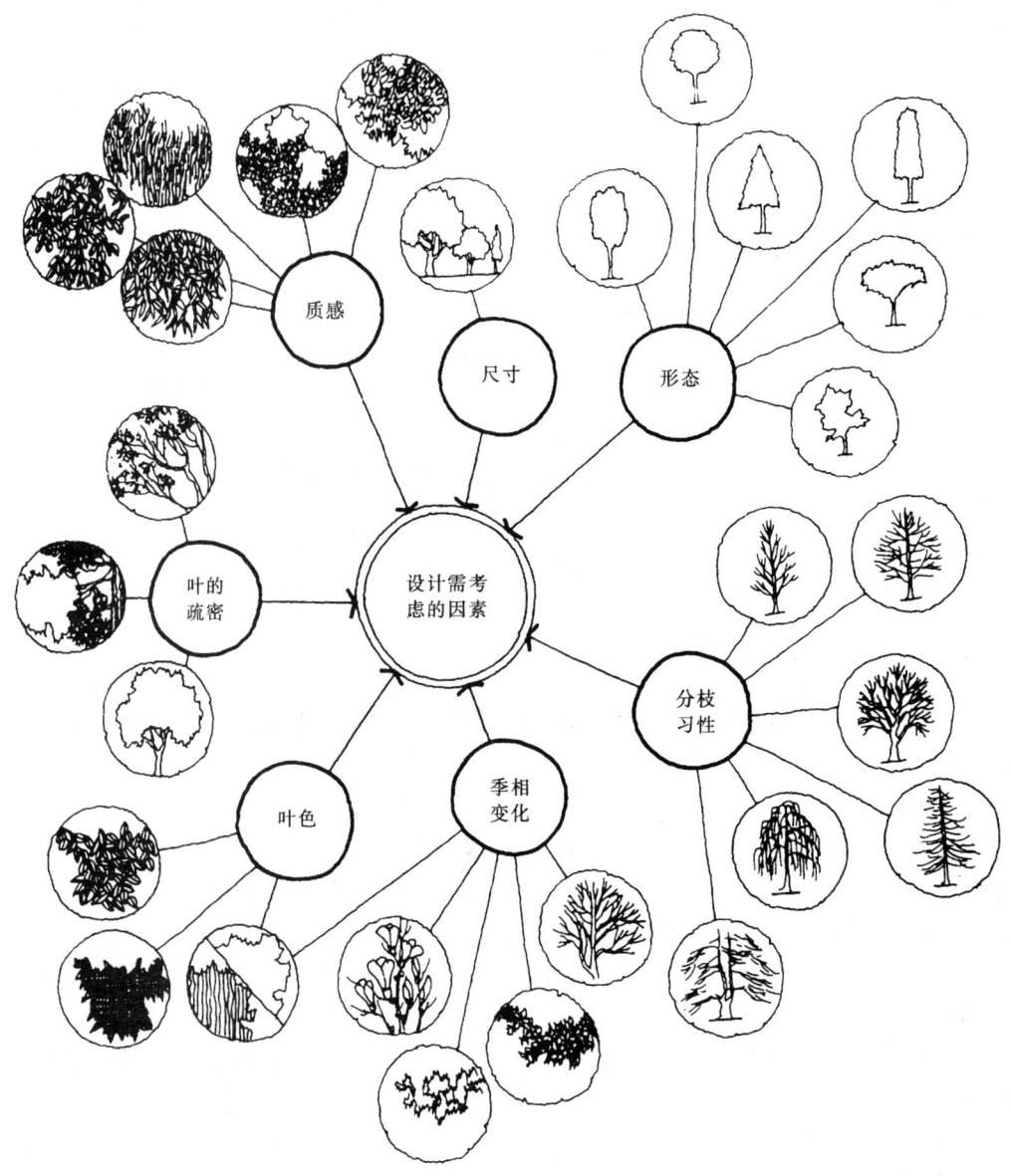

图 8-8 种植设计中应考虑的植物形态因素

2）设计说明书；
3）工程数量表；
4）绿化设计概算书；
5）视其情况辅以透视图。
(3) 施工图设计阶段
施工图设计阶段是绿化景观设计的最后阶段，它的主要任务是满足施工要求。
设计图纸及内容如下：
1）绿化种植总平面图；
2）绿化种植分区平面图（可采用网格法或截距法绘制）；

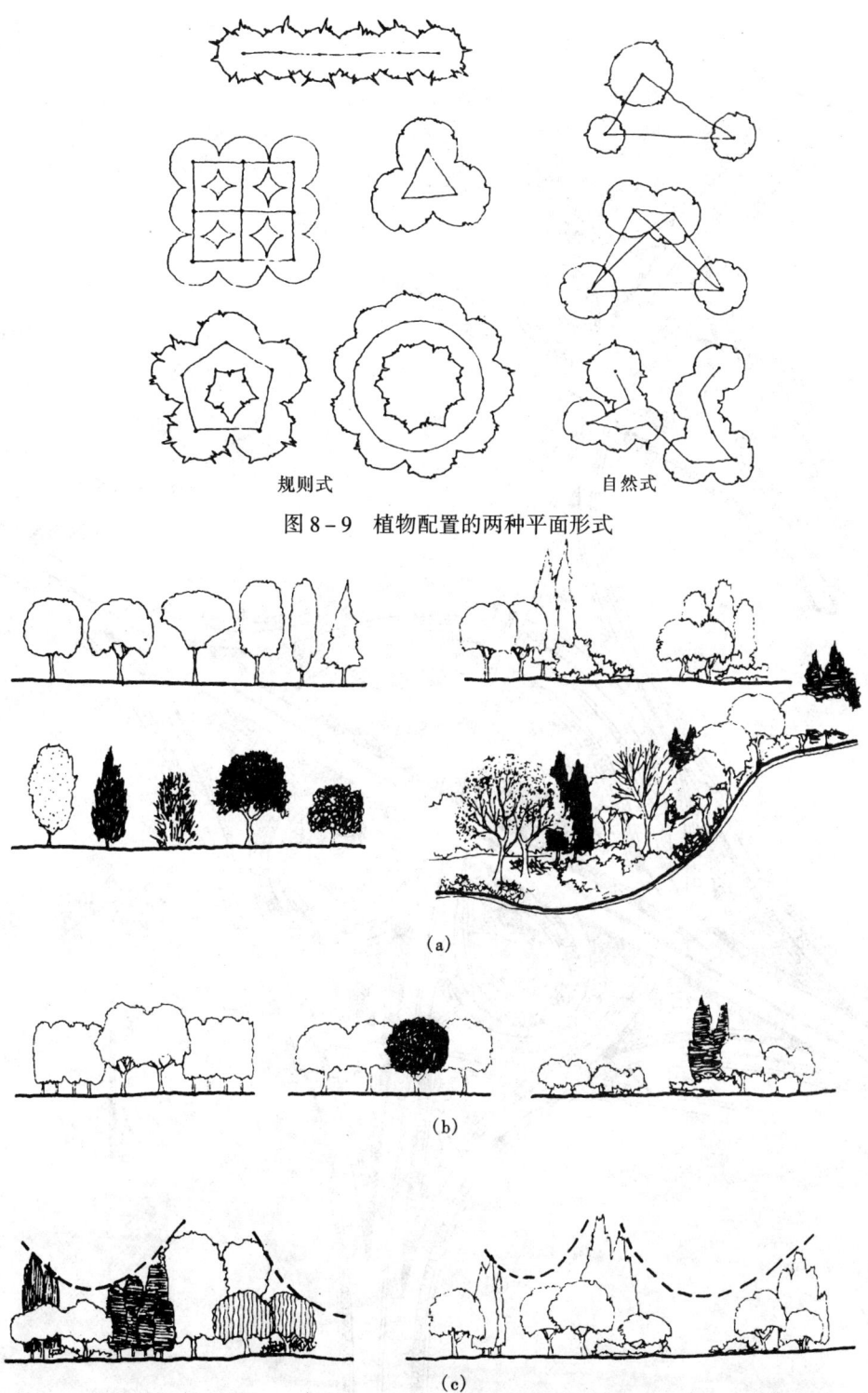

规则式　　　　　　　　　自然式

图 8-9　植物配置的两种平面形式

图 8-10　植物配置的基本方法
(a) 形状、大小、质感、色彩的对比是配置中获得变化的重要手段；(b) 配置中主从创造的几种手法；
(c) 配置中应注意整体构图的平衡

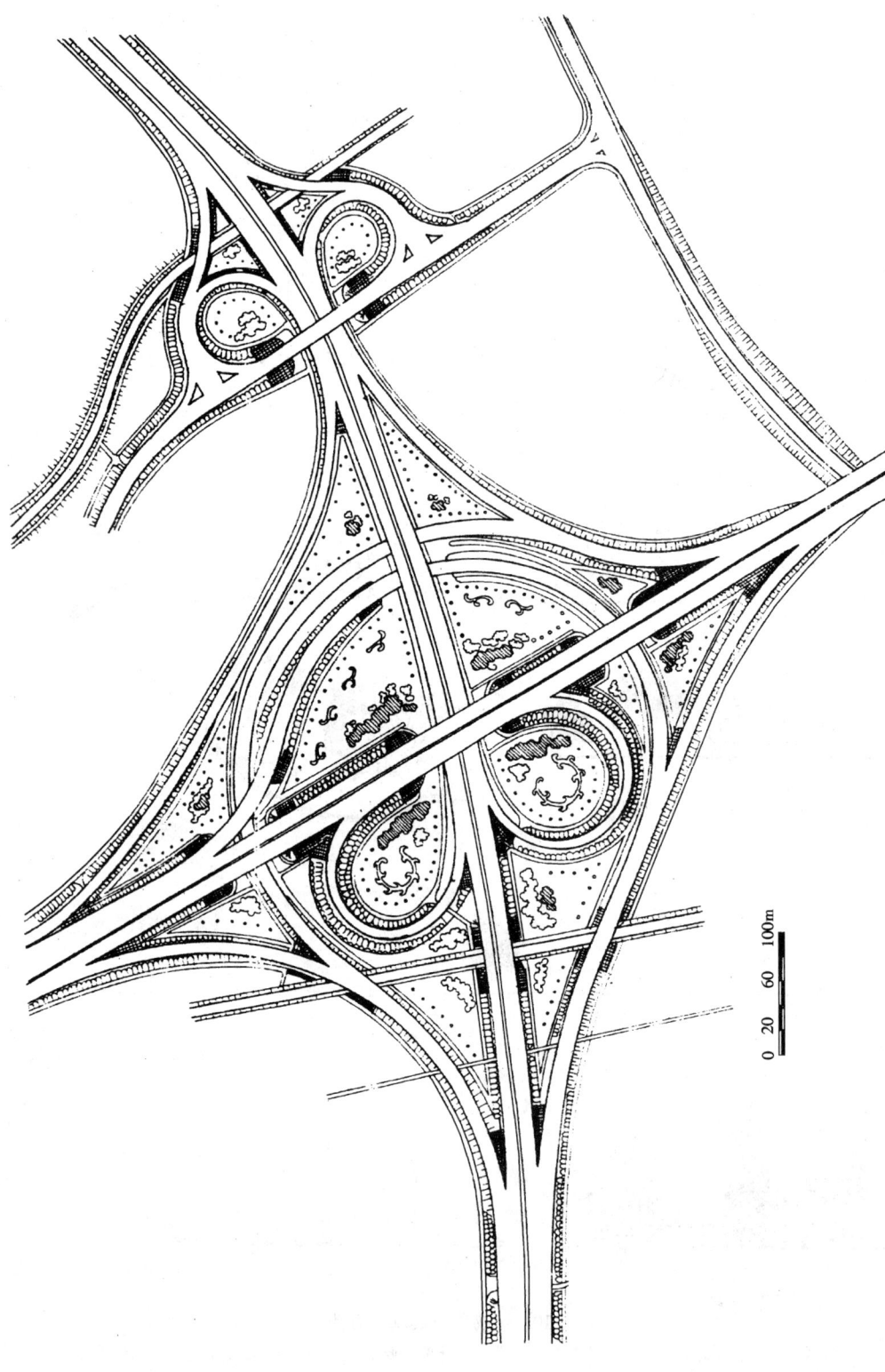

图 8-11 绿化种植总平面图

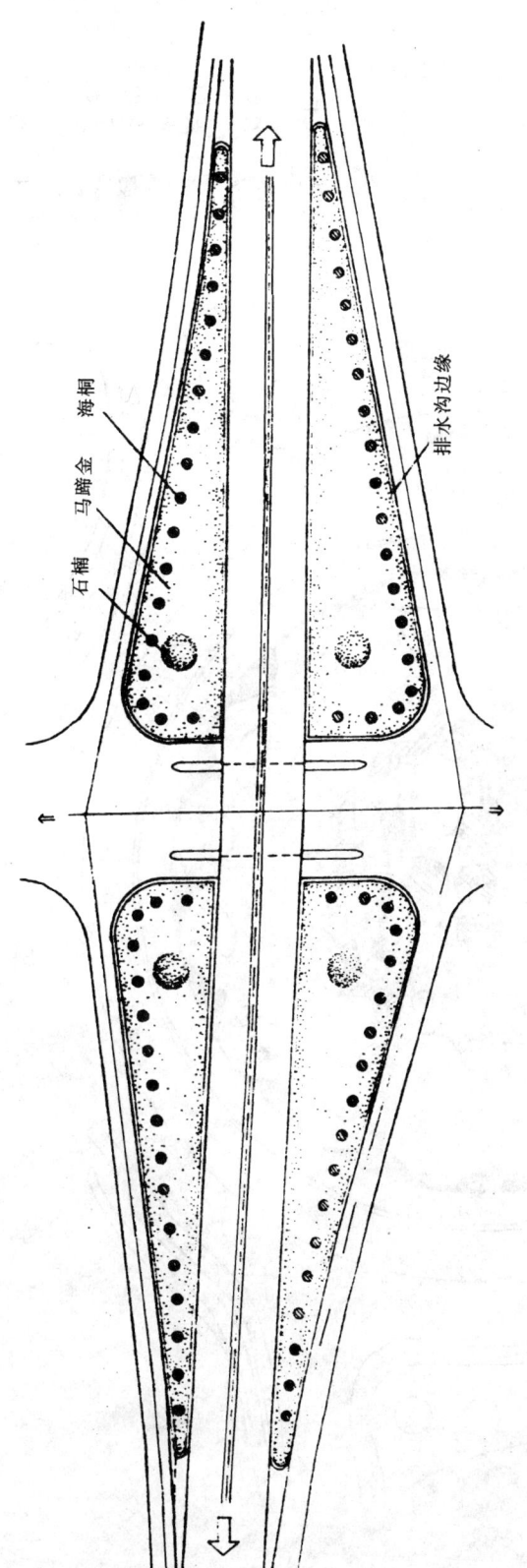

该方案采用规则对称式手法，顺车流方向以海桐作为诱导栽植，以群植石楠作为标志栽植，体观简洁明快的效果。

图 8-12 绿化种植总平面图

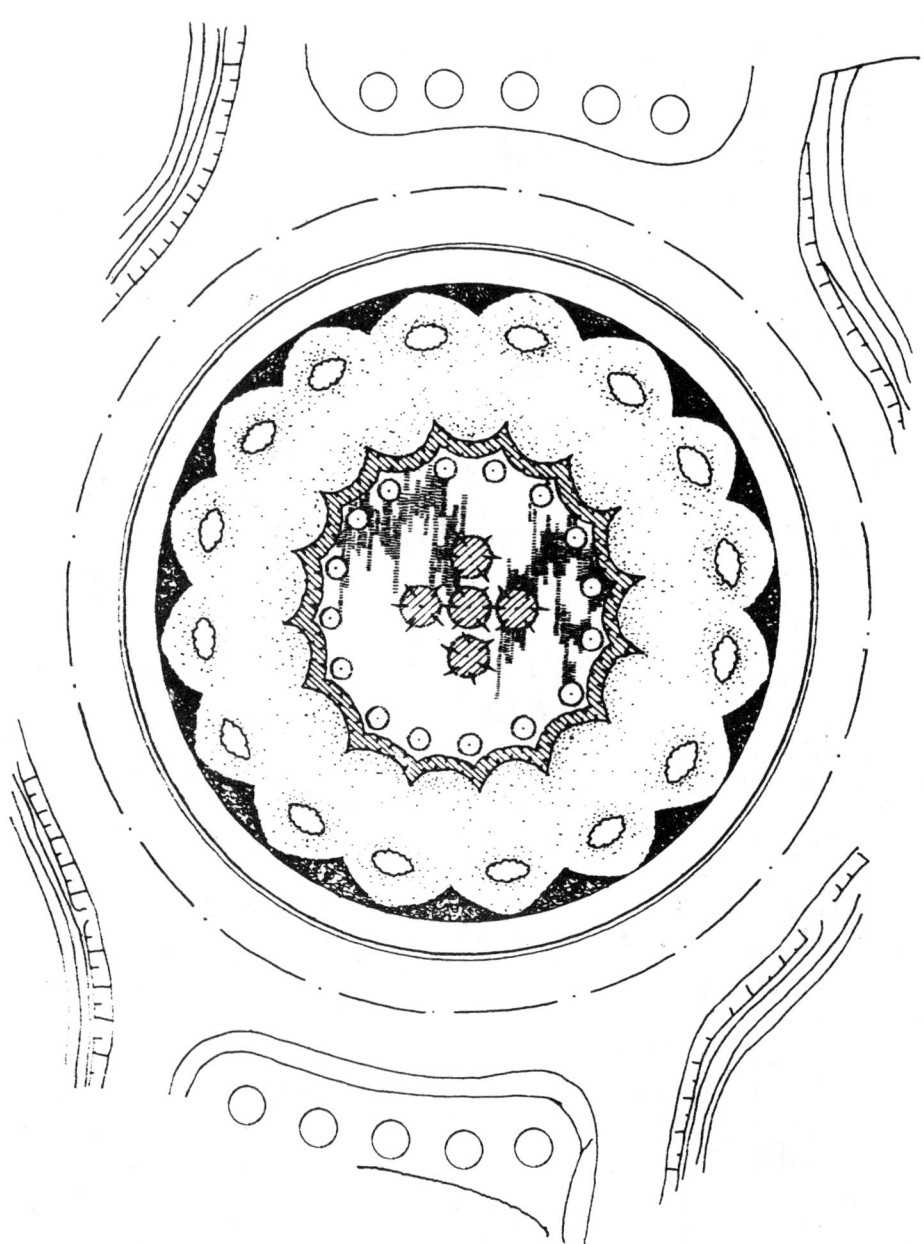

图 8-13 绿化种植总平面图

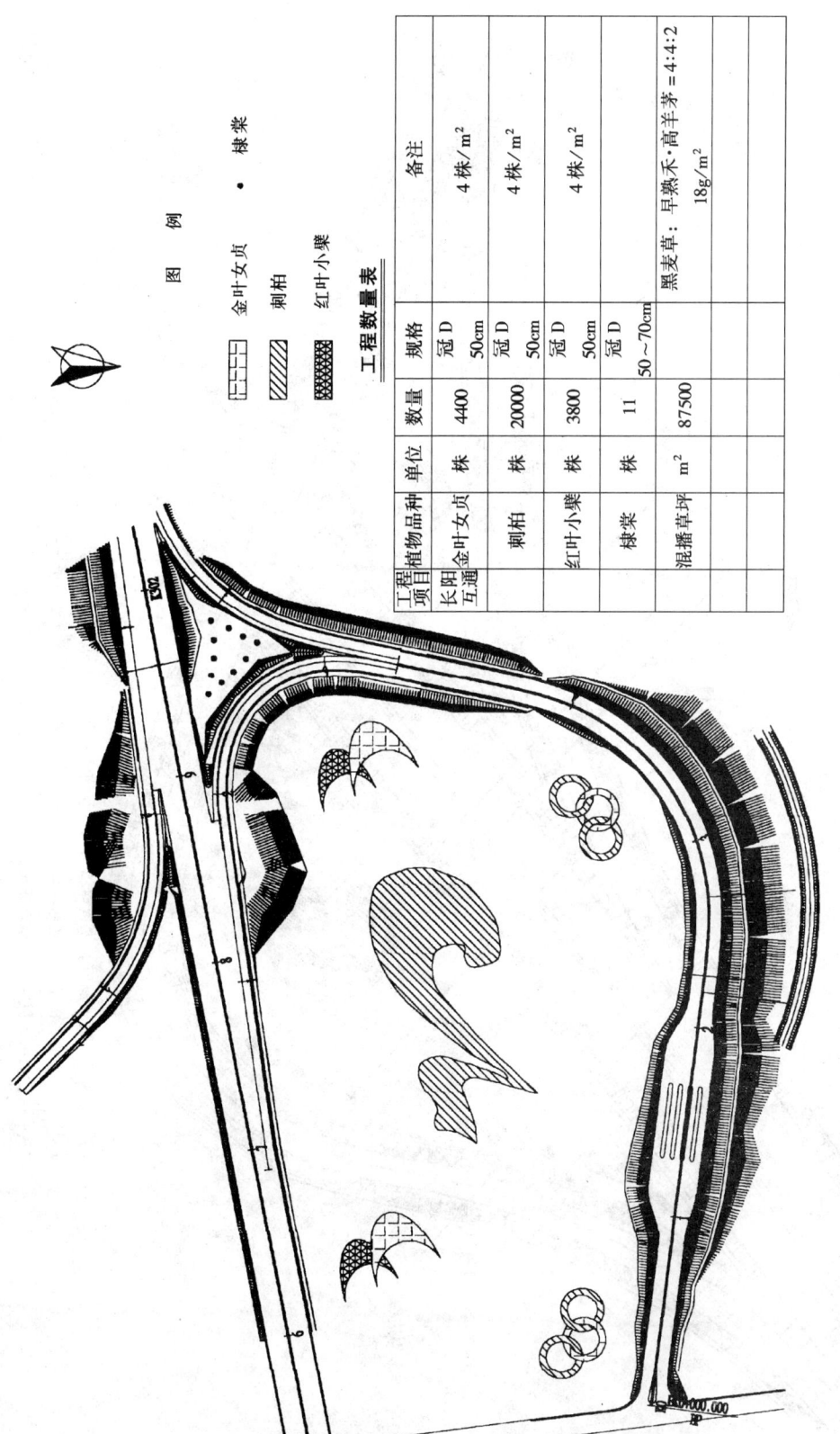

图8-14 绿化种植总平面图

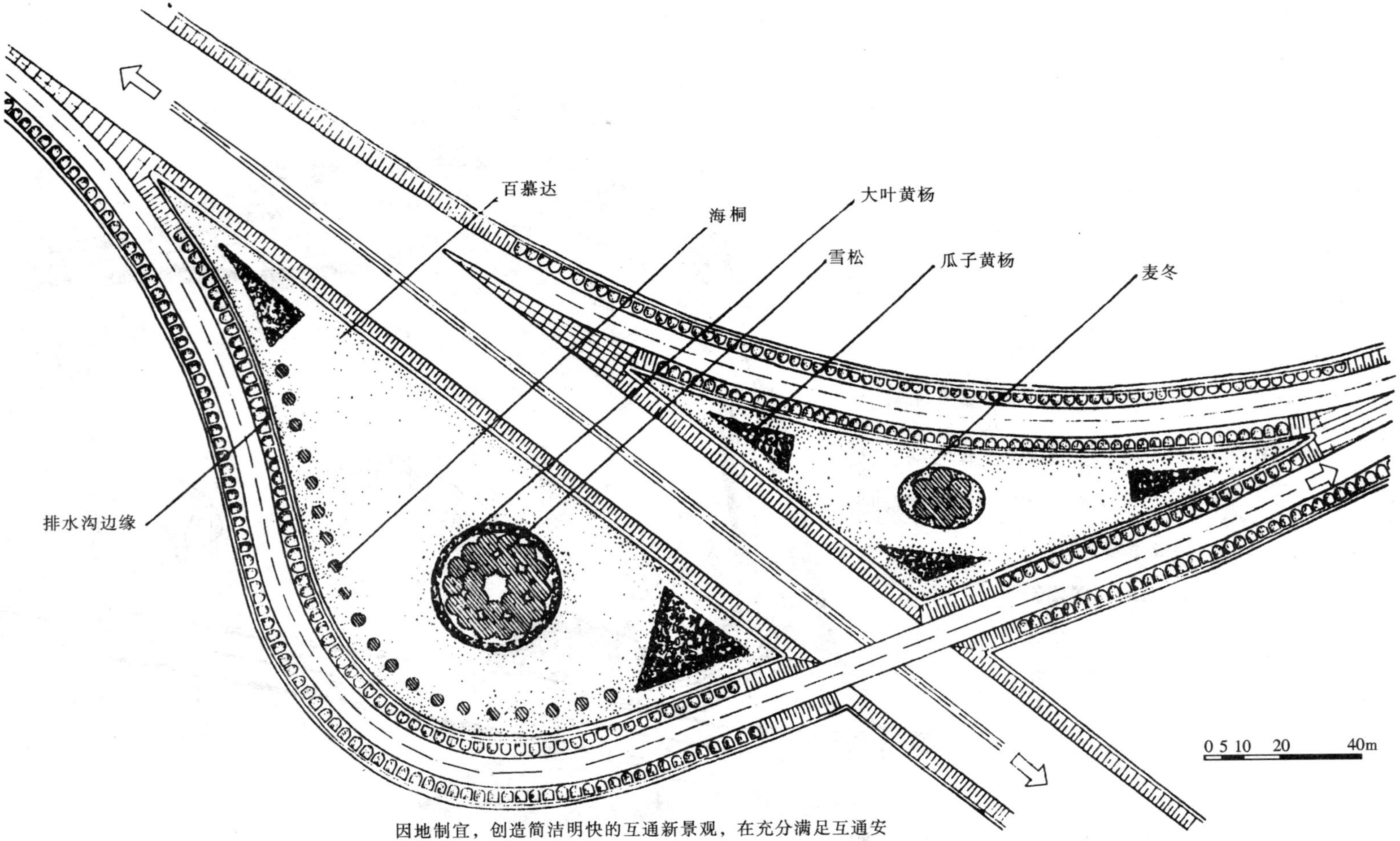

因地制宜,创造简洁明快的互通新景观,在充分满足互通安全的基础上美化互通。以瓜子黄杨为缓冲栽植,以海桐球为诱导栽植,以雪松为标志栽植。

图 8-15 绿化种植总平面图

该互通设计采用简洁图案，寓意"如意"，以大面积雪松林为背景，由小叶女贞和白三叶车轴草组成主要的图案，其间广植丰花月季，开花时节，景色这边独好。

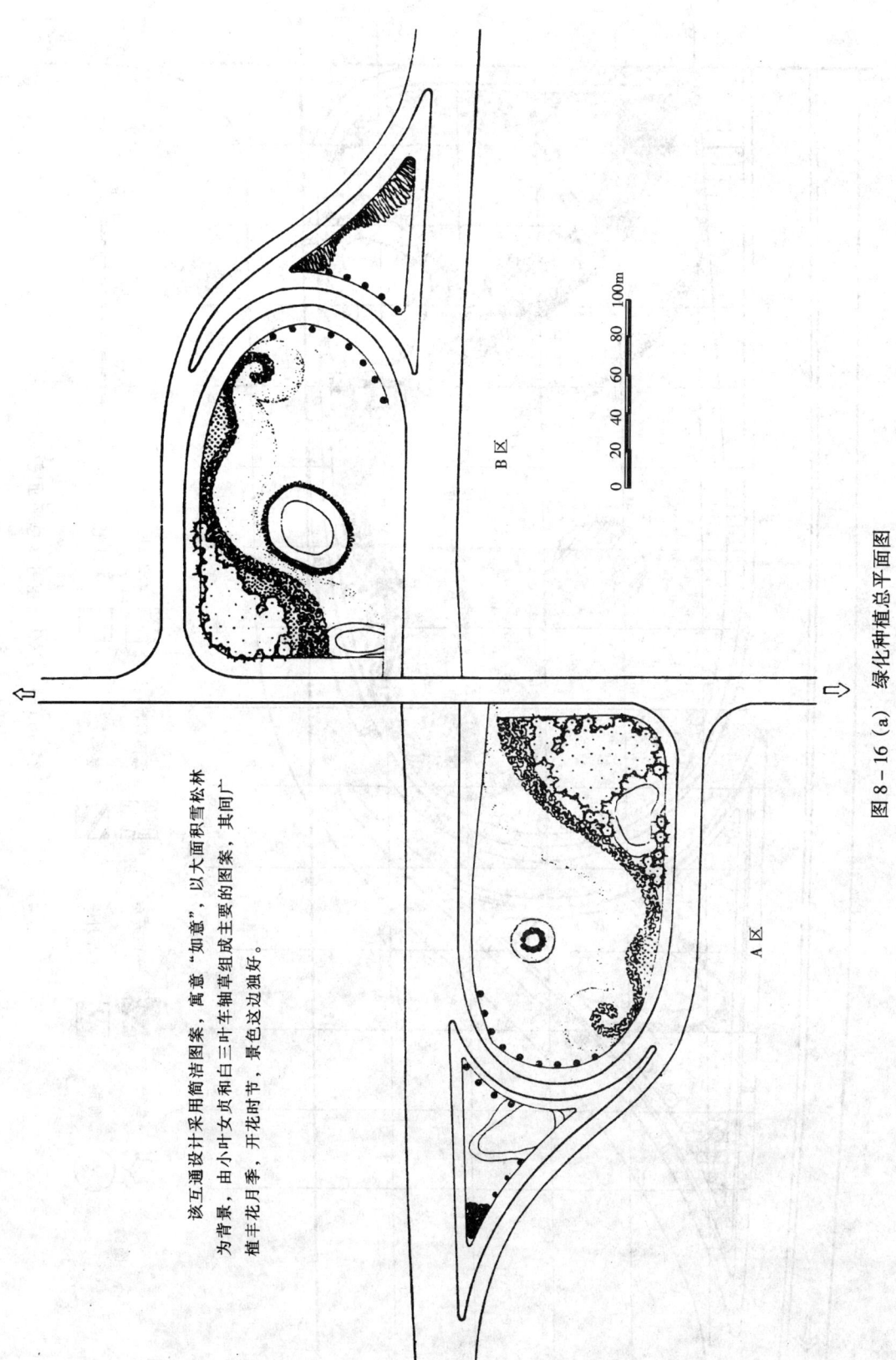

图8-16 (a) 绿化种植总平面图

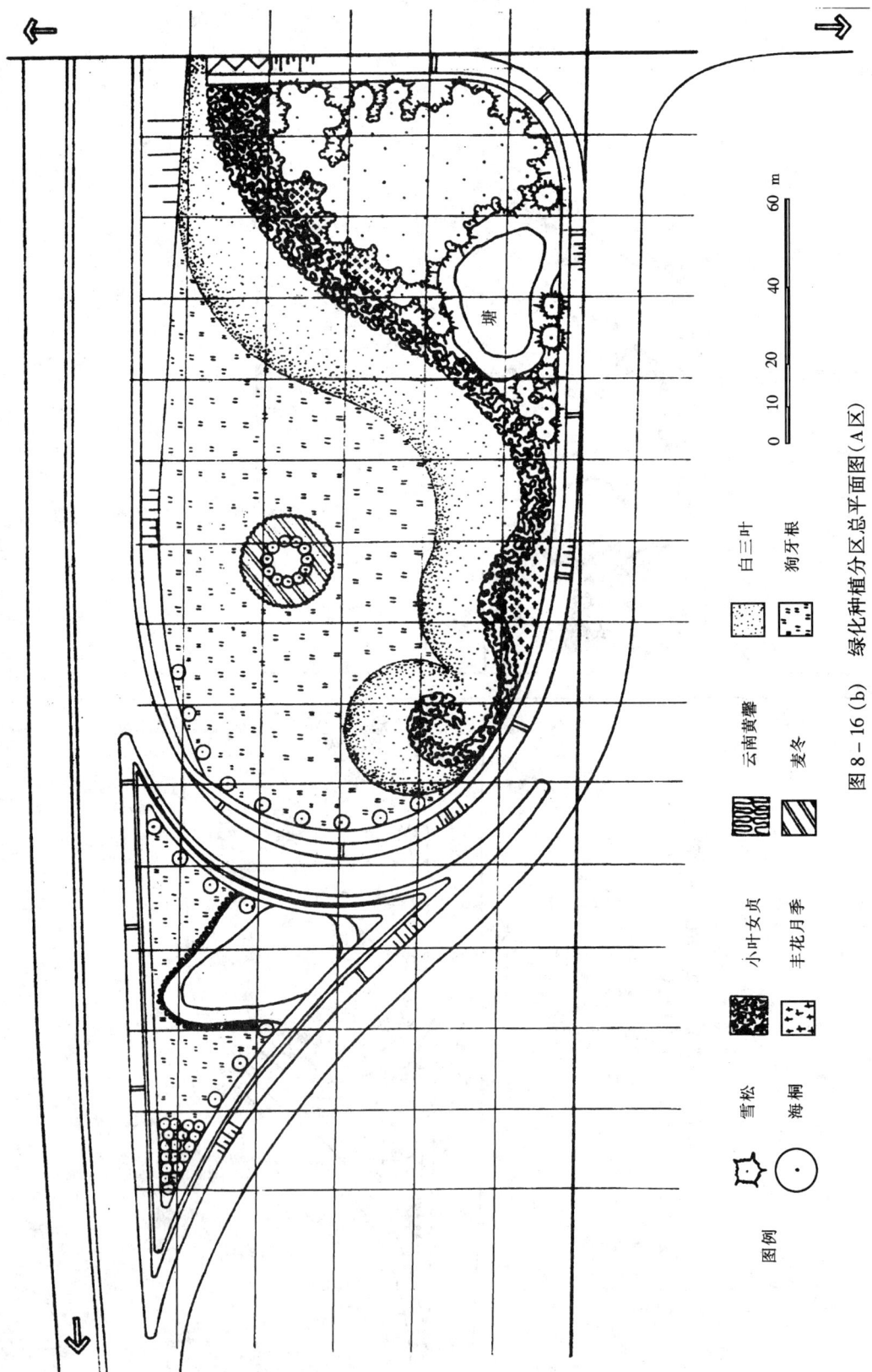

图 8-16（b） 绿化种植分区总平面图（A区）

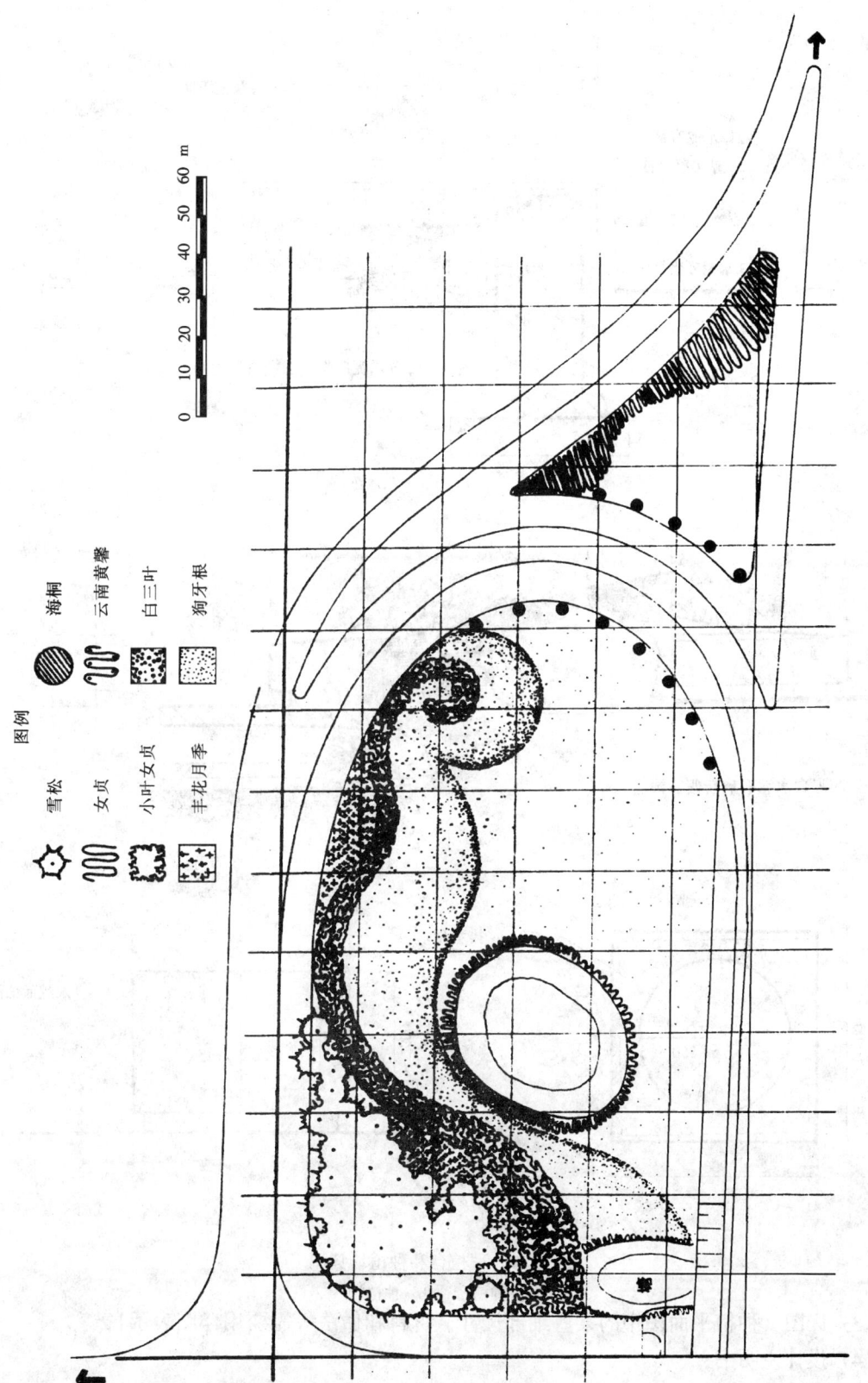

图 8-16（c） 绿化种植分区总平面图（B区）

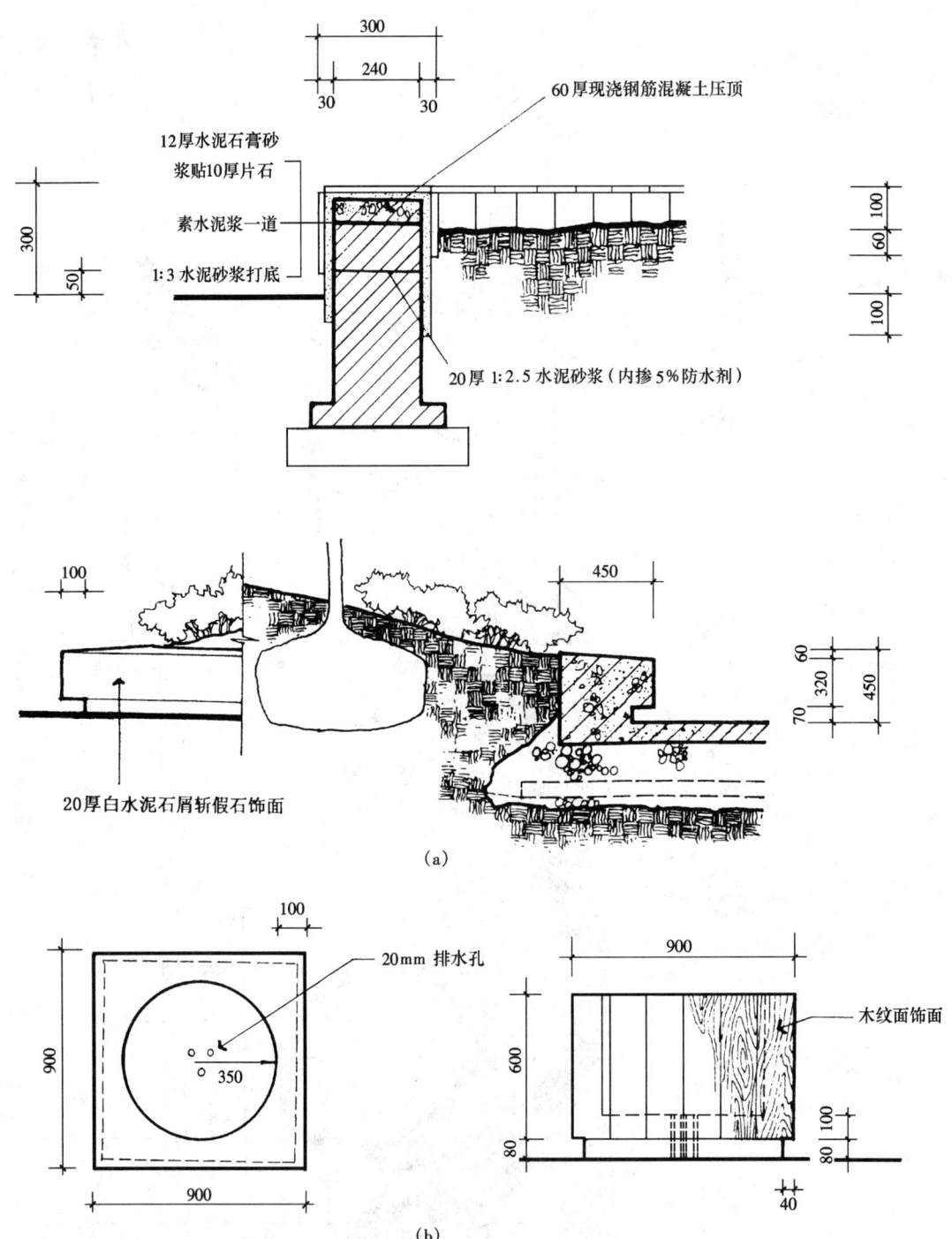

图 8-17 种植台和种植坛详图
(a) 种植台；(b) 种植坛

3）详图（种植平面图中的某些细部尺寸、材料和做法等需要用详图表示）；
4）设计说明书；
5）工程数量表；

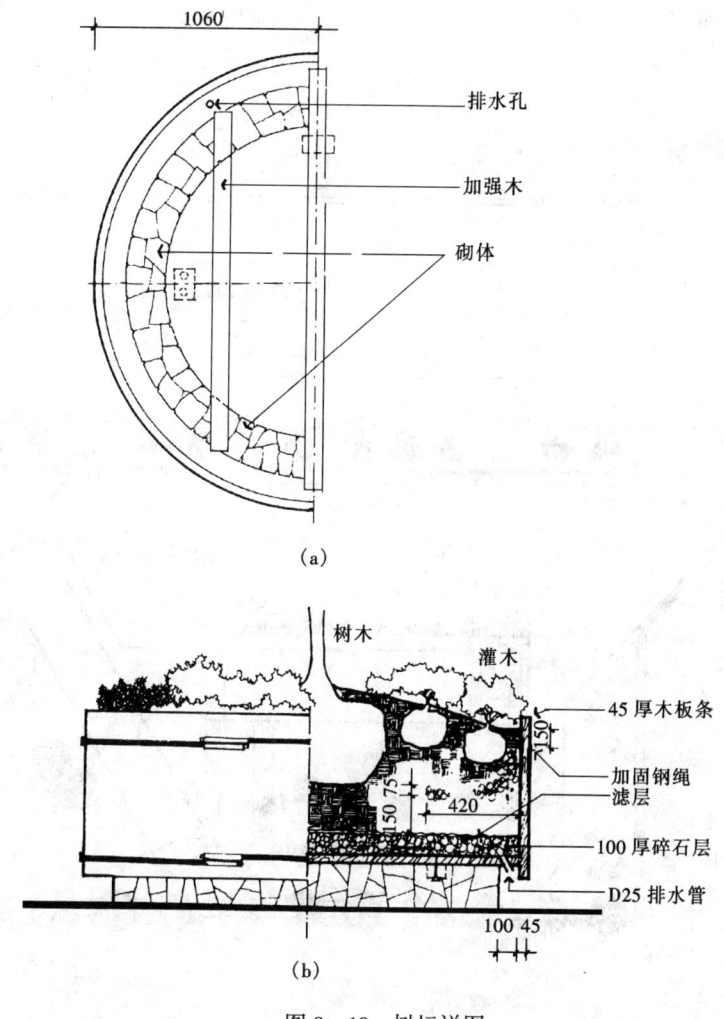

图 8-18 树坛详图
(a) 树坛平面；(b) 树坛剖面

6) 绿化设计预算书。

二、服务区、收费站及管理所（处）等绿化景观设计

高等级公路的服务区主要供司机和乘客作短暂停留、缓解疲劳、车辆加油。设施主要有加油站、维修站、管理楼、餐厅、宾馆、停车场及一些娱乐设施。服务区的建筑大多造型新颖。绿化景观设计主要考虑遮荫、休息等功能，通过植物绿化、园林小品造景，衬托出建筑的美，创造一个优美宜人的休息环境。

收费站及管理所(处)是收费管理人员工作、生活的地方，其绿化景观设计以美化环境为主。

1．绿化景观设计要点

服务区、收费站及管理所（处）等绿化景观设计首先应对绿化用地进行功能分析，搞清各项用地之间的关系。其次，根据不同的使用功能，合理进行绿化景观规划与设计。

2．绿化景观设计方法

服务区、收费站及管理所（处）等绿化景观设计方法同互通立交区。图 8-19 为收费站办公区绿化种植平面图。

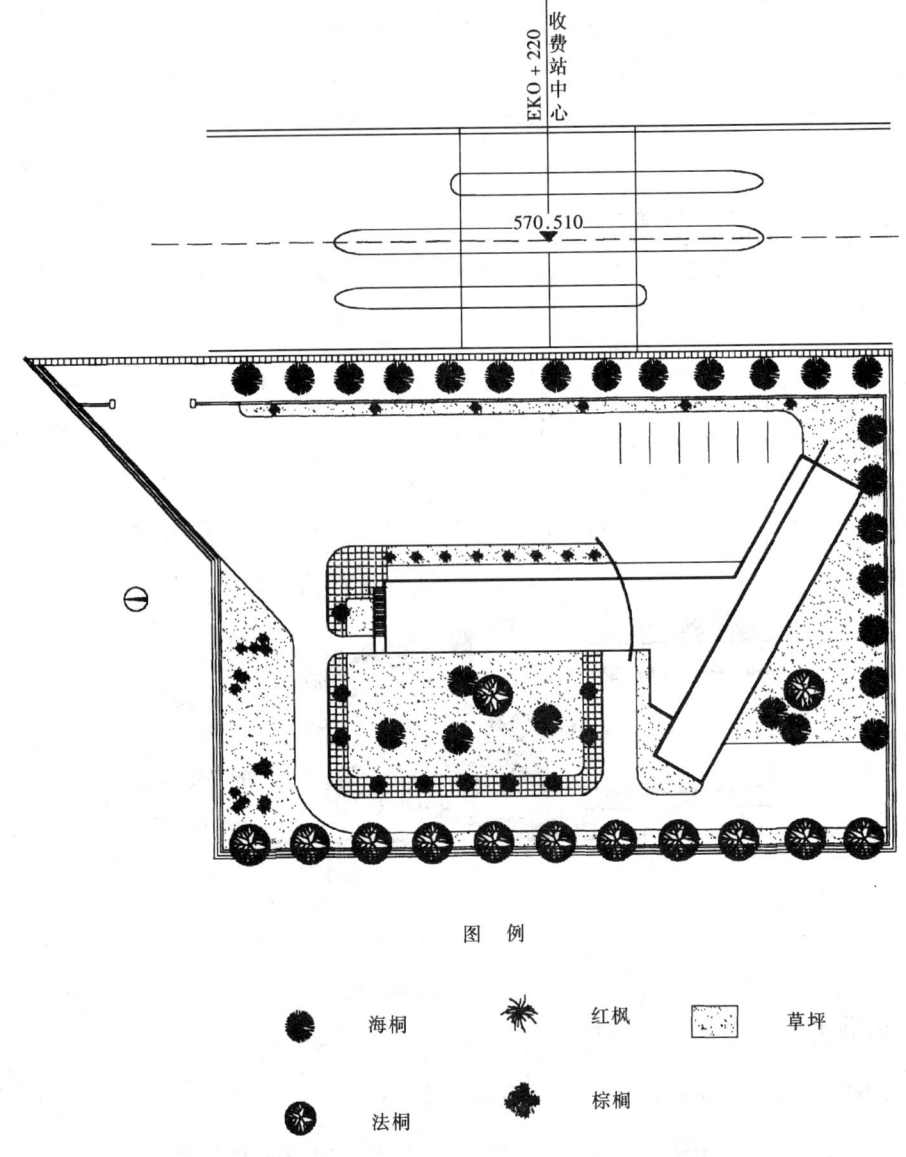

图 8-19 收费站办公区绿化种植平面图

三、隧道出入口的绿化景观设计

隧道出入口的绿化景观设计非常重要。一是绿化种植可以减少司乘人员进入隧道的心理压抑感；二是在洞口种植高大的乔木可起到明暗过渡的作用，提高司机视觉适应性；三是在上行、下行两个洞门之间种植乔灌木，可阻止汽车废气在两个洞口之间回流。

1. 绿化景观设计要点

隧道出入口绿化景观设计既具有功能性又具有景观观赏性，其设计要点如下：

（1）洞门出入口两侧密植乔灌木，可起防眩遮光作用，能有效防止进出洞门的光线强烈

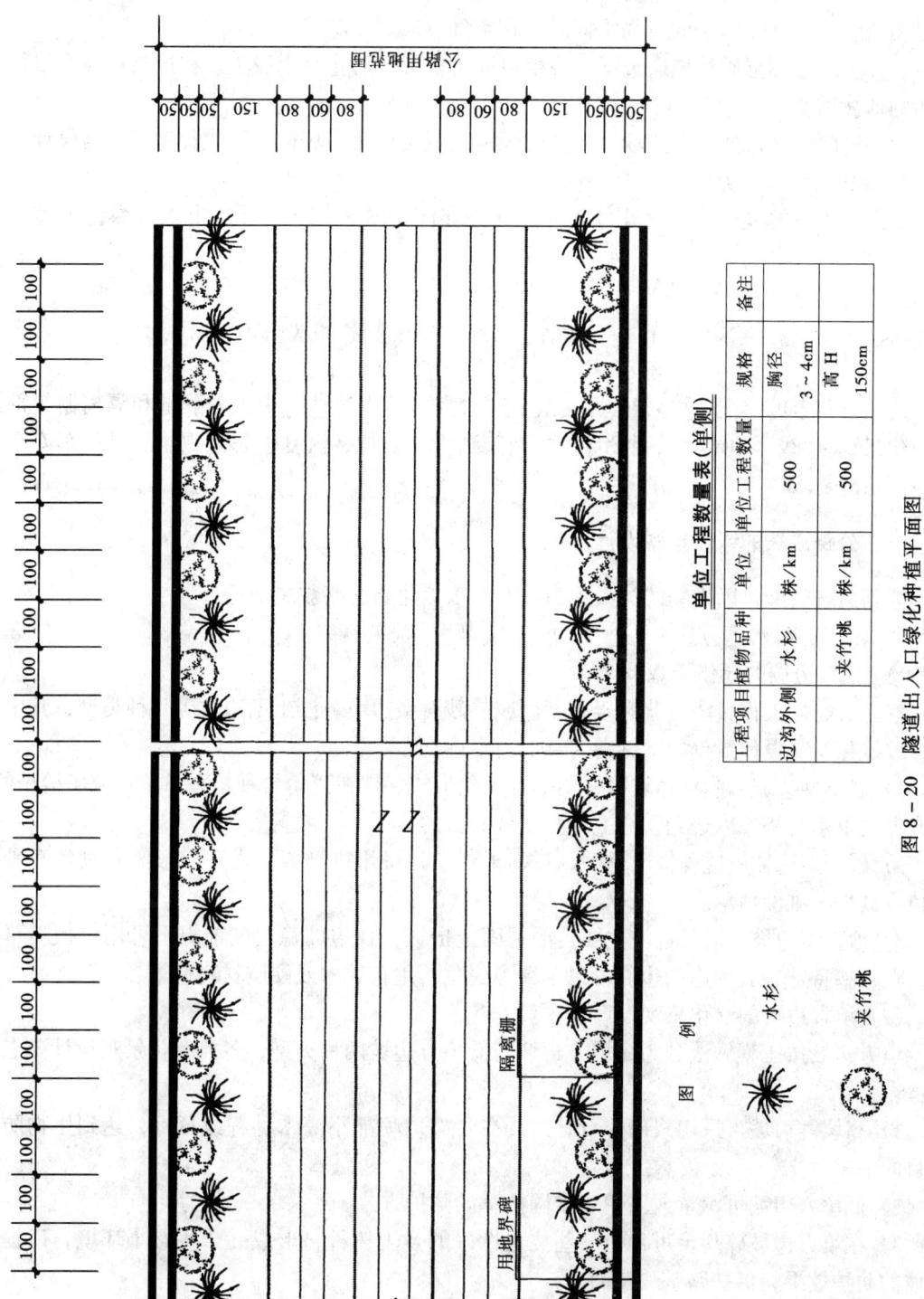

图 8-20 隧道出入口绿化种植平面图

反差，有利行车安全。以常绿植物为首选。

（2）上下行两洞门之间密植乔灌木，可阻滞汽车尾气等浊气在两洞门之间回流。最好选择对相关废气有吸收作用的植物来同时净化空气。

（3）洞门上部土质护坡通过绿化栽植可固土护坡，防止水土流失。在植物选择上以根系发达的地被植物为主。

（4）洞门出入口处若有广场，应结合环境景观设计对广场进行绿化种植规划与设计。

2．绿化景观设计方法

隧道出入口的绿化景观设计方法同互通立交区。图8-20为隧道出入口绿化种植平面图。

第三节　公路"线"的绿化景观设计

所谓公路上的"线"，是指公路主线，包含挖、填方边坡、中央分隔带和隔离栅等部位的绿化景观。"线"的绿化景观设计主要是起到生物防护、恢复生态景观、满足行车安全和景观舒适的要求。

一、公路边坡的绿化景观设计

公路边坡的绿化以生物防护设计为主，辅以美化路容路貌之功能。

1．绿化景观设计要点

（1）挖方边坡的绿化景观设计

挖方边坡按工程做法可分为岩石型边坡、砂石型边坡、沙土型边坡等几种类型，其中各类边坡绿化景观设计要点如下见图8-21～图8-26：

1）岩石型边坡。此种边坡可采用垂直绿化形式，即在碎落台种植垂吊植物或攀援植物，形成上垂下攀之势，以达到视觉上软化边坡的目的。

2）砂石型边坡。这种情况是砂、石、土混杂，可用拱形或"人"字形等浆砌片石骨架内植草或加三维网植草。

3）沙土型边坡。这类边坡主要目的是固土护坡，在边坡稳定的前提下可用机械喷草防护，在一些特殊景观用途的边坡可以草坪为底色，用花灌木或硬质材料造景。

（2）填方边坡的绿化景观设计

填方边坡按工程做法分为高填方边坡与低填方边坡两种类型，各自绿化景观设计要点如下：

1）高填方边坡可采用浆砌片石骨架并在骨架内喷播小灌木种籽或草籽，达到生物防护的目的。

2）低填方边坡可植草或采用三维网植草的防护方式。

3）在填方边坡碎落台可种植一些抗逆性好的乡土树种，形成一个生态小环境，以提高边坡的防护效果，保护路基、路面。

2．绿化景观设计方法

公路边坡的绿化景观设计方法同互通立交区绿化景观设计方法。

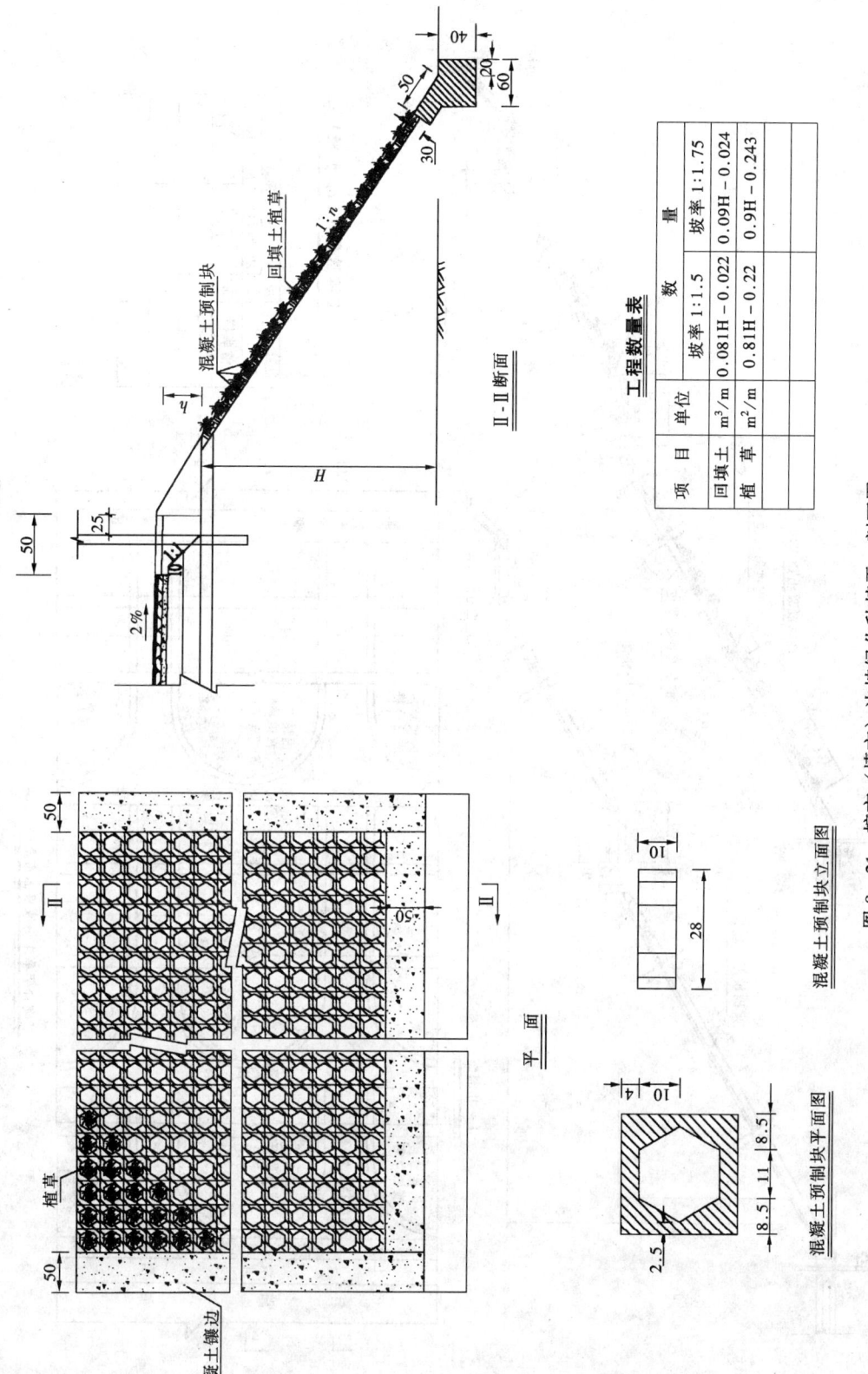

图 8-21 挖方（填方）边坡绿化种植平、剖面图

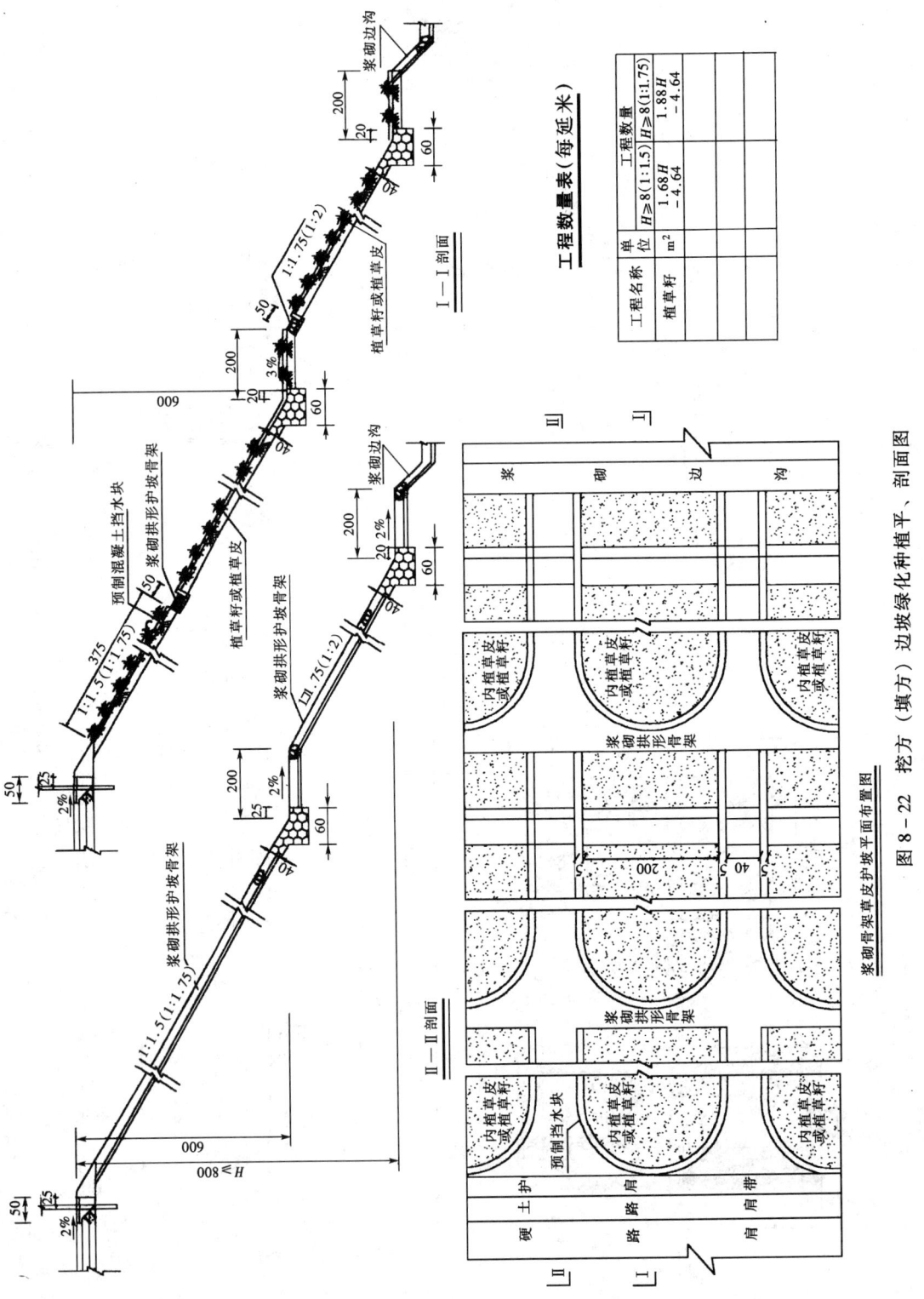

图 8-22 挖方(填方)边坡绿化种植平、剖面图

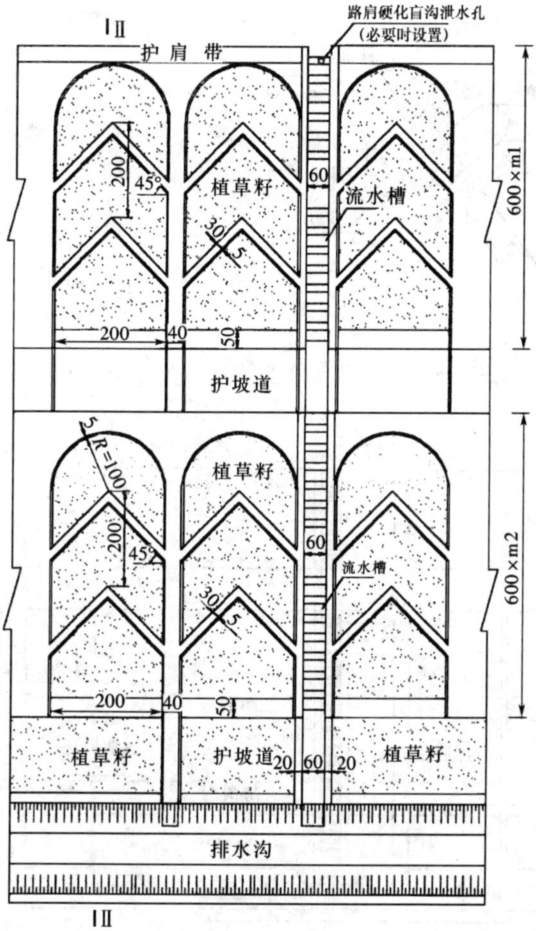

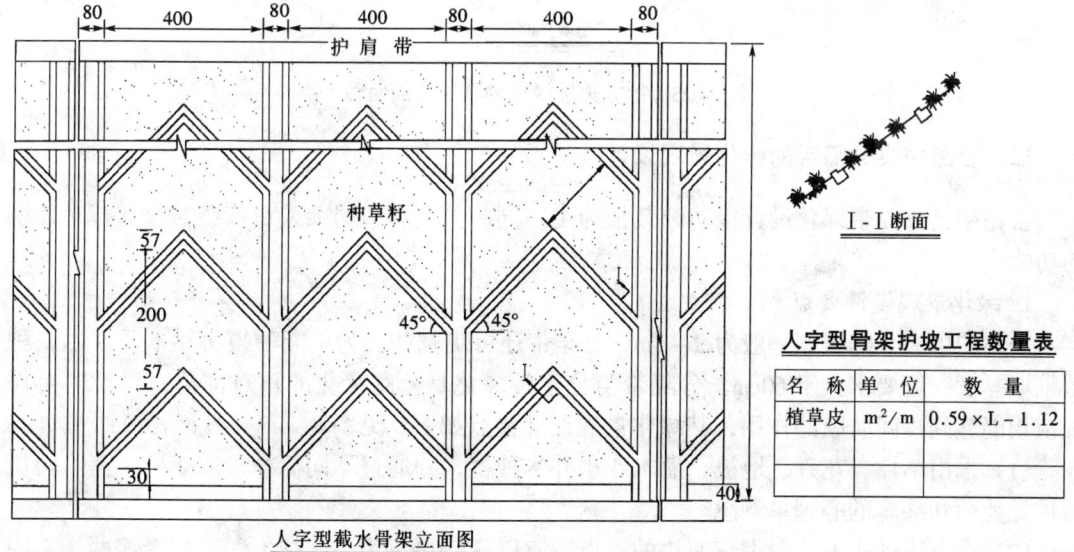

图 8-23 挖方（填方）边坡绿化种植平、剖面图

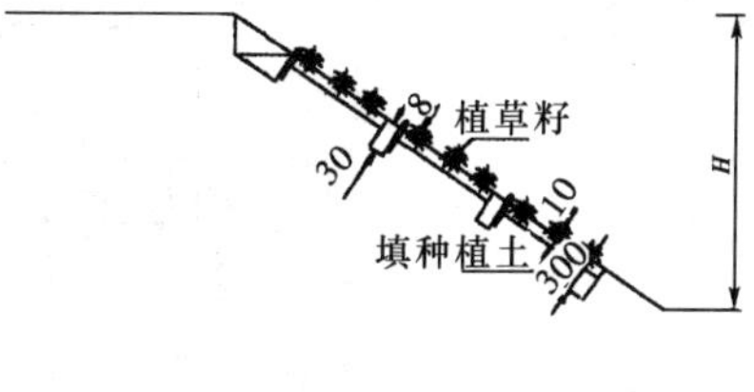

图 8-24 挖方（填方）边坡绿化种植平、剖面图

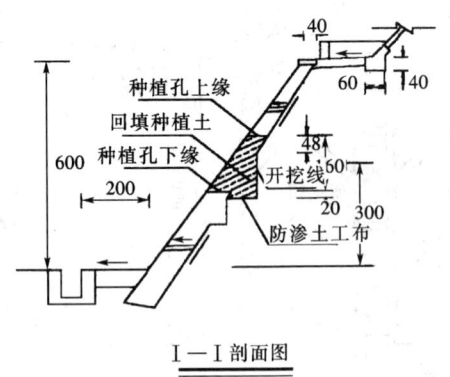

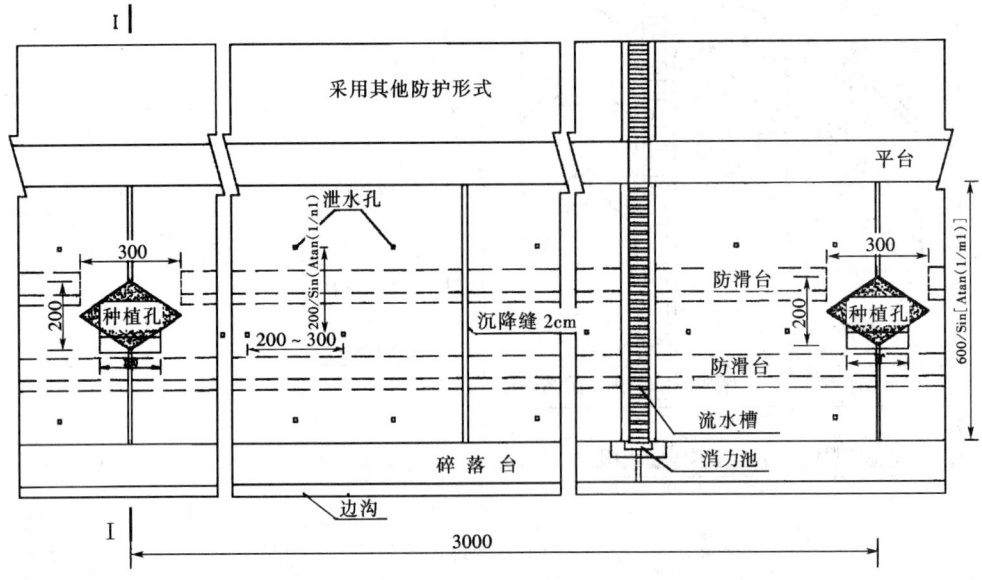

图 8-25 挖方边坡绿化种植平、剖面图

二、公路中央分隔带的绿化景观设计

公路中央分隔带绿化设计以防眩栽植为主,同时具有调节司乘人员疲劳,改善行车环境的功能。

1. 绿化景观设计要点

公路的中央分隔带宽一般为 2~3m,分车带还可更宽些。为了能种植小乔木及灌木,种植土壤厚度一般要求大于 60cm。分隔带与分车带绿化是公路绿化的重点部位,设计时要保证植物能起到夜间防眩的作用,其绿化景观设计要点如下(见图 8-27~图 8-31):

(1) 采用草坪、花卉、地被、灌木或小乔木种植,并通过不同标准段的变换,消除司机的视觉疲劳和乘客的心理单调感。

(2) 在布置形式上,考虑车速快的特点,宜以 5~10km 为一个标准段,按沿线两旁不同风光设计出若干个标准段,交替使用,并在排列上考虑其渐变和韵律感。

(3) 植物选择上以常绿植物为主，选择易管护、耐修剪、抗逆性强的植物品种。

2. 绿化景观设计方法

公路边坡的绿化景观设计方法同互通立交区绿化景观设计方法。

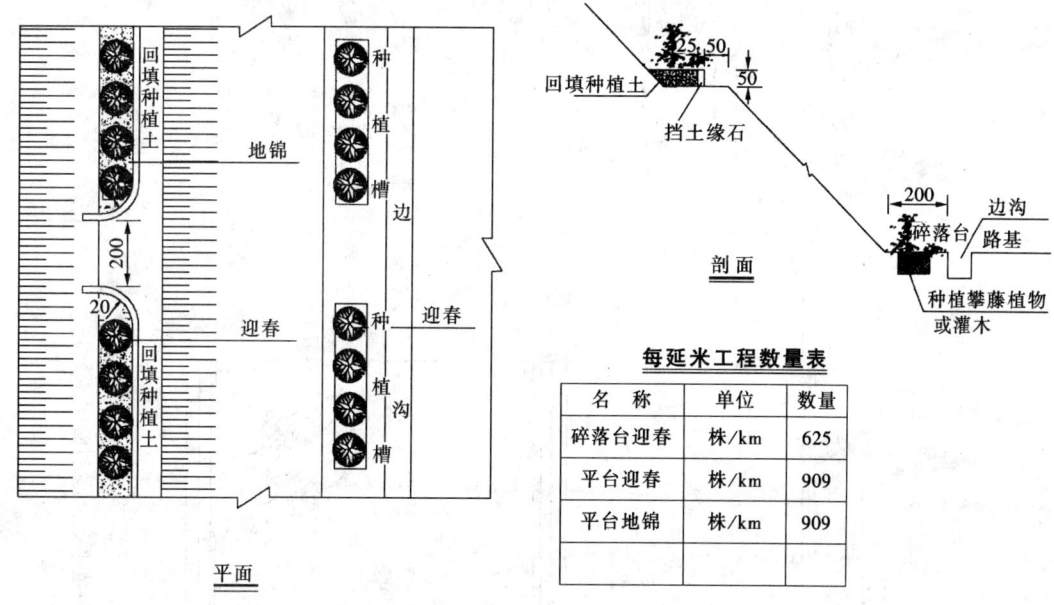

图 8-26 挖方路段碎落台绿化种植平、剖面图

三、公路路侧的绿化景观设计

公路路侧的绿化设计以丰富道路景观，改善行车环境为主。有些道路利用路侧绿化栽植形成公路隔离栅，保障行车安全。

1. 绿化景观设计要点

(1) 公路路侧的绿化栽植一般于道路地界内 0.5~1m 范围内栽植；

(2) 对于公路外侧自然景观较好地段，植物密度不宜过小，留出观赏空间；对于公路外侧的不雅景物，可密植绿化植物，予以遮挡；

(3) 做为景观绿化的路侧栽植，既可植乔木，也可乔灌混植；既可单一品种，也可多品种组合；

(4) 在布置形式上，可根据公路里程，设计一种或多种种植形式，交替变换，改善单一行车环境；

(5) 用做隔离栽植的路侧绿化，以密植灌木为主，树种选择上以枝条坚硬，有刺、常绿等为首选。

2. 绿化景观设计方法

公路路侧的绿化景观设计方法同互通立交区绿化景观设计方法，见图 8-32~图 8-36。

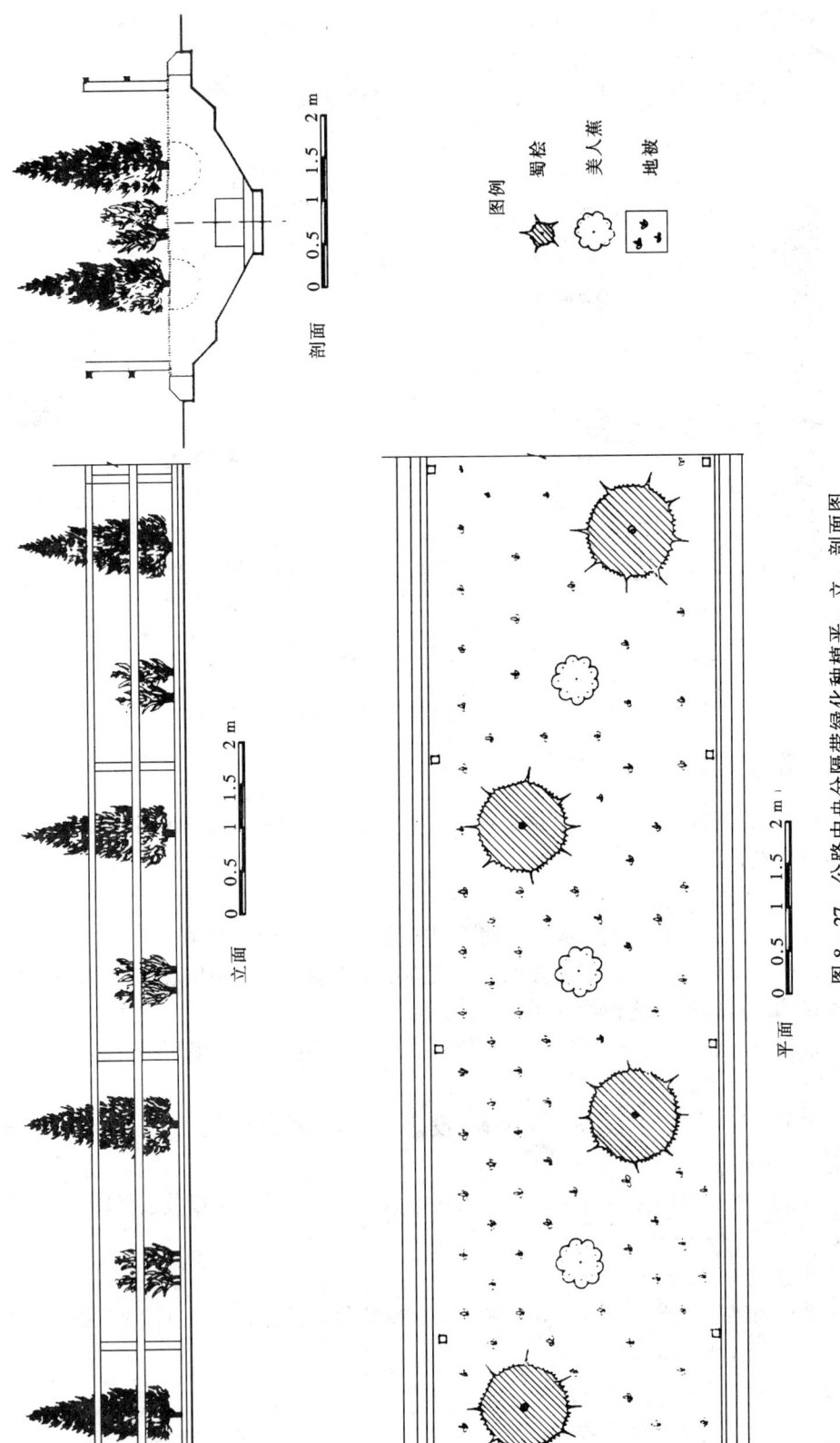

图 8-27 公路中央分隔带绿化种植平、立、剖面图

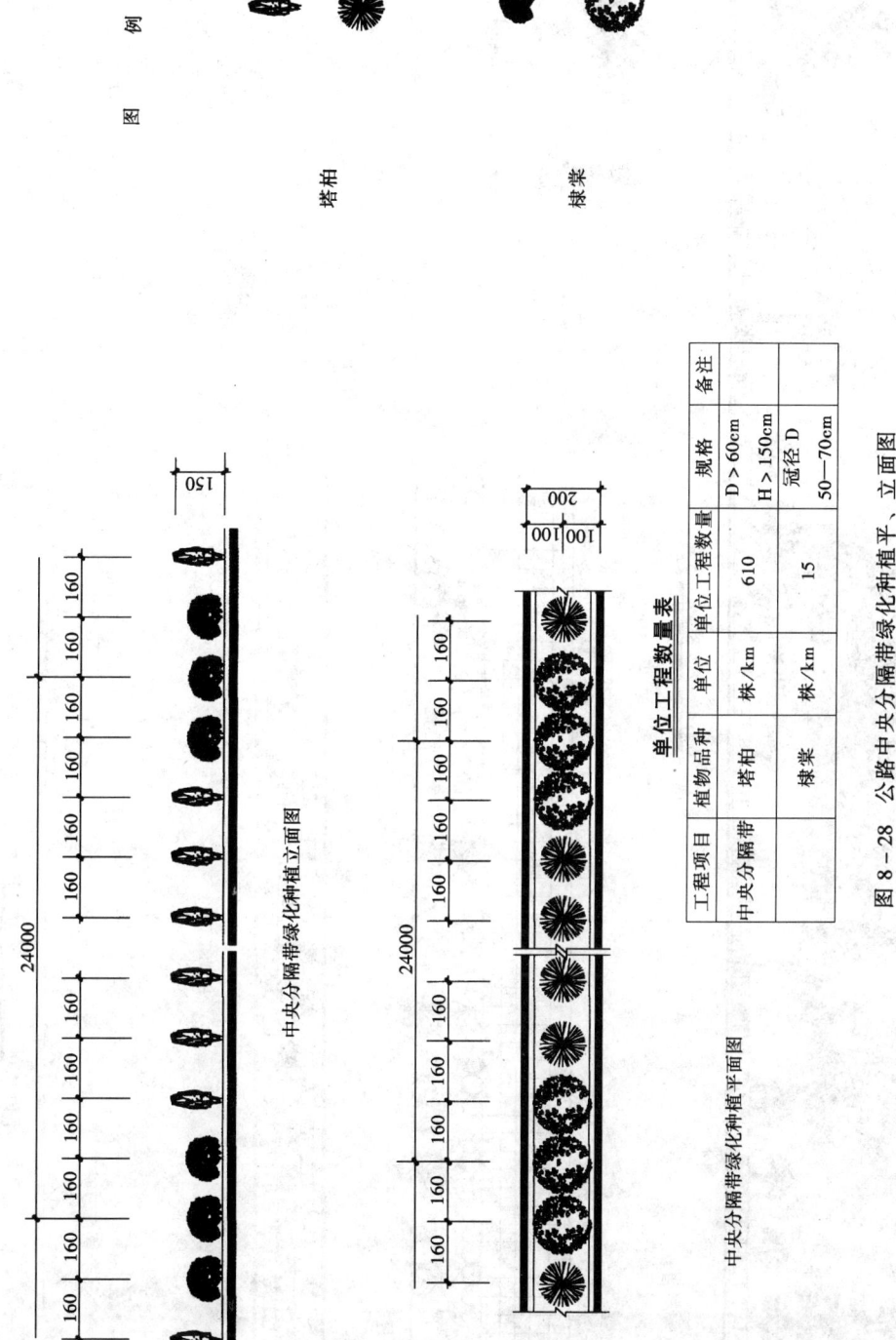

图 8-28 公路中央分隔带绿化种植平、立面图

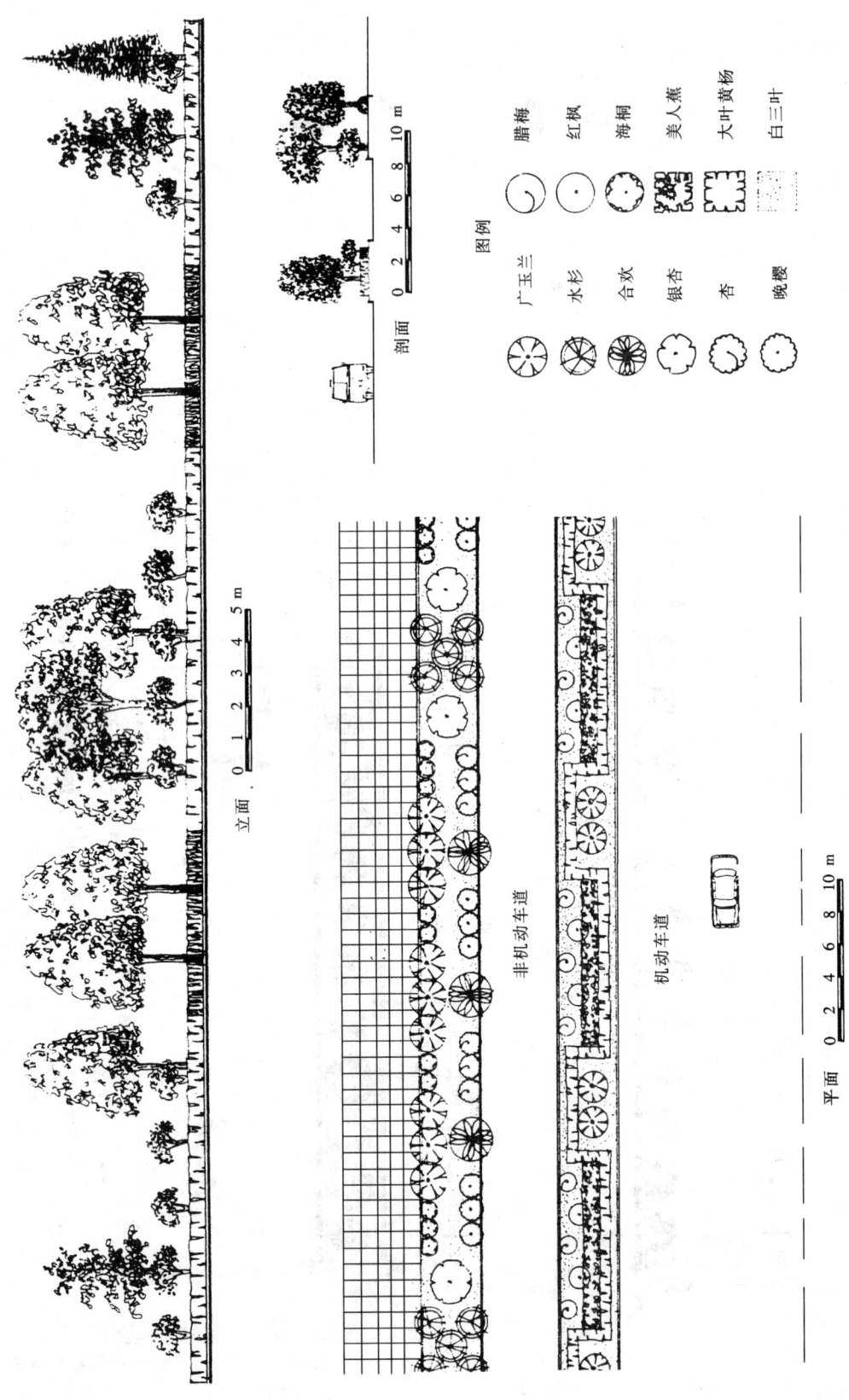

图 8-29 公路分车带绿化种植平、立、剖面图

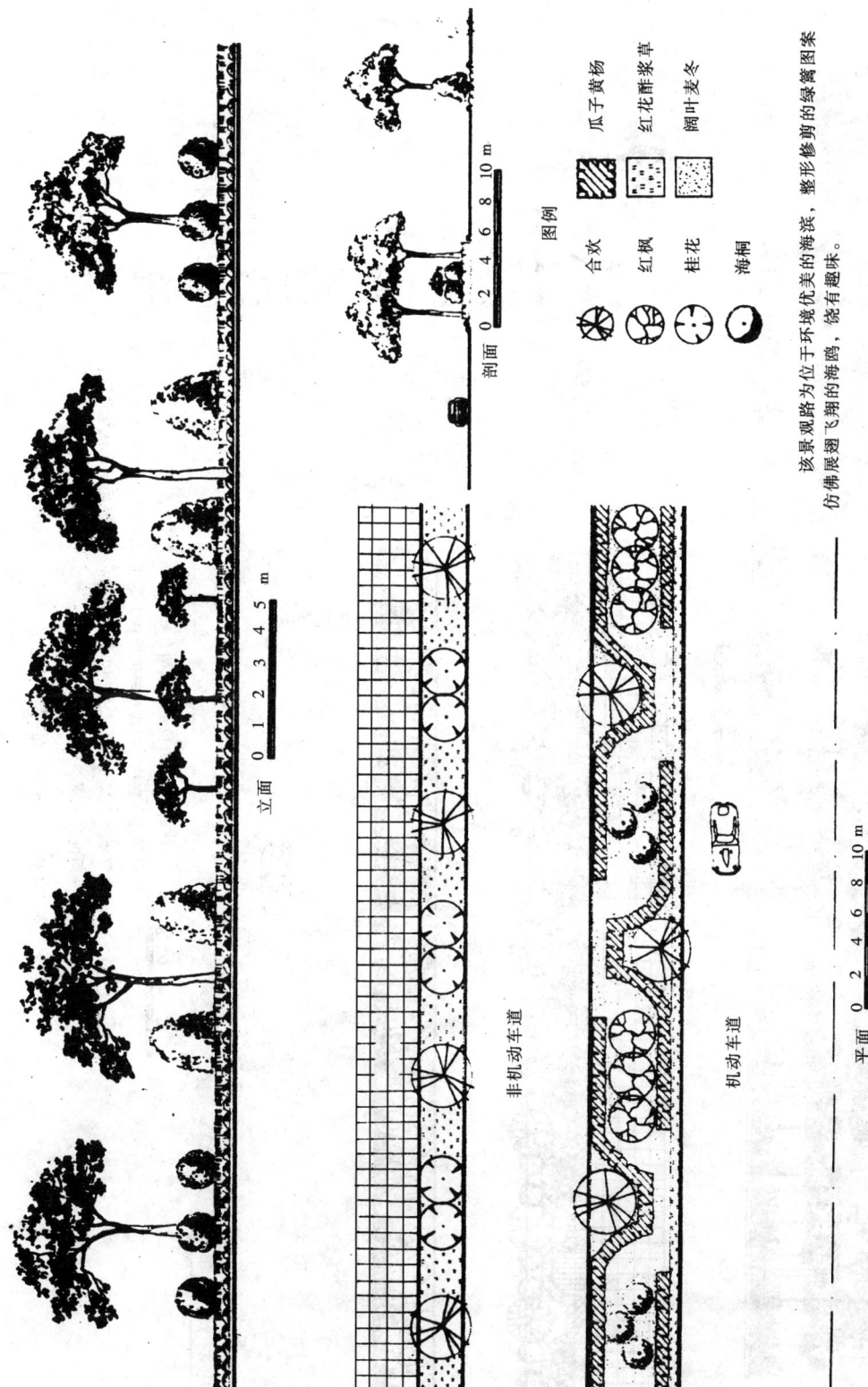

图8-30 公路分车带绿化种植平、立、剖面图

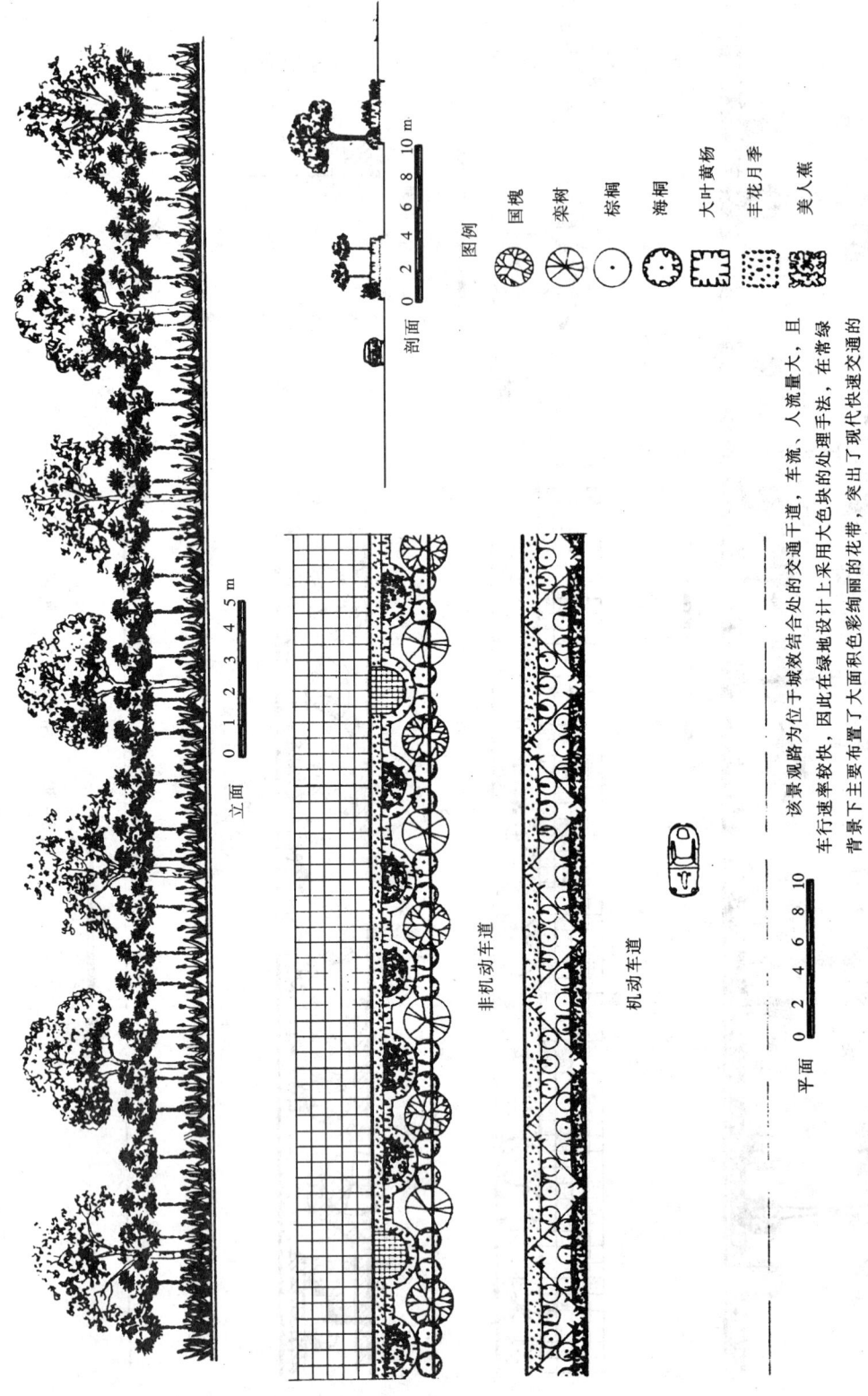

图8-31 公路分车带绿化种植平、立、剖面图

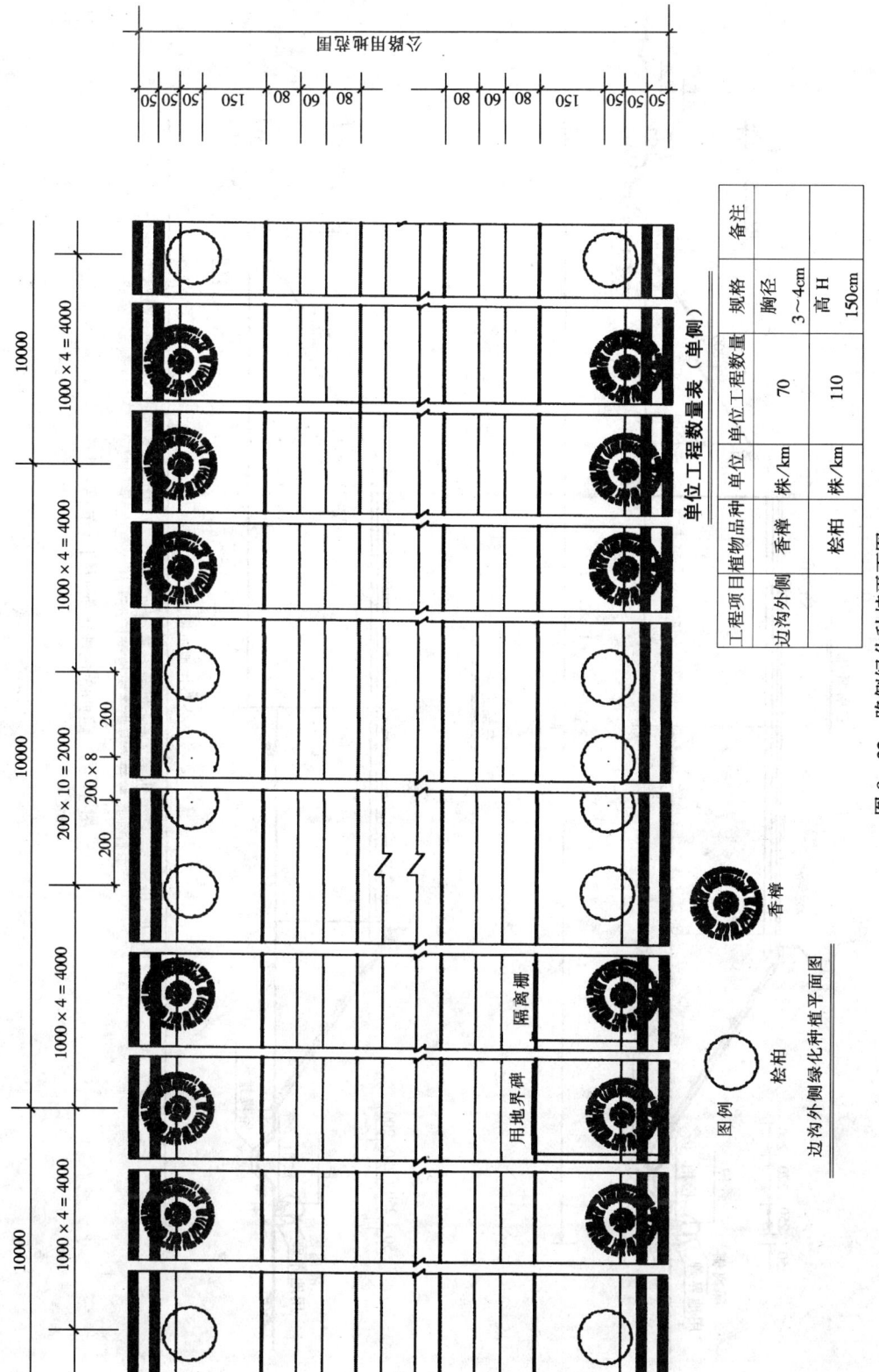

图 8-32 路侧绿化种植平面图

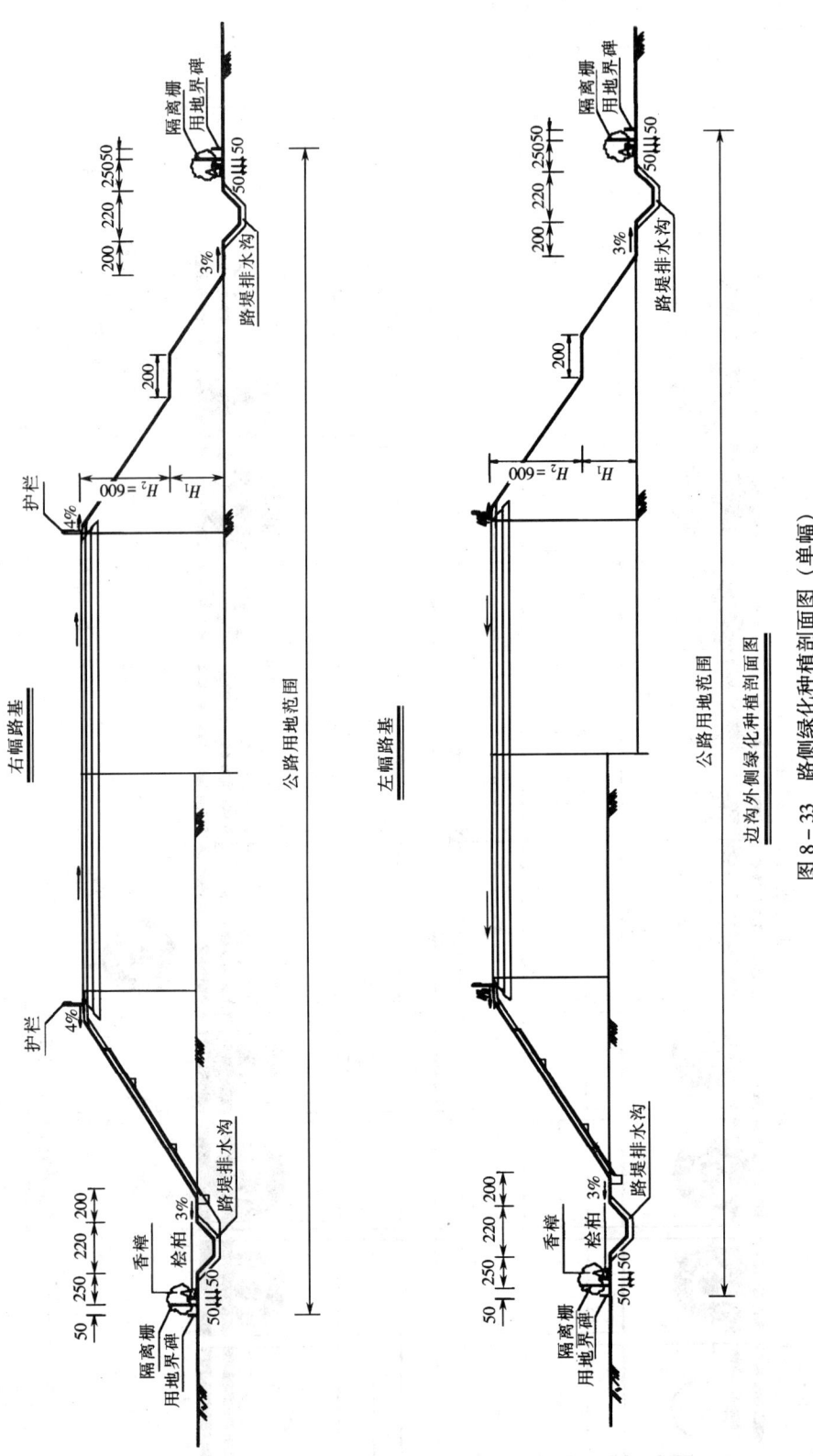

图 8-33 路侧绿化种植剖面图（单幅）

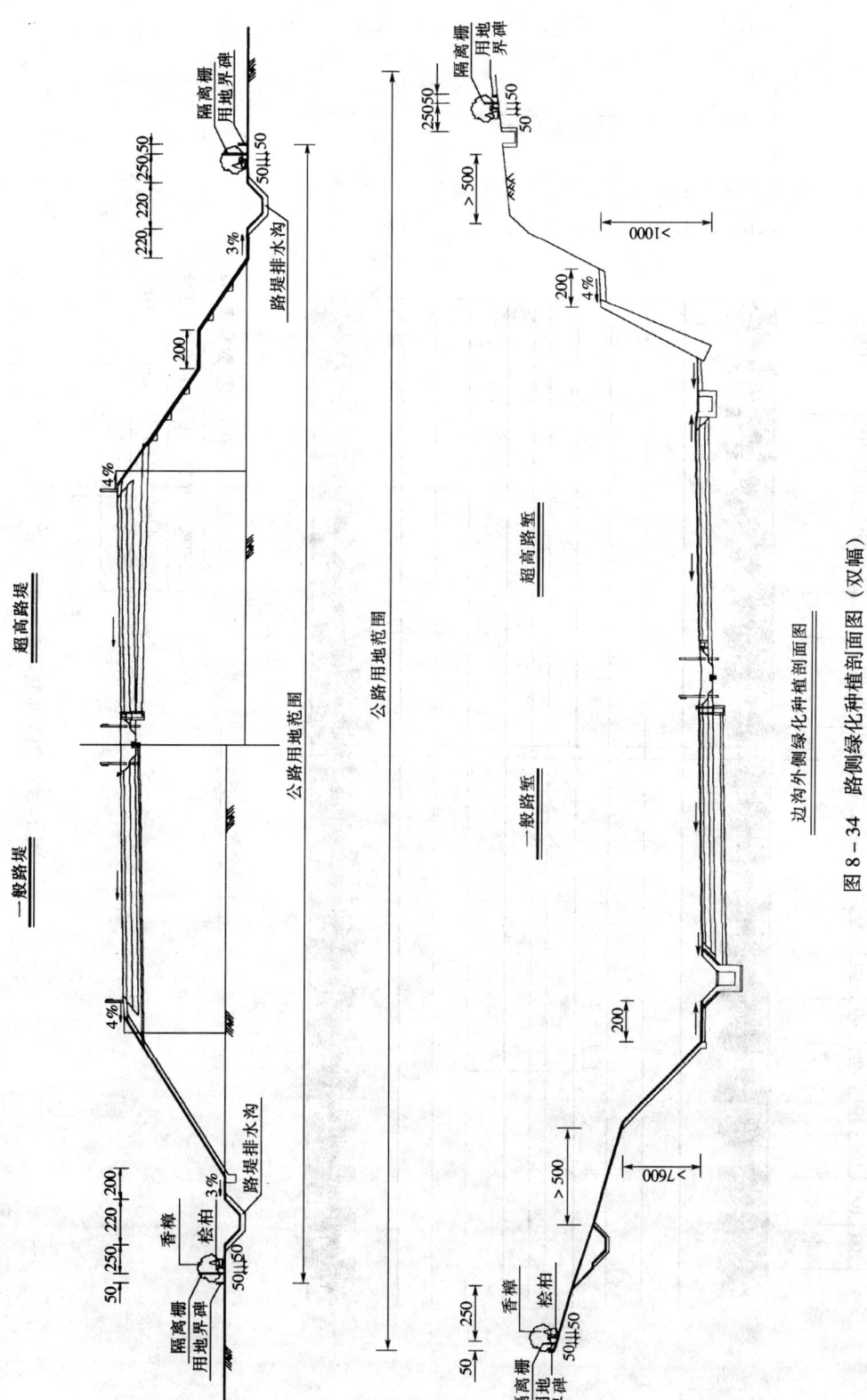

图 8-34 路侧绿化种植剖面图（双幅）

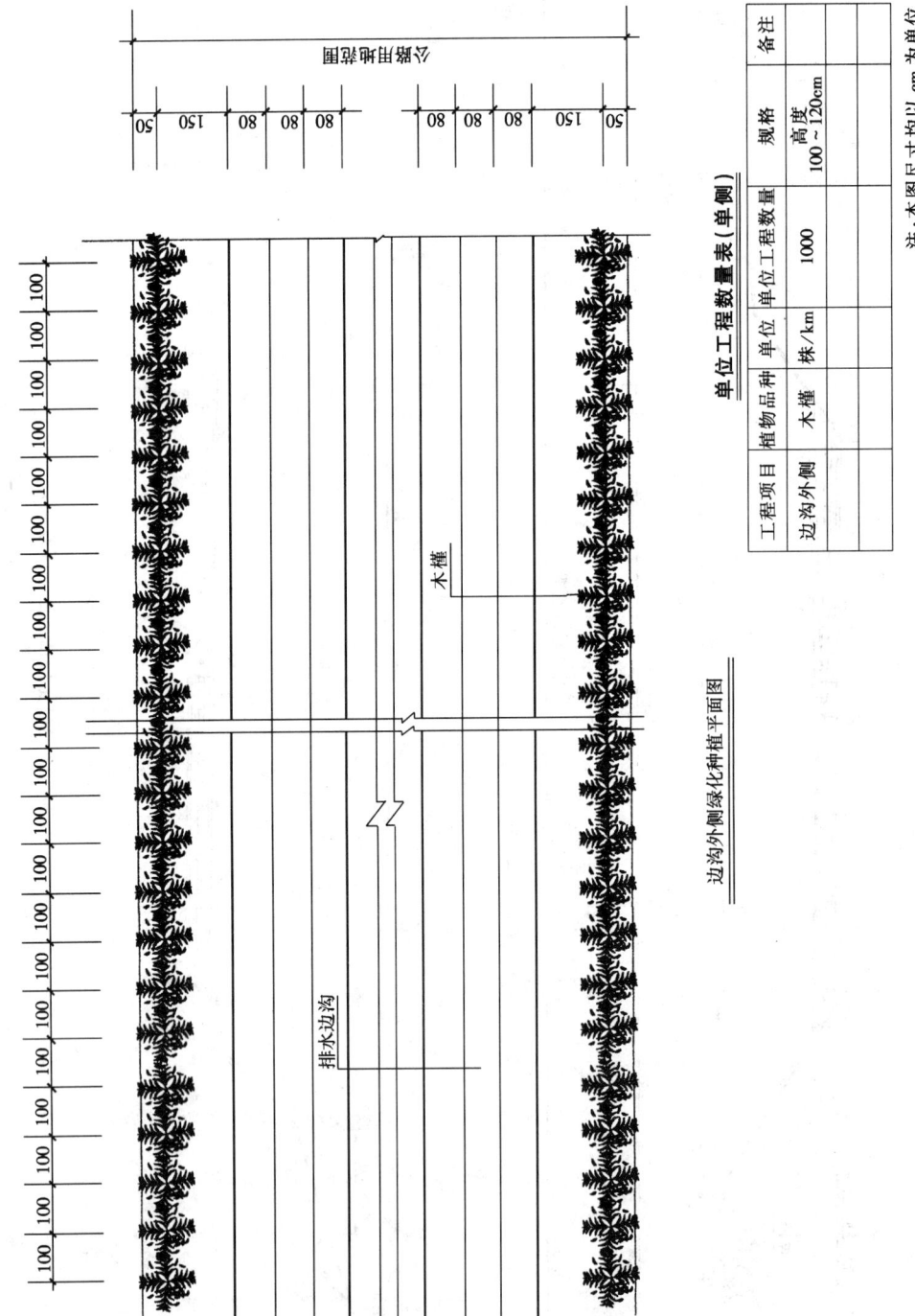

图 8-35 路侧生物隔离种植平面图

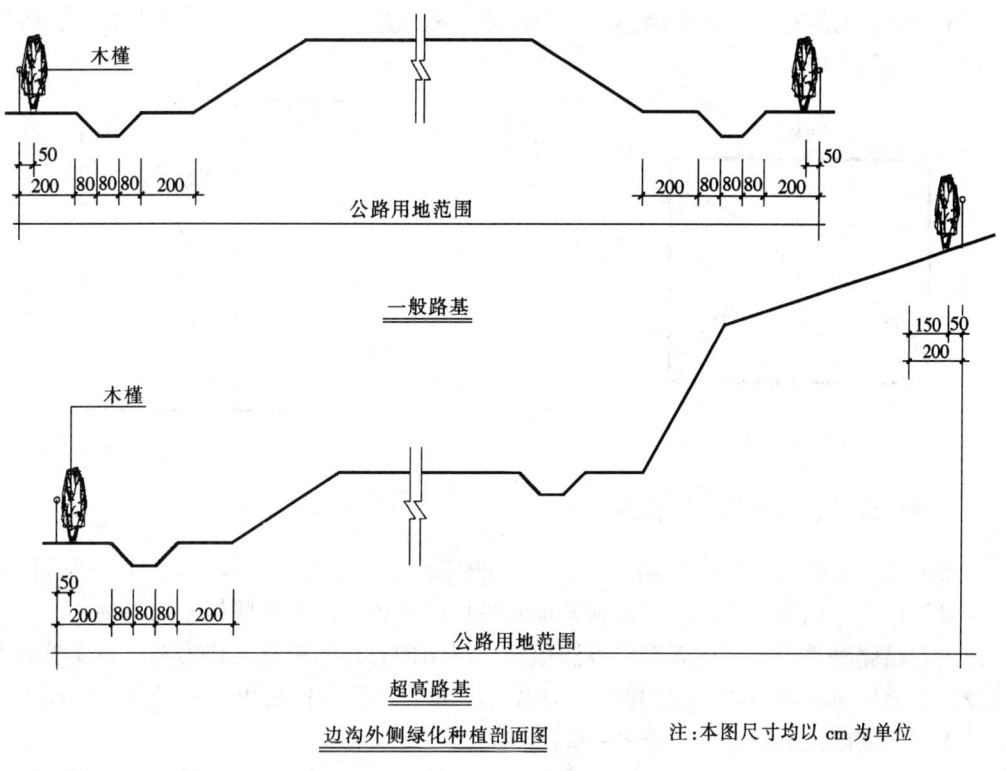

注：本图尺寸均以 cm 为单位

图 8-36　路侧生物隔离种植剖面图

第四节　公路绿化景观设计的其他问题

一、绿化种植的诱导作用

种植在弧线外侧的植物会强调出弧线，同时看去似乎在命令你选择这条路，这类种植对于黄昏或晚间行车特别有利。见图 8-37。

如果竖向弯道二侧有树，可以预先知道弯道一端的延续线。当峰顶弯道前并无水平方向变化时，路二侧的树可以使驾驶者预先明了，见图 8-38。更重要的是，当前面有方向变化时，也可以预先受到警告，见图 8-39。

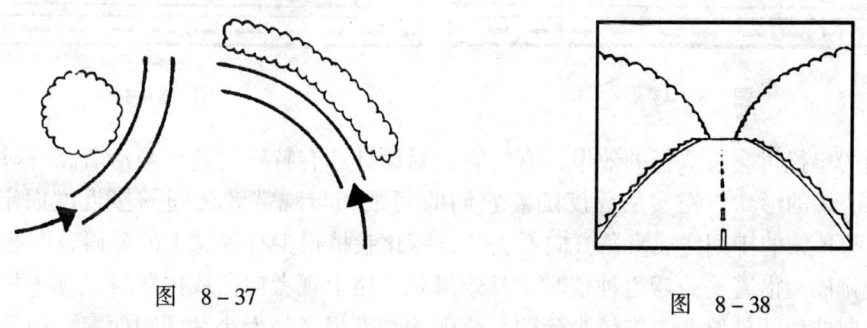

图　8-37　　　　　　　　　　图　8-38

如果在转盘式交叉点上植树，能给向前驶来的车辆驾驶者提供一可见的阻挡物，引起他注意，在引道的两侧种树形成封闭感，也会促使车辆减速。图 8-40 中转盘上的一些树形成了一个明显的阻挡物。

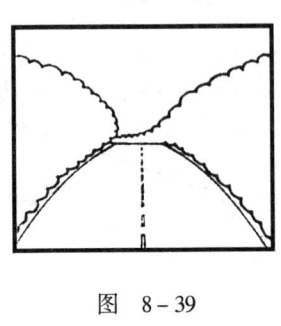

图 8-39

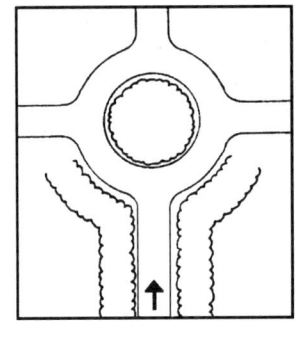

图 8-40

二、绿化设计的造景与框景作用

一条将绿化组织得很好的公路，使旅行者能享受富于变化的连续空间和不同的视觉体验。在发展这个序列时，设计者必需强调那些最佳的景色，隐蔽那些最差的景物。

通过在路侧种植把景观框起来的方法很多。以两侧有并列树的道路为例，最简单的方法是按设计车速比例留出一段空隙如图 8-41 所示。植物的框景线也可以通过用一些较小的乔木和灌木使之逐渐把景物展开，图 8-42 所示。

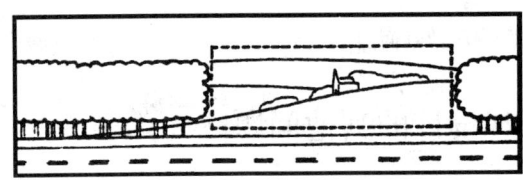

图 8-41

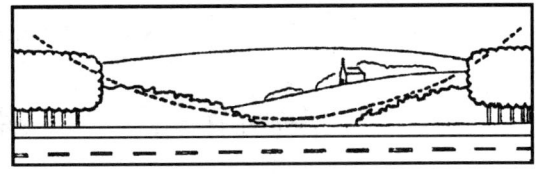

图 8-42

另外一种方法是可把树的间距拉开，按设计车速比例留出间隙，使路侧的景观不受干扰。可以用有规律的间隔，图 8-43，也可用不规则的间隔图 8-44。

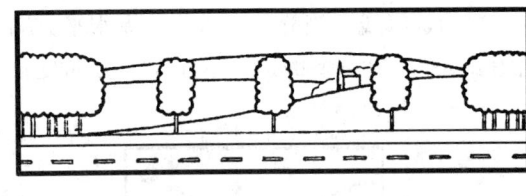

图 8-43

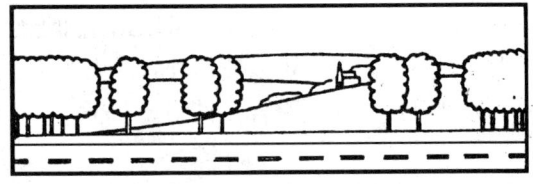

图 8-44

路侧的单行树会有双行的效果，有时它们对设计者有特殊用途。当沿着路看时，树干呈现略似实心墙的形状，密实的程度随着它们的间距和与观赏者之间的接近度而定，图 8-45。当从与植物的排列线成直角方向看去时，绿化栽植很少有视觉上的障碍，图 8-46。

当成排的树沿着一条弯道种植时，其效果是，路上观者向曲线内侧看呈现一片实心墙的感觉，但向曲线的外侧看去则较为疏朗，疏朗的程度视半径大小和间距而定，图 8-47。

阳光从路侧树后照耀会使驾驶者的视觉感到忽明忽暗。路段较短、车速低的情况下并不重要；但对长距离，尤其是在高速公路上时，可能成为驾驶者的主要干扰，必需避免。

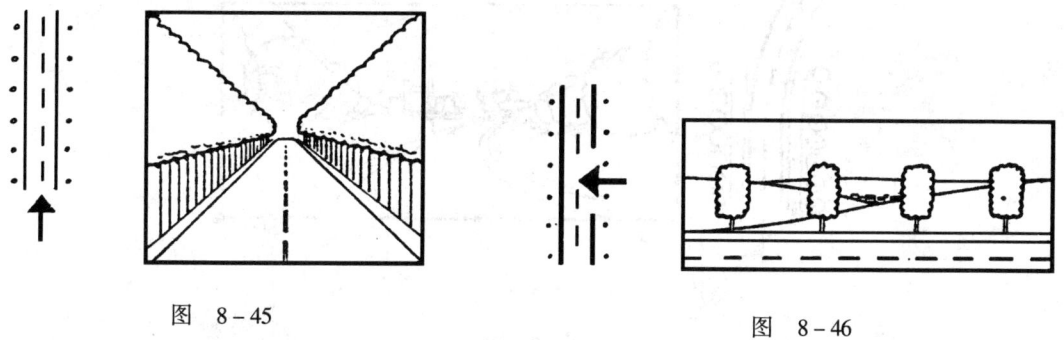

图 8-45　　　　　　　　　　　　　图 8-46

道路的沿线景观可通过种植植物以不同的方式框起来。图 8-48、图 8-49、图 8-50 示三个不同例子。

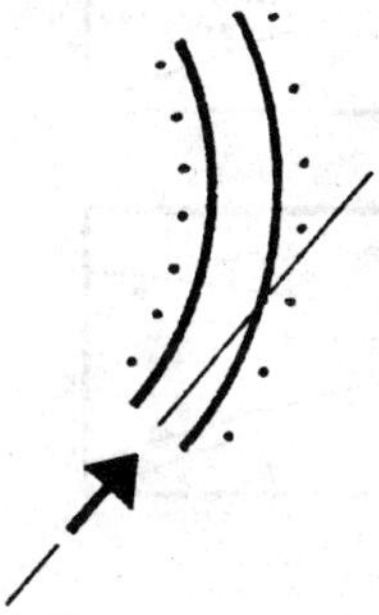

图 8-47 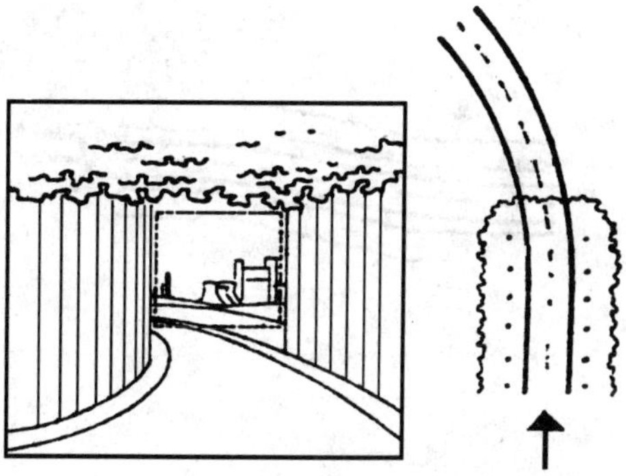　　　　　　　　　　　　　图 8-48

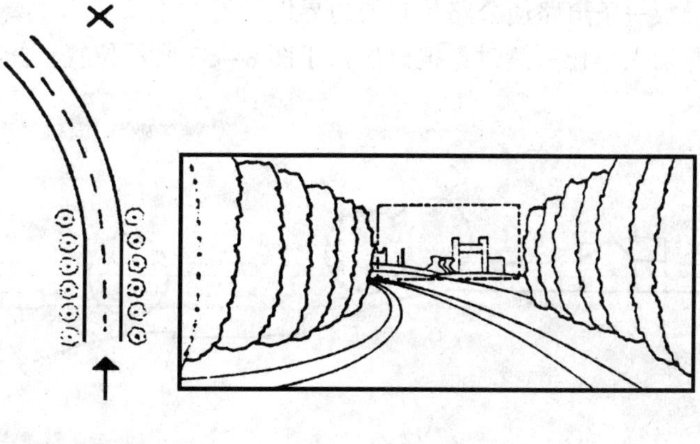

图 8-49

有时候客观条件决定了不得不采用不太理想的布线方式，结果从沿路某些点看去时有扭曲或断掉的不连续现象。如果出现这种情况，设计者也许能通过利用种植植物来弥补景观上的缺陷，使它不被发现，图 8-51 中例示了这类中的一个例子。

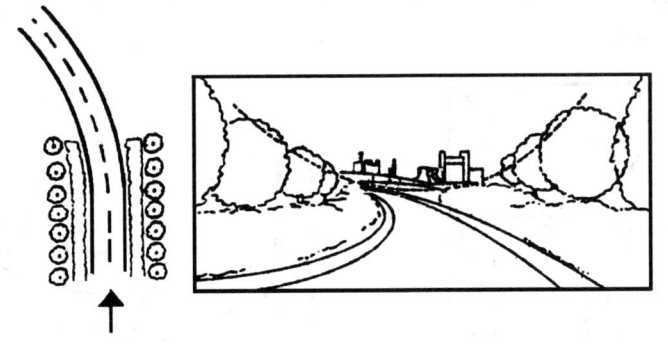

图 8-50

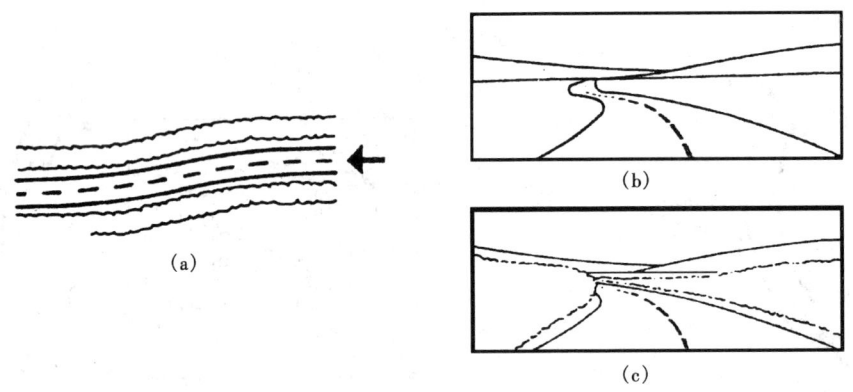

图 8-51

植物也被用来屏蔽一条道路使公路从它的边界以外看时不致成为主要的景观。例如，当道路与等高线平行并切入小丘一侧时，把树种植于图8-52所示位置，能有效地掩蔽挖方的存在。

图 8-52

乔木和灌木丛种植在原来的地坪高度和侧坡上，能有效地屏蔽路堤，图8-53。

图 8-53

利用密植乔、灌木及绿化种植设施,不仅能遮蔽不雅景物,同时能创造新的公路景观,图8-54、图8-55。

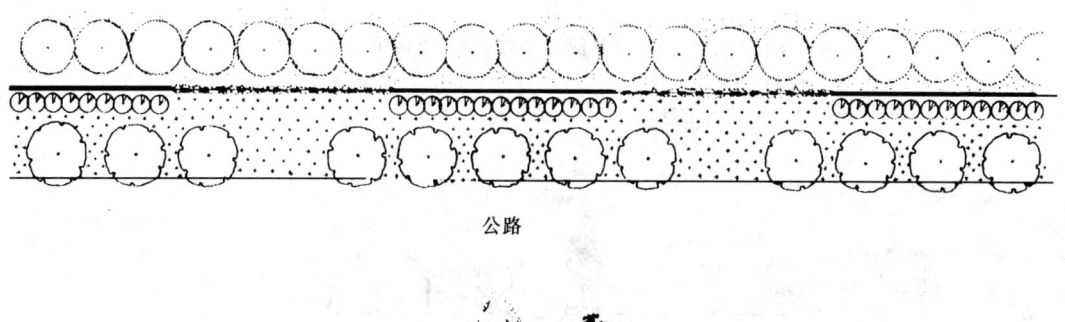

周围不雅环境采用黑松屏障和垂直绿化方式,以花格架的形式绿化、美化墙面,并形成隔景。在此基础上美化内部景观。

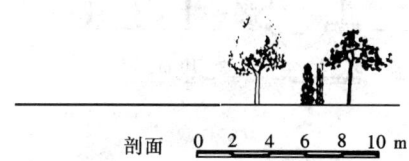

图 8-54

对于高架桥引道路堤上及其周围树丛和树木的配置应给予较多的关注。特别对于连通二片农田的专用桥梁来说,更需如此。引道往往坡度陡而不雅观,通过仔细种植能使之大为改观。图8-56。

179

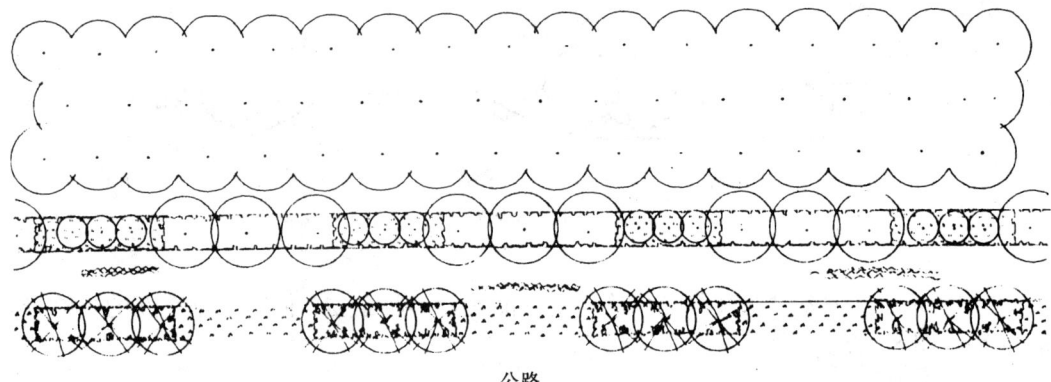

公路

在机场路上对于周围环境平淡、不雅之处采用屏障手法,以多排意杨形成视线阻隔,在此基础上结合金钟花、百腊条、紫穗槐等边沟绿化,丰富内部景观。

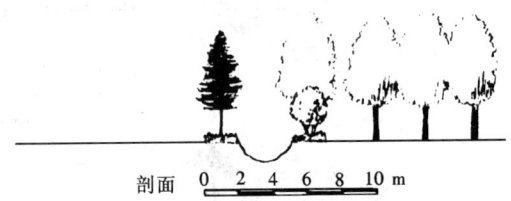

剖面 0 2 4 6 8 10 m

平面 0 2 4 6 8 10 m

图例

意杨	百腊条
落羽杉	紫穗槐
紫叶李	金钟花
树林	丰花月季

图 8-55

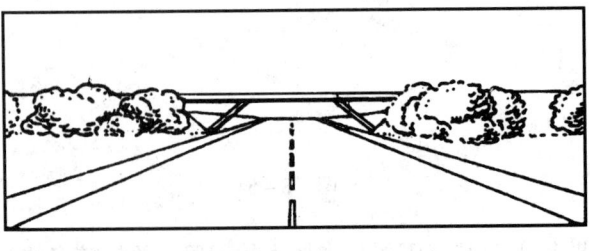

图 8-56

第九章　公路沿线景观保护、利用与设计

公路景观规划设计除前述各相关部分景观设计外，也不应忽视公路沿线总体景观的规划与设计及路外原有景观的保护与利用。因此，本章将重点论述公路沿线景观的保护、利用及公路景观要素的协调与统一等问题。

第一节　公路沿线景观保护、利用与设计

公路沿线一定范围的地形地貌、河流山川、村镇房舍等均可作为公路景观在公路规划、设计、建设中加以利用来丰富公路景观，改善行车环境的要素。而对于文物古迹、珍稀动物、古树名木、名山大川等在公路规划建设中则应更多地考虑如何进行保护、利用与开发、建设。

一、公路沿线景观的利用与设计

对公路沿线景观规划设计及利用应注意下述几个问题：

1. 在道路线的正前方布置景观点最能吸引驾驶员的视线。因此，把主要景点或可利用景观最好设计在如图9-1所示位置。

2. 使旅行者用眼睛自然地扫视蜿蜒道路外侧不断变化的景观，能避免旅途的单调厌倦感，如图9-2所示。

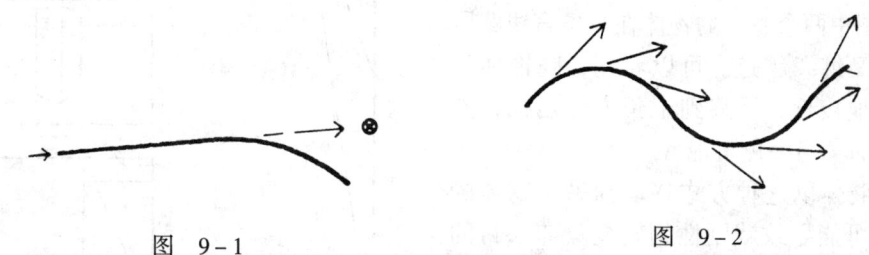

图 9-1　　　　　　　　　　图 9-2

3. 眼睛趋向于被弯道外的景点所吸引，可以如图9-3那样来选择线路，这样一来注意力就被一连串景点所吸引，当一个景点向后而去时，下一个景点又映入眼帘。这些景点可能被驾驶员作为一连串的目标来经历。车辆前方的特殊景点将会吸引驾驶员的注意力，这一景点将被驶近并闪过，然后另一个景点又会变成暂时的目标。这一个接一个的景点有助于使得游途充满变化并且传送一种向前运动以到达终点的情绪。

4. 图9-4所示情况是景物之间部分重叠，以致在先前那个景点或目标还未消失之前，新的一个景点或目标又闯入视线。最好的景观规划设计与利用是建立一系列的短程目标，同时又有一个更为主要的长程目标能连续不断或时断地被看到。当一个暂时性目标被驾驶员作为注意的目的物时，如果道路最终从这个目标旁驶过的话，他可能会有一个满足的情绪；而

如果不是这样的话，就可能产生一种沮丧的情绪。

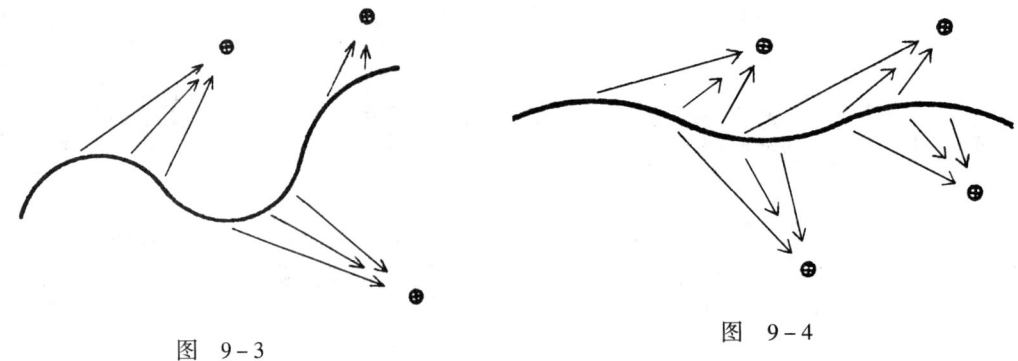

图 9-3　　　　　　　　　　　　　　　　图 9-4

5. 对于一个特殊景点或目的物，或许有一个能被设计与利用的最佳视距。然而，如果能把路上的近景和远景形成令人愉悦的一连串景点的话，道路就会更加有趣。这些有可能是不同位置和对象的景色。不过也有这种情况，一个景点同时是吸引人的远景，又是吸引人的近景，但由于在不同的地点，呈现出在尺度上、视野上、或新的外形上的变化也是不相同的，如图 9-5。

依据与驾驶员的距离而定的物体之间的相对运动及尺度变化有可能形成一种幻觉，似乎正在景观

图 9-5　中表演精心排演的优雅美妙的舞蹈。目的物临近又向后退去。其尺度增大又缩小。它们彼此靠近了又分开，互换位置，消失，然后又以新的形式重视。图 9-6 所示，图中两个并列的物体在一条直线路段上临近后又继续越过。可以看到，圆锥体是如何移动地接近，后移到了长方体后面，然后又在长方体另一侧再现。

当一物体以这种方式移动到另一物体的后面时就可能导致戏剧性的转变。如果目的物在消失以前在较远处曾看到过，然后以近景再现，先前曾经见到的外貌将会突然变得很明显。特别是当目的物为一不规则形时，其近景外貌可能与在远处所见的外貌产生变化。

当车辆沿着一条弯道行驶时，其相对运动感尤其显著，如图 9-7。风景中的大型工厂、发电厂或一群高楼，会展示上述的特征。自然景观的特色、地形、植被和水体等，由于观察者的运动而引起各个组成部分美妙的重新

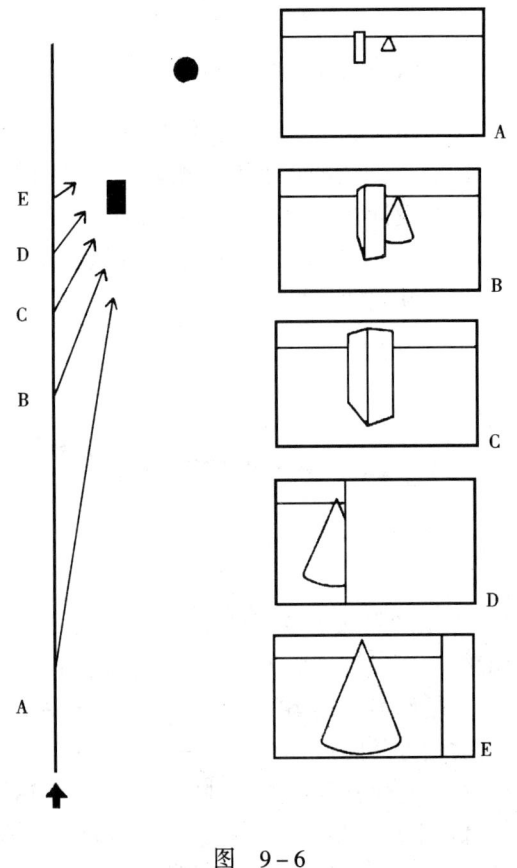

图 9-6

安排时,一个景象逐渐转变为另一个景象。

6. 与路廓相关的并列物体的位置对于驾驶员的速度感有显著的影响。那些靠近道路的目的物比起远离道路者表现出更大的运动感。此外,一系列位于道路给定距离并平行于道路的一连串物体,如物体之间距离愈近,则产生的运动感愈大。从而,如果靠近路边栽种着一排树,树的间距越密则驾驶员行驶中感到速度越快。斜坡也对速度感有影响。比起在平地上来,上坡时感到速度要快些而下坡时则感到速度要小些,所以在下坡行驶时有加快速度的倾向。

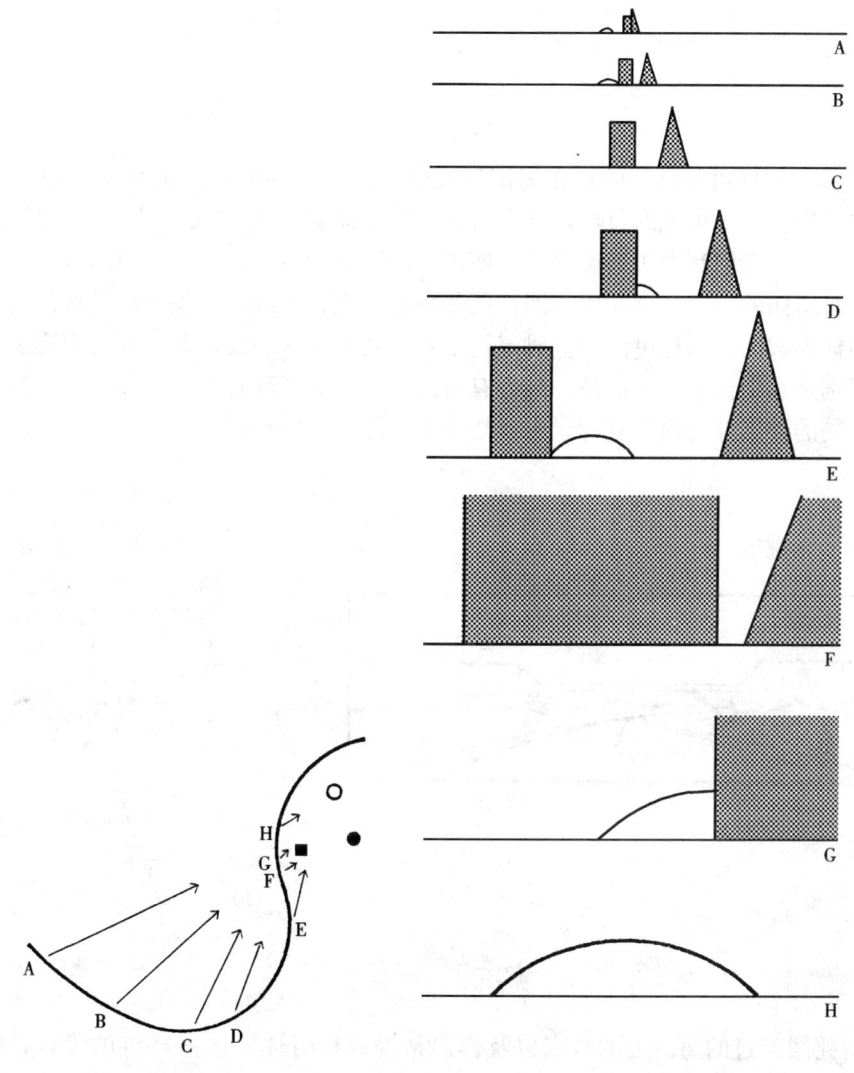

图 9-7

7. 依次相接的景色的出现与消失的频率、车辆运行变化的方式、这些变化发生的速度、近景和远景的序列等等,所有这一切都是可能影响道路节奏和韵律的因素。这些节律的性质能大大地影响道路的特征并值得在进行设计时加以特别考虑。这些因素受着布线内在的几何特性以及外部景观的进程和类型的影响。例如,曲率半径小的弯道,其景点频繁地变化而且

183

有强烈的对比，将会加快节律；相反地较慢的速度，大曲率半径的弯道和宽广不变的远景则会减少节律。坡道和竖向弯道也能充分利用以展示景象，特别是远景，以获得最佳效果。当登上山坡时，视平线变低了，视野也被限制了；当下坡时则反之，见图9-8。在这里，视平线则有最大的机会展示全景。

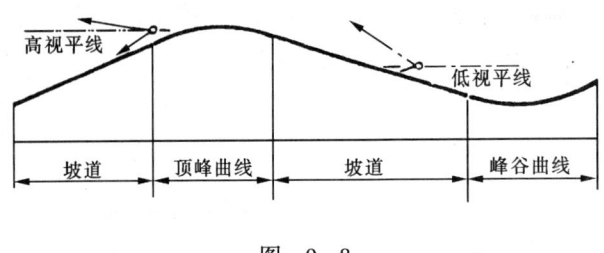

图 9-8

8. 景观作为路标可帮助驾驶员在周围环境中为自己定向并使他能够衡量沿着道路前进的路程。它们提供一个可视的目标，这个目标可以是旅程的终点或者仅仅是沿路的一个站。在后者的情况下，它们有助于连接道路。如果在前进途中可以见到一连串路标，那末驾驶员就趋于形成对道路的一个心理印象，即这条路将被分成若干段，这些分段是按沿着每段可见到的特定路标形成的。路标可使那些对道路不熟悉的人消除疑虑，并给那些很熟悉道路的人提供一种识别感和期待感。很清楚，最为有效的目标是那些高耸和独立设置的路标。它们应具有与众不同的外形并突出于其背景中或是成为天际线上的剪影。

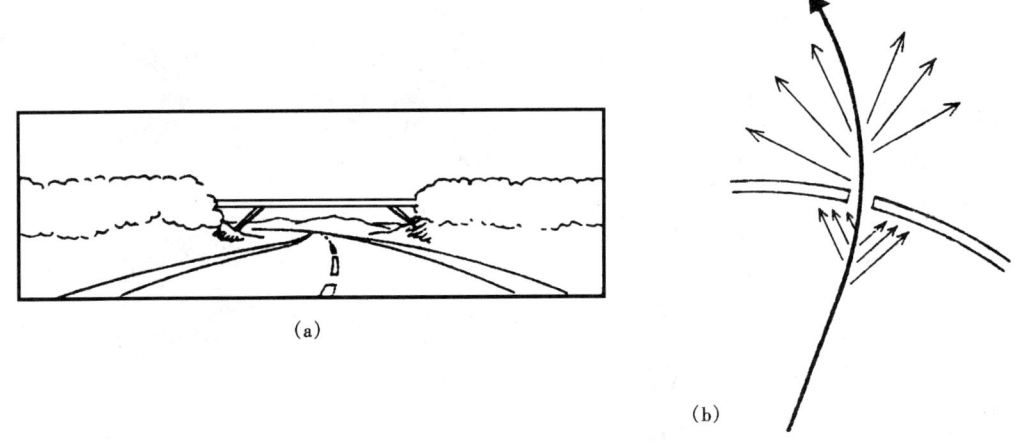

图 9-9

9. 了解路线经过的每一处的特点以及作出帮助旅行者体验这些特点的设计，这应当经常是设计人员追求的目标。公路景观规划设计的所有方面都应纳入这一最终目标。在公路景观的规划、设计、利用方面，常常可采用对比的手法来增强旅行者对沿线环境的认知。例如，高低间的对比可用来强调景物的特性。从高地朝湖泊方向下降时，如果道路到达临近于水边，驾驶员对高度变化的体验将会加强。沿着山脊行驶中，如果上坡地形和坡上的树木紧紧地包容着道路，那末使驾驶员将更加生动地体验到开阔的景色和向另一侧下降时的感觉。当从沼泽地驶入林区时，明暗间的对比会增加旅途的振奋情绪。道路两边岩石挖方的陡壁和前方开阔的填方路段，能够强调宽与窄的对比。当道路遇到立交桥时，可产生明显的线型对比效果。道路进入跨线桥，通过横跨桥墩的空间，前方公路两侧开放的远景映入眼帘时，能使人有一种放松的感受，如图9-9。

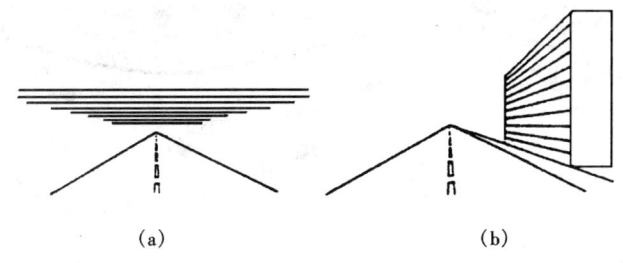

图 9-10

从头顶上闪过的物体及与旅行者很近的景物会给观察者留下极为深刻的印象，例如图9-10a的一座桥的拱腹，或者是由树林形成的林荫以及图9-10b中那样的从靠近路边过来的景物。

二、公路沿线景观的保护与利用

在对公路沿线人文景观及自然景观的保护利用方面应注意如下问题：

1. 道路穿越文物古迹区域时，在道路选线上应注意保护遗迹遗址，古建文物的完整性。同时考虑如何将文物古迹做为公路景点加以利用，丰富公路景观。为便于驾驶员或旅行者观赏，宜将可利用的文物古迹置于道路弯道外侧或车辆行驶前方。见图9-11。

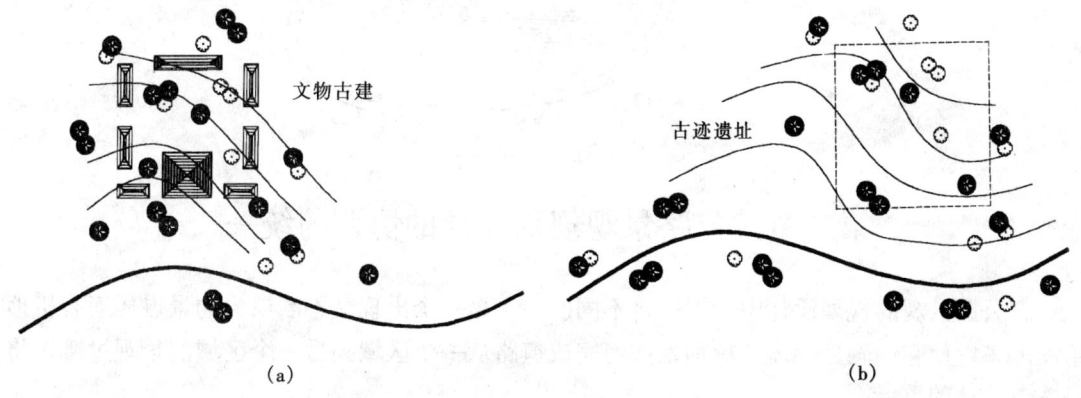

图 9-11

2. 道路特别是高等级公路，穿越野生动物自然保护区时，应考虑设置动物通道以利动物安全移动，这样做既保持公路沿线的生物多样性，又丰富了道路景观。很多动物通道本身也是道路一景。

3. 道路通过江河湖泊、名山大川等自然景观优美地域，在道路布线及纵剖面设计上应注意考虑驾驶员及旅行者的观景角度。同时，在可能情况下，考虑在该区域合适位置布置停车区或服务区，见图9-12。

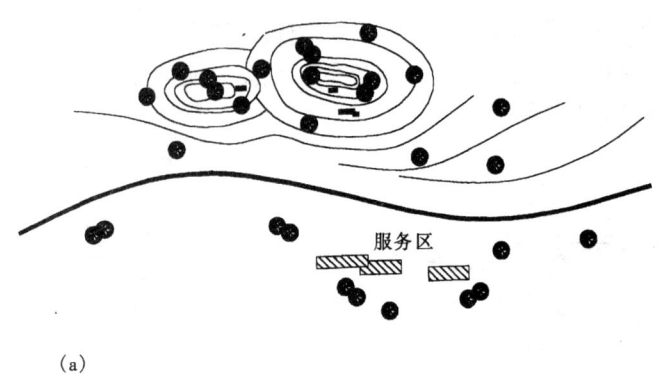

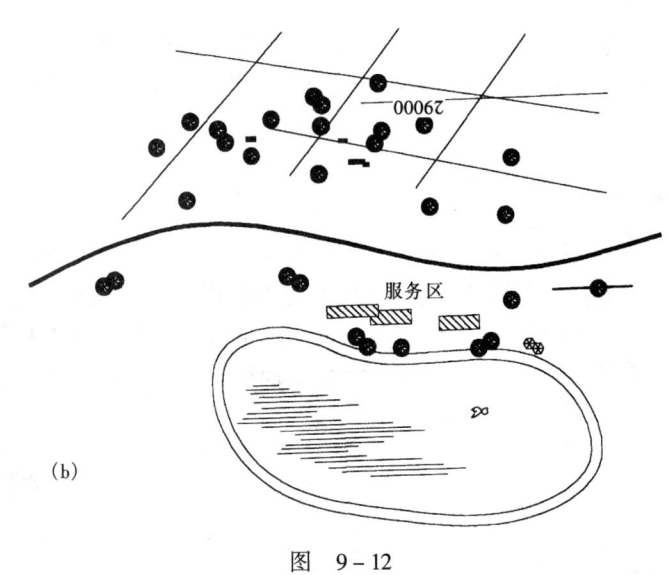

图 9-12

第二节 公路景观规划设计的协调与统一

在公路景观的规划设计中，如何将不同的一个接一个出现又不断消失的景点要素有机地组织起来，使它们融为一体，特别是如何完成道路从一个区域到另一个区域的景观过渡，将是本节论述的重点。

为了使景观特征逐渐地、持续地、统一有序地进行变更与转换。本节以图示的方法描述景观规划设计中统一与协调的关系并加以解释。

（a）一个区域终止了另一个区域在开始：它们是对比的关系，其变化非常突然。这种道路型式典型的例子是，突然从开阔的市郊进入到楼房栉比的市区或者是从森林地带进入到开阔的草原，其间没有过渡地带及景观过渡要素。

（b）这里的突然变化伴随着一个起统一作用的要素，该要素从一个区域继续到下一个区域。如道路的行道树从开阔的市郊连续到市区环境就属于这种情况。又如道路本身的路面条带、道牙石、分车带也可作为一种连续因素。

(c) 把后继区域的基本要素特征逐渐地在数量上一点一点增加引进到正在进入的区域。这有时是在很自然的情况下发生的,例如在到达一片森林以前,首先是开阔地带,后面伴随着一片灌木地带,然后散种着一些打前站的树木,最后进入森林区域。又如道路从城市进入市郊,路旁的建筑物从成片的、密布的形式渐变为或成散置的单幢的房屋景观。

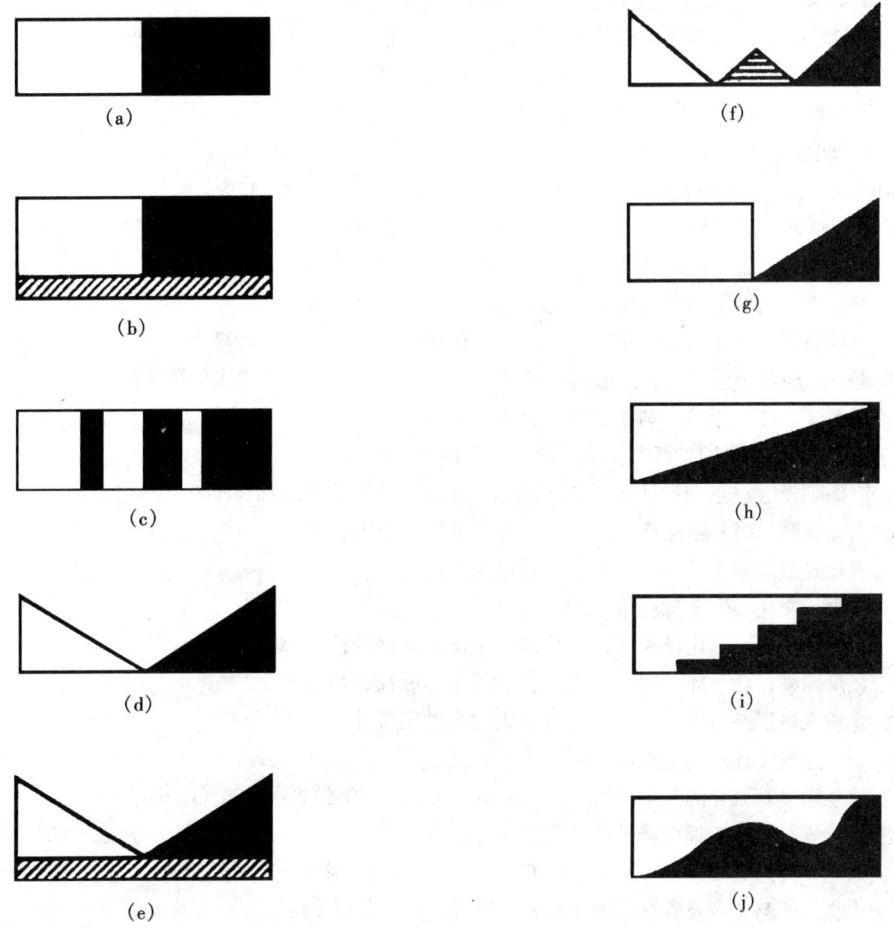

图 9-13

(d) 一个区域的很强的辨识特征逐渐减弱以至于消失,而下一个区域的特征则逐渐出现并由弱至强。

(e) 这与 (d) 相同但伴随着一个连续因素。

(f) 这里两个区域具有 (d) 的特征,而被一个很短的不同特征因素所分开。在郊外风景中这有可能发生,例如,两个主要区域被一个湖泊所分隔,湖泊渐渐地靠近,然后渐渐地离开道路时,这样就创造出了一个很有特色的中间区域。

(g) 这是 (a) 与 (d) 的组合。

(h) 第二个区域的属性逐渐沿着第一个区域的长度上引进来,直到第二个区域的性质占统治地位为止。例如,平坦的地形渐变为起伏不大的丘陵又逐渐变为丘陵地时,这种转变形式可能自然而然地发生。

型式 (h) 的转变方式可以演化成无数的式样,(i) 和 (j) 就是所建议的两种式样。

参 考 文 献

1. 刘永德，(日本) 三村翰弘等. 建筑外环境设计 [M]. 北京：中国建设工业出版社，1996
2. 于正伦. 城市环境艺术 [M]. 天津：天津科学技术出版社，1990
3. (日本) 丰田幸夫. 风景建筑小品设计图集 [M]. 北京：中国建筑工业出版社，1999
4. 盛洪飞. 桥梁建筑美学 [M]. 北京：人民交通出版社，1999
5. 洪得娟. 景观建筑 [M]. 上海：同济大学出版社，1999
6. 刘滨谊. 风景景观工程体系化 [M]. 北京：中国建筑工业出版社，1990
7. (西德) D·普林茨. 城市景观设计方法 [M]. 天津：天津大学出版社，1989
8. (英) J·麦克卢斯基. 道路型式与城市景观 [M]. 北京：中国建筑工业出版社，1992
9. 秦佑国，王炳麟. 建筑声环境 [M]. 北京：清华大学出版社，1999
10. 沈清基. 城市生态与城市环境 [M]. 上海：同济大学出版社，1998
11. 齐康. 城市环境规划设计与方法 [M]. 北京：中国建筑工业出版社，1997
12. (联邦德国) 汉斯·洛伦茨. 公路线形与环境设计 [M]. 北京：人民交通出版社，1986
13. 王健. 交通美学 [M]. 北京：科学技术文献出版社，1992
14. 张阳. 公路景观学 (讲义). 西安公路交通大学，1999
15. (美) 约翰·O·西蒙兹. 景观设计学 [M]. 北京：中国建筑工业出版社，2000
16. 张阳，武六元. 高等级公路建筑设计图集 [M]. 北京：中国建筑工业出版社，2003
17. 刘滨谊. 现代景观规划设计 [M]. 南京：东南大学出版社，1999
18. 俞孔坚. 景观：文化、生态与感知 [M]. 北京：科学出版社，2000
19. 姚时章，蒋中秋. 城市绿化设计 [M]. 重庆：重庆大学出版社，2000
20. 王晓俊. 风景园林设计 [M]. 南京：江苏科学技术出版社，2000
21. 梁振学. 建筑入口形态与设计 [M]. 天津：天津大学出版社，2001
22. 吴为廉. 景园建筑工程规划与设计 [M]. 上海：同济大学出版社，1996
23. 张阳. 高速公路景观研究的若干问题 [J]. 西安公路交通大学学报，1999（增刊）
24. 张阳，袁卫宁等. 路桥工程中挡土墙景观设计方法研究 [J]. 西安建筑工程学院学报，2000（3）
25. 张阳，武六元. 公路景观规划设计方法研究 [J]. 西安建筑科技大学学报，2000（1）
26. 张阳，董小林. 公路景观及视觉影响评价方法研究 [J]. 西安公路交通大学学报，1999（4）
27. 刘瑜，张阳等. 高等级公路绿化功能及评价方法研究 [J]. 西北建筑工程学报，2002（4）
28. 张阳，武六元. 论公路交通噪声防法 [J]. 西北大学学报，2003（增刊）
29. 袁国林. 公路环境景观敏感度的分析、计算及其应用 [J]. 公路，2002（3）
30. 李群善，邹胜文. 西部地区公路生态环境建设 [J]. 公路，2001（6）
31. 林飞. 高速公路景观设计初探 [J]. 江苏交通工程，2002（4）
32. 胡安兵. 可持续发展理念在高速公路设计中的应用 [J]. 江苏交通工程，2002（5）
33. 孔祥金，韩常领. 公路隧道建设中的环境保护问题 [J]. 公路与自然，总共32期
34. 史文中，贺志勇等. 浅析基于设计计算机三维可视化的公路景观设计与评价 [J]. 公路交通科技 [J]，公路交通技术，2003（2）
35. 乔春江，郭小红. 谈公路隧道的洞口景观设计 [J]. 公路交通技术，2002（增刊）
36. 聂蓉，黄倩等. 宁杭高速公路景观初步简介和建议 [J]. 公路，2002（11）
37. 张玉芬，张阳等. 高速级公路建设与环境协调发展研究 [R]. 2002

第三篇 实例篇

● 水平弯道

● 微丘地形

● 平原地形

● 峰顶弯道

● 土质较好,高差很大的土质路堑,处理为多阶土台,不需其他防护手段,仍有较好的稳定性。

● 较大半径的水平曲线连接两根直线路段

● 呆板的土质路堑，给予适当的绿化种植，即可起到保持水土，稳固边坡的作用，又可起到改善景观、美化路容的功效。

● 滨海公路路侧停车场

● 公路防撞护栏

● 在大面积石质挡土墙上设计具有连续韵律感的拱窗造型,以改善挡土墙的粗糙、单调感。

● 直壁式声屏障

● 公路路侧预制混凝土防护桩

● 南京机场路收费站前的照明设施

● 公路桥台若能以的攀援植物加以绿化，将会与周围环境更加协调

● 西宝高速公路收费广场景观

● 高速公路入口处的标志性雕塑

● 古 桥

● 路侧雕塑丰富公路景观

● 上元观收费棚方案设计

● 洋县收费棚方案设计

● 汉中东收费棚方案设计

● 建设中的姚叶高速公路银川收费大棚

● 监渭高速公路良田收费站站房

● 上元观收费站方案设计

● 汉中东收费站方案设计

● 具有江南园林风格的高速公路立交区景观

● 南京机场高速公路服务区选址于风景优美的翠屏山脚下（图为服务区前停车场）

● 高速公路中央分隔带的绿化种植

● 采用自然园林绿化形式的立交区景观

● 高沙窝立交绿化设计方案

● 襄荆高速公路襄阳南立交绿化设计方案

● 襄荆高速公路宜城北立交绿化设计方案

● 路侧密植木槿形成公路隔离棚，即美化路容又起隔离防护作用

● 高速公路路堤拱型护坡绿化种植

● 路侧的花石榴密植，形成公路隔离带

● 土质路堑的绿化景观

● 石质路堑的绿化景观

● 沙漠边的绿色植物,起防风固沙,保护公路的作用

● 野棘是公路生物封闭的先锋树种

● 咸阳机场路路侧不远处的汉阳陵博物馆为公路景观增色

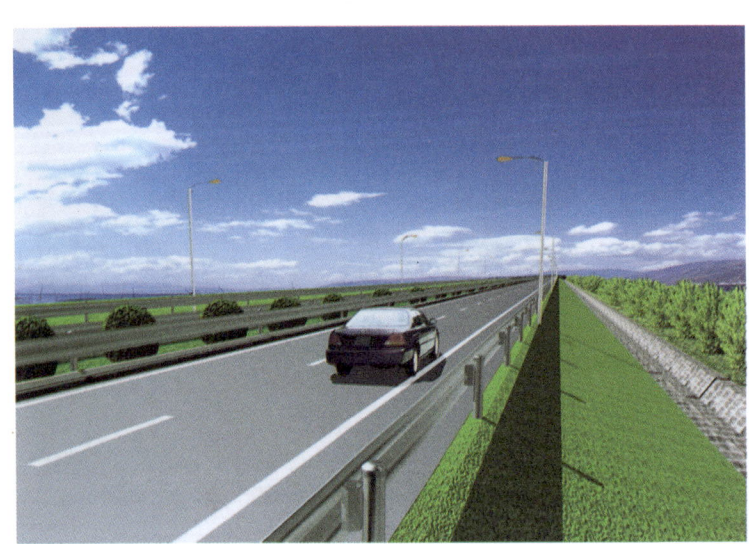

● 襄荆高速公路边坡绿化设计方案

● 公路中央分隔带绿化设计方案

● 华山脚下公路景色优美

● 公路旁平缓的边坡上碧绿的草丛中利用碎彩石铺出帆船造型图案,给单纯的绿化景观注入生机,令旅行者耳目一新。

● 利用绿化种植遮蔽不雅景物,改善行车环境

● 公路借用路外远塔,雕塑丰富公路景观

● 公路中央分隔带绿化设计方案

● 济青高速公路旁的古车博物馆是高速公路建设中对文物古迹保护、开发、利用的典范。同时，它的建设又为高速公路添景增色。

● 施工中的立交区环境整治现场